Kleine Bibliothek 437

Wirtschaft und Politik

Winfried Schwarz

Die große Vergeudung

Ist die Marktwirtschaft noch zu retten?

Pahl-Rugenstein

Umschlag: Willi Hölzel/Andreas Tsordanidis
Lektorat: Hans van Ooyen, Marl
Satz: Fotosatz Klaußner GmbH, Köln
Druck: Plambeck & Co Druck und Verlag GmbH, D-4040 Neuss

CIP-Kurztitelaufnahme der Deutschen Bibliothek

Schwarz, Winfried:
Die grosse Vergeudung : Ist die Marktwirtschaft
noch zu retten? / Winfried Schwarz. – Köln : Pahl-
Rugenstein, 1987.
(Kleine Bibliothek; 437 : Wirtschaft und Politik)
ISBN 3-7609-1118-8

NE:GT

Inhalt

Vorwort

Was ist Vergeudung und was nicht? 9
Es geht nicht um den kleinen Nepp 9
Was sind Vergeudungsschäden für unser Land? 11
Brauchen wir eine andere Republik? 16

Werbung 20
Wer nicht wirbt, der stirbt 20
Der Markterfolg der Marlboro 22
Verbraucherberatung anders 23

Nahrungsvernichtung 27
Butterberge und Zuckerhalden 27
Drogenszene im Massenstall 33
Froschteich im Kartoffelacker? 37
Umweltschonung statt Raubbau 41
Naturgerecht und überschußfrei – wer ist dagegen? . . . 44

Das Auto 48
Der Stadtmensch ist kein Maulwurf 48
Der entzauberte Pkw 50
Nicht immer lohnen eigene vier Räder 55
Schnell und bequem – das geht auch öffentlich 58
Milliarden bleiben im Stadtverkehr stecken 61
Wer rast, zerstört nicht nur den Wald 63
Die Last des Güterfernverkehrs 65

Energieverschwendung 70
Der Unfug der Atomkraft 70
Keiner will im Winter frieren 74
Fernwärme durch Kraft-Wärme-Kopplung 78
Die Energieverschwender 81

Luftverschmutzung 85

Die Frontstadt 91
Blauer Dunst in Westberlin 91
Die verbilligte Werkbank 93
Camel: Der Weg lohnt sich 97
Die Stadt, die nicht auf eignen Beinen geht 101

Arzneimittel 105
Ein Wirkstoff mit zwanzig verschiedenen Namen 106
Pharmacocktail – die künstliche Produktvielfalt 110
Die umschmeichelten Ärzte 113
Die besondere Pharmavergeudung 116

Schadensversicherung 118
Versicherungen hundertfach 118
. . . oder unter einem Dach 120

Der Angriffskrieg 123
Der Tag, an dem die fremden Truppen gingen 123
Kein Gegenbild: Verstrickt in die Atomkriegsplanung . 126
Mit NATO-Waffen vollgestopft 130
Die Überrüstung der Bundeswehr 134
Wohin mit dem überflüssigen Militärpersonal? 140

Innere Feinde 145
Zehntausend Schnüffler könnten gehen 145
Zwei Armeen nach innen: BSG und Bepo 146
BKA: Wer hat Angst vorm Massenspeicher? 151

Der große Schutz 155
Ermittlung, Urteil, Strafvollzug 155
Chips und Tresore gegen Langfinger 158
Privat-Sheriffs in Unternehmerdiensten 161

Im Steuerdschungel 166
Das ungeliebte Finanzamt 166

Die Parasiten der steuerlichen Grauzone 172
Steuerverwalten geht einfacher 177

Auf Zinsjagd 184
Ein umständliches Banksystem 184
Herumschieben von Wertpapieren 187
Zinsen statt Arbeit 191
Das dritte Bein im Rentenalter 195

Arbeitsunfälle 200
Der Mensch als Mittel 200
Nach mir die Sintflut! 203

Arbeitslosigkeit 206
Millionen Menschen ohne Arbeit 206
Die Vampire der neuen Armut 209
Ohne Arbeit gehste kaputt 211
Der teuerste Vergeudungsposten 215

Die Hausfrauen 218

Die im Dunkeln sieht man nicht 222
Die Unter- und die Oberwelt 222
Im kriminellen Abseits hängengeblieben 226
Das Elend auf dem Strich 227
Per Nadelstich ins Paradies 229
Alle Habe in der Plastiktüte 231
Die Elendsschar am Rande der Gesellschaft 234

Wer hat den größeren Wasserkopf? 239
Wenn Textilmaschinen reden könnten 239
Marktwirtschaft auf Krücken – Vater Staat hilft 243
Marktwirtschaft auf Krücken – Gang vors Gericht 245
Marktwirtschaft auf Krücken – Kapitalverbände
schreiten ein 247

Das Ende der großen Vergeudung 251
Die Gesamtbelastung in Zahlen 251
Vergeudungsfrei heißt nicht nur mehr Geld 256
Die 27-Stunden-Woche 259

Nachwort 267

Anmerkungen 269

Literaturhinweise 281

Was ist Vergeudung und was nicht?

Es geht nicht um den kleinen Nepp

In den USA kann man für 5 Dollar per Nachnahme einen Berechtigungsnachweis für das Tragen eines Heiligenscheins erwerben. In der bundesdeutschen Regenbogenpresse werden per Inserat Badewannen-Einstiegshilfen für 27,95 DM angeboten, die wohl nur dann Sicherheit bieten, wenn man sie nicht benutzt. Statt gegen Küchendunst einfach das Fenster zu öffnen, schlägt ein Anbieter vor, sich für 9,95 DM eine Duftkerze anzuschaffen. Das einzige, was dabei verduftet, so ergab ein Test, ist das Geld des Käufers. Etwas tiefer in die Tasche muß greifen, wer mit einem Ölflammen-Nachbrenner Heizöl sparen will. Das Phantasieprodukt, das es von 315 DM aufwärts gibt,[1] richtet zwar keinen Schaden im Ölofen an, aber eine Wirkung zeigt es auch nicht.

Neben weiterem Ramsch wie Mückenpiepsern (25 DM), die Insekten vertreiben sollen, aber leider keinen Unterschied im Stechverhalten der Mücken erzeugen, oder Spezial-Eierköpfern (7,95 DM), mit denen selbst bei größter Übung kein Frühstücksei zu enthaupten ist, spekuliert der Kleinversand-Nepp vor allem auf zwei Problembereiche seiner möglichen Kunden: bei Frauen auf die Angst, den Männern nicht genügend zu gefallen, bei Männern auf die Furcht, bei Frauen sexuell zu versagen. Da gibt es Traumbusen-Cremes für 24,80 DM; gegen Fettpolster und zu viele Pfunde werden Massagegeräte ab 99 DM oder Reizstromapparate ab 55 DM angepriesen. »Männerprobleme« können angeblich mit Penisex-Starkmacher-Tropfen (1 Flasche für 18,95 DM) behoben werden oder mit Potenzmitteln wie SANURSEX (19,80 DM), das den Sexualdrüsen-Extrakt junger Stiere enthalten soll.

Die Bauernfängerei mit Hunderten von unnützen oder gar schädlichen Artikeln ernährt in unserem Land gewiß einige kleine Schwindler und Kaffeefahrtenmanager, und sie läßt

Zehntausende Käufer alljährlich in Wut geraten, wenn sie ihre Päckchen geöffnet haben. Dennoch handelt dieses Buch nicht davon. Obwohl es im folgenden um die Vergeudung in der Bundesrepublik geht – und vergeudet ist in erster Linie das, was unnütz ist –, will ich mich beim Kleinversandramsch nicht länger aufhalten, denn größere Beträge stehen auf dem Spiel als die paar Millionen, die für jenes »Spielzeug für Erwachsene« Jahr für Jahr zum Fenster hinausgeworfen werden.

Am Nepp beteiligt sind übrigens nicht nur kleine Ganoven, sondern auch viele der sogenannten renommierten Unternehmen unseres Landes. Wenn die zulangen, dann in ganz anderen Größenordnungen. Besonders wenig Skrupel legt dabei die Pharmabranche an den Tag. Zum Beispiel setzt sie allein mit Pillen gegen Übergewicht (Appetitzügler) jährlich 100 Millionen DM um, mit teuren Präparaten gegen das Altern noch einmal 70 Millionen DM.[2] In beiden Fällen, beim Geschäft mit der Angst vor dem natürlichen Altern und beim Geschäft mit der Furcht, das von der Mode diktierte Idealgewicht zu überschreiten, entstehen zwar bei den Herstellern Gewinne, bei den Käufern aber kaum die erwarteten Wirkungen. Sehr häufig treten im Gegenteil gesundheitlich bedenkliche und riskante Nebeneffekte auf.

Bei dem Wohlstand, den die Bundesrepblik Deutschland im Vergleich zu anderen Ländern der Erde aufweist, mag die Frage nach der Vergeudung hierzulande fehl am Platz erscheinen. Uns geht es doch, wird eingewendet, verhältnismäßig gut, auch wenn möglicherweise nicht alle Kräfte in der sinnvollsten Weise eingesetzt werden.

Das stimmt.

Dennoch: Kann man die Augen davor verschließen, daß unsere Wirtschaftsordnung nicht in der Lage ist, die Arbeitskraft von 3,6 Millionen Menschen überhaupt zu nutzen? Daß sie diese Millionen schlichtweg beiseite schiebt, ihre beruflichen Fähigkeiten verkümmern läßt und einen großen Teil von ihnen in materielles sowie seelisches Elend stürzt? Kann man daran vorbeisehen, daß in diesem Land Hunderttausende Menschen mit der Erforschung und Herstellung von Waffen für den Angriffskrieg beschäftigt sind oder direkten Soldatendienst ableisten, wobei der Sinn – nein: Unsinn – in nichts anderem als in der möglichen Zerstörung anderer Länder besteht? Sollen wir die Misere der 100 000 Nichtseßhaften oder der 50 000 Heroinabhängigen vergessen? Müssen wir die Luftverschmutzung dulden, die nicht nur Wälder sterben läßt, sondern auch unsere Atmungsorgane ruiniert? Müssen wirklich jährlich Lebensmittel im Wert von 10 Milliarden DM hergestellt werden, die bloß auf ihre Vernichtung warten? Müssen infolge des überdimensionierten Autoverkehrs 10 000 Menschen pro Jahr sterben und Unfallsachschäden von weit über 20 Milliarden Mark im Straßenverkehr entstehen?

Dieses Buch handelt von der Vergeudung oder den Verlusten in unserem Land, die durch unsere gegenwärtige Wirtschafts- und Gesellschaftsordnung verursacht werden. Diese Schäden sollen in ihrem Umfang gemessen und in Zahlen ausgedrückt werden. Was müssen wir Jahr für Jahr dafür bezahlen, daß bei uns letztlich der private Gewinn der Maßstab aller Dinge ist?

Der Verweis darauf, anderswo gehe es den Menschen weit schlechter als bei uns, ist kein Grund, die Augen vor den Mängeln vor der eigenen Haustür zu verschließen. Mir geht es im folgenden darum, Möglichkeiten aufzuzeigen, ein besseres Leben in der Bundesrepublik zu erreichen, ohne daß dies auf Kosten anderer Völker geschieht. Nach meiner Auffassung gibt es genug Möglichkeiten dafür, wenn es gelingt, die hausgemachte Vergeudung zu beenden, also jene Verschleuderung von Produkten und Geld, von kostbaren Rohstoffen und vor allem menschlicher Intelligenz und Arbeit, die durch unsere gegenwärtige Wirtschafts- und Gesellschaftsordnung selbst erzeugt wird.

Was sind Vergeudungsschäden für unser Land?

Als vergeudet gelten im folgenden alle Produkte und menschlichen Leistungen, auf die unser Land verzichten kann, ohne dabei an Wohlstand einzubüßen. Man kann es auch so ausdrükken, daß alles, was den Wohlstand im Lande hebt, nützliche Arbeit, alles, was zum Wohlstand nichts beiträgt, vergeudete (überflüssige) Arbeit ist. In diesem Sinne ist der Bau von Panzern für Angriffskriegsübungen der Bundeswehr Vergeudung. Dasselbe gilt von der Nahrungsmittelvernichtung im Rahmen der EG.

Vergeudung heißt nicht bloß, den Wohlstand nicht zu heben, sondern bedeutet, ihn sogar zu senken. Denn die Belastung durch unnütze Zwecke engt den Spielraum eines Landes für die Befriedigung der Bedürfnisse seiner Einwohner ein. Um beim Panzerbau zu bleiben: Je mehr Arbeiter in der Waffenproduktion eingesetzt werden, desto weniger bleiben übrig, um Nützliches herzustellen.

Da Vergeudung grundsätzlich Einengung von nationalem Wohlstand bedeutet, muß auch die Arbeitslosigkeit zu ihr gerechnet werden. Ob nämlich jemand statt nützlicher überflüssige Arbeit leistet oder ob er als Beschäftigungsloser gar nicht arbeitet, das läuft im Endeffekt, was den Wohlstand unseres Landes betrifft, auf dasselbe hinaus. In beiden Fällen wird der Wohlstand nicht gehoben, sondern werden Arbeitskräfte davon abgehalten, ihn durch nützliche Arbeit zu mehren.

Unnütze oder – wegen Arbeitslosigkeit – gar nicht verrichtete Arbeit sind die beiden Hauptformen der Vergeudung, die in diesem Buch am Beispiel der BRD näher untersucht werden sollen.

Zunächst ist jedoch eine weitere Eingrenzung des Begriffs der Vergeudung notwendig. Aus der Tatsache, daß die Vergeudung den Wohlstand eines Landes einengt, ergibt sich für diese Untersuchung, daß als Vergeudung grundsätzlich nur solche Vorgänge angesehen werden sollen, die die Bundesrepublik *als Ganzes* belasten. Von Vergeudung spreche ich folglich nicht, wenn einzelne sich auf Kosten anderer Bevölkerungsgruppen bereichern, die Gesellschaft *als Ganzes* dadurch aber keinen Schaden erleidet. Einige Beispiele sollen verdeutlichen, was in diesem Buch nicht als Vergeudung gilt, obwohl es gewöhnlich als solche bezeichnet wird.

– Es ist üblich, den der Volkswirtschaft durch Wirtschaftskri-

Zum Begriff der nützlichen Arbeit

Die für die Bestimmung von Vergeudung zentrale begriffliche Unterscheidung zwischen nützlicher und nicht nützlicher Arbeit deckt sich nicht mit dem Begriff »nützliche Arbeit«, den K. Marx im »Kapital« (MEW Bd. 23) verwendet.

Bei Marx ist nützliche Arbeit jede »bestimmte zweckmäßig produktive Tätigkeit« (ebenda, S. 57), die einen beliebigen Gebrauchswert hervorzubringen vermag. Auf der hohen Stufe der Verallgemeinerung, auf der sich die Analyse im »Kapital« bewegt, spielt die Frage von unnützen Gebrauchswerten oder überflüssigen »zweckmäßigen Tätigkeiten« noch keine Rolle.

»Nützlich« wird in diesem Buch nicht im Sinne von »zweckmäßig« gebraucht, weil zweckmäßig rein technisch gemeint ist. Technisch zweckmäßig kann sowohl ein Kampfflugzeug des Typs »Tornado« hergestellt sein als auch ein Schnellbahnwaggon für den Öffentlichen Nahverkehr. In der Fragestellung dieser Darstellung unterscheiden sich Tornados allerdings wesentlich von Schnellbahnwaggons.

In dem hier verwendeten Begriff der Nützlichkeit ist, anders als bei Marx, eine gesellschaftliche Bewertung eines Dings oder einer Arbeit enthalten. Wir versuchen, diese Bewertung auch so auszudrücken, daß nützlich diejenige Arbeit ist, die zum Wohlstand des Landes beiträgt, und zwar des gesamten Landes und nicht bloß einzelner seiner Bewohner auf Kosten anderer. Wir sind uns des Problems bewußt, daß es keinen allgemeingültigen Begriff der Nützlichkeit geben kann, sondern daß das, was nützt oder nicht, immer von den besonderen Interessen der einzelnen gesellschaftlichen Klassen definiert werden muß. Eines ist klar: Der Standpunkt der Nützlichkeit für die Monopolbourgeoisie ist in dieser Untersuchung nicht leitend.

minalität zugefügten Schaden zu berechnen und dabei Verlustbeträge zwischen 10 und 100 Milliarden DM allein aufgrund von Steuerhinterziehung anzugeben. Steuerhinterziehung liegt vor, wenn etwa ein Unternehmer seine Steuererklärung gegenüber dem Finanzamt so gestaltet (sprich: fälscht), daß er weniger Steuern abführt, als er nach dem Gesetz zahlen müßte. In einem solchen Fall erhält die Staatskasse geringere Einnahmen, und diese Einbußen werden von den Strafverfolgungsbehörden als Verluste für die Volkswirtschaft bezeichnet. Dies ist jedoch nicht korrekt, denn der Volkswirtschaft entsteht kein Schaden. Der Staat hat zwar weniger Steuereinnahmen, aber das Geld geht nicht verloren, sondern bleibt in den Händen des Unternehmers, und so büßt die Gesamtwirtschaft dabei nichts ein.

- Dasselbe gilt für den Fall staatlicher Subventionen. Es läßt sich zwar feststellen, daß sich private Unternehmen auf diese Weise an Geldern der Steuerzahler bereichern. So haben z. B. die großen Stahlkonzerne nicht eigenes Kapital, sondern öffentliche Zuschüsse eingesetzt, um ihre Stahlwerke auf den modernsten Stand zu bringen. Nur gilt auch hier, daß der Gesellschaft insgesamt durch Subventionen keine Mark verlorengeht. Wenn die Staatskasse Milliardenbeträge auf die Konten privater Wirtschaftsunternehmen überweist, handelt es sich um eine Umverteilung vorhandener Mittel innerhalb der Gesellschaft.
- Wenn Großunternehmen die Preise für ihre Produkte anheben und dadurch den Abnehmern zusätzliches Geld aus der Tasche ziehen, entstehen ebenso Extragewinne wie dann, wenn sie ihre Kosten durch Lohnsenkungen für ihre Beschäftigten drücken. Die Großkonzerne erwirtschaften größere Profite, mal zu Lasten ihrer Kunden, mal auf Kosten ihrer Arbeiter und Angestellten; die Verteilung der Güter mag sich ändern, doch damit ändert sich nicht automatisch etwas am gesamten Umfang der Produktion.
- Öffentliche Verkehrsunternehmen fahren häufig Verluste ein und gelten als »unwirtschaftlich«, wenn die Einnahmen aus dem Fahrkartenverkauf die Kosten nicht decken. Das Defizit

wird gewöhnlich durch Überschüsse aus dem Stromverkauf oder durch direkte Finanzspritzen aus Steuermitteln ausgeglichen, was oft fälschlicherweise als Vergeudung gewertet wird. Auch in diesem Fall geschieht nichts anderes, als daß das Geld seinen Standort wechselt und aus der Kasse der Stadt bzw. des Staates in die des jeweiligen Verkehrsunternehmens fließt. Ein gesamtwirtschaftlicher Verlust entsteht nicht. Bei einem Nulltarif hätte das Verkehrsunternehmen überhaupt keine Einnahmen aus dem Fahrkartenverkauf, so daß der Staat die Kosten voll und ganz decken müßte. Der Staat hätte dann zwar höhere Ausgaben, aber dafür würde der Fahrgast exakt denselben Betrag einsparen. Wenn umgekehrt der Fahrgast kostendeckende Preise zahlen müßte, würde sich, gesamtwirtschaftlich gesehen, auch nichts ändern.

– Auch Staatsschulden werden bisweilen als Vergeudung eingestuft. Der Staat nimmt Kredite auf und zahlt jährlich Zinsen an diejenigen, die ihm Geld geliehen haben – in der Regel an Banken. Vom Standpunkt des Staates betrachtet, sind diese Zinsen eine große Belastung, aber aus der Sicht der Banken und anderer Gläubiger ist derselbe Vorgang ein gutes Geschäft. Belastung der einen Seite und Bereicherung der anderen Seite gleichen sich wiederum aus; die Gesellschaft als Ganzes wird durch die Zinszahlungen ebensowenig belastet wie durch die Beträge hinterzogener Steuern, Subventionen, Extraprofite, Unternehmensverluste usw. Einzelne werden zwar ärmer, aber einzelne andere werden um die gleichen Beträge reicher. Das Land bleibt, von »oben« gesehen, ebenso arm oder so reich, wie es ohne diese Vorgänge wäre.

Selbst ein Diebstahl aus der Ladenkasse eines Kaufhauses richtet – wenn er »sauber« durchgeführt wird – keinen gesamtwirtschaftlichen Schaden an. Der Dieb führt lediglich eine Eigentumsübertragung vorhandenen Geldes durch, aus der Kaufhauskasse in sein eigenes Portemonnaie. Wenn er sich bereichert und dem Kaufhaus dafür etwas fehlt, ist das gesamtwirtschaftlich ohne Belang. Für die Gesamtwirtschaft zählt im Hinblick auf die »Vergeudung« nur, wieviel Geld insgesamt vorhanden ist, nicht aber, ob dieser oder jener es besitzt.

Eine Einschränkung muß hier allerdings gemacht werden: Zerstört der Dieb beim Einbruch z. B. eine Fensterscheibe, dann ist die Reparatur des Glasschadens nicht nur einzelwirtschaftlich, sondern auch gesamtwirtschaftlich eine Belastung, denn es muß zusätzliche Arbeit aufgewendet werden, die ohne Diebstahl nicht erforderlich gewesen wäre. Und wird der Diebstahl angezeigt, entsteht zusätzliche Arbeit bei der Polizei. Doch ob der Dieb zwei oder zweitausend DM gestohlen hat, beeinflußt die Reparaturarbeit des Glasers ebenso wenig wie die Zusatzarbeit der Polizei. Das gleiche trifft für Steuerhinterziehung zu, durch die gesamtwirtschaftlich eine Belastung nicht durch die hinterzogenen Summen, sondern durch die Tätigkeit von Finanzprüfern und Steuerfahndern entsteht, deren Arbeit nicht nötig wäre, wenn jeder seine Steuern ordnungsgemäß abführen würde.

Brauchen wir eine andere Republik?

Die Fragestellung der nachfolgenden Untersuchung lautet: Um wieviel wird das Sozialprodukt der Bundesrepublik Deutschland als Ganzes durch Vergeudung geschädigt? (Für Fachleute: Ich beziehe mich im folgenden auf das »Nettosozialprodukt zu Marktpreisen«, das 1985 rund 1600 Milliarden DM betrug und annähernd den durch die Arbeit neugeschaffenen Wert jenes Jahres zum Ausdruck bringt.) Geschädigt wird das Sozialprodukt, wie schon angedeutet, auf zweifache Weise: erstens, indem große Teile davon für unnütze Zwecke verwendet werden; zweitens, indem es am weiteren Wachstum dadurch gehindert wird, daß vorhandene Kräfte ungenutzt bleiben.

Es mag kurios erscheinen, das, was Vergeudung ist oder nicht ist, einzig vom Standpunkt der gesamten Gesellschaft zu beurteilen und dabei unter den Tisch fallen zu lassen, inwieweit sich die einzelnen Mitglieder der Gesellschaft gegenseitig übers Ohr hauen. Damit soll die Ausbeutung großer Teile der Bevölkerung ebenso wenig geleugnet werden wie bestehende soziale Ungerechtigkeiten. Es soll auch nicht ignoriert werden, daß es an der

Spitze der Einkommenspyramide Menschen gibt, die im Luxus leben, während die untersten Einkommensschichten ihr Dasein in menschenunwürdigen Verhältnissen fristen müssen.

Luxuskonsum als Vergeudung zu bezeichnen, ist nicht falsch. Man muß sich nur im klaren darüber sein, worauf man hinauswill. Will man herausfinden, wieviel die Ärmsten mehr hätten, wenn man die Superreichen zur Kasse bäte, die Extraprofite der Großkonzerne beschnitte, die Steuerhinterziehung abschaffte usw., dann ist der Vergeudungsbegriff, wie er in diesem Buch verwendet wird, unangemessen. Will man aber die Frage beantworten – und das ist das Ziel dieser Untersuchung –, wie stark unser Land *als Ganzes* durch Vergeudung belastet wird bzw. um wieviel der Spielraum für die Verbesserung des Lebens in der Bundesrepublik *insgesamt* wachsen würde, wenn man ihrer Herr würde, dann muß man den Blick auf gesamtwirtschaftliche Aspekte lenken. Unser Land verfügt nicht über größere Mittel, wenn seine Bürger ehrlich ihre Steuern zahlen, wenn die Großunternehmen den Arbeitern von ihren Profiten mehr zukommen lassen, wenn die Superreichen zugunsten der Ärmsten auf ihren Luxus verzichten. Selbstverständlich wird man in einer Bundesrepublik, die den Kapitalismus beseitigen will, alle diese Maßnahmen der sozialen Gerechtigkeit durchführen müssen. Aber man muß sich darüber im klaren sein, daß dem Land und seinen Bewohnern insgesamt auf diese Weise keine Mittel zuwachsen, über die es *neu* verfügen könnte. Das Sozialprodukt würde zwar in seiner Zusammensetzung verändert, nicht aber in seiner Größe, weil das Mehr und das Weniger sich unter dem Strich ausgleichen. Über mehr Mittel als bisher verfügt die Bundesrepublik Deutschland nur dann, wenn es ihr gelingt, die in ihrer heutigen Wirtschafts- und Gesellschaftsordnung enthaltene Vergeudung zu beenden, also unnütze Aufwendungen zu beseitigen und brachliegende Kräfte vollständig zu nutzen.

Damit ist zugleich die Behauptung ausgesprochen, daß unserem Land Vergeudungsschäden erspart blieben, wenn seine Wirtschaft und Gesellschaft anders eingerichtet wären, wenn also sämtliche Mittel und Kräfte zum Vorteil aller frei würden.

Je größer die Vergeudung infolge des jetzigen Gesellschaftssystems ist, desto mehr Mittel hätte eine neugestaltete Bundesrepublik, die mit der Vergeudung Schluß macht, um die Bedürfnisse seiner Bewohner zu befriedigen – zusätzliche Mittel, um das Leben materiell, kulturell und geistig zu bereichern. So gesehen ist Vergeudung der Abstand zwischen dem, was die Wirtschaft und Gesellschaft der Bundesrepublik heute an Wohlstand hervorbringt, und dem, was sie unter veränderten Bedingungen zu leisten imstande wäre. Aufgabe dieses Buchs ist es, diesen Abstand zu messen.

Ein Beispiel: Panzerbau ist Vergeudung, weil er zum nationalen Wohlstand nichts beiträgt, sondern ihn sogar einengt. Panzer können weder konsumiert werden noch dienen sie ihrerseits dazu, nützliche Dinge herzustellen; sie sind weder Konsumtions- noch Produktionsmittel. Die Rüstungsfirma sieht den gleichen Sachverhalt allerdings völlig anders. Von ihrem Standpunkt betrachtet, ist das Geschäft mit Panzern keine Vergeudung, sondern das gerade Gegenteil, nämlich eine Bereicherung. Niemals quält einen Kapitalisten die Frage, ob sein Produkt nützlich oder überflüssig ist, solange er es mit Gewinn verkaufen kann. Ob er Panzer bauen läßt oder Straßenbahnwaggons, ist ihm gleichgültig. Ihm geht es allein um den Gewinn, den er mit seinem Produkt erzielt, nicht aber um die Art des Produkts selbst. Deshalb ist eine Wirtschaftsordnung, die dem Zweck des Kapitalgewinns unterliegt, von ihrer Anlage aus nicht imstande, zwischen gesellschaftlich Nützlichem und Überflüssigem überhaupt zu unterscheiden.

Gerade eine Wirtschaftsform, die dies vermag, ist notwendig, wenn die Vergeudung überwunden werden soll. Gesucht ist diejenige Wirtschaftsordnung als Vergleichsmaßstab, bei der nicht nach einzelwirtschaftlichem Interesse entschieden wird, sondern in der der gesamtgesellschaftliche Nutzen Ziel der Wirtschaft und demzufolge die Rechnungsführung über den gesamtwirtschaftlichen Aufwand oberstes Gebot ist.

Eine Wirtschaftsordnung, die sich den Standpunkt des gesamtgesellschaftlichen Vorteils zum Prinzip gemacht hätte, existiert in der Bundesrepublik nicht. Aber sie ist eine denkbare

Alternative für uns. Wie vorteilhaft sie wäre, wird sich im Verlauf der Untersuchung zeigen. Am Ende des Buches, wenn die Vergeudungsrechnung präsentiert wird, dürfte mancher Leser erstaunt sein, wie teuer uns alle der Kapitalismus zu stehen kommt, wenn er an jener Alternative gemessen wird.

Der wissenschaftliche Begriff für jene Wirtschafts- und Gesellschaftsordnung, die die private Profitmacherei hinter sich läßt und direkt auf das Wohlergehen aller ausgerichtet ist, heißt Sozialismus. In diesem Buch geht es somit nicht allein um die Vergeudungsschäden, die der Kapitalismus bei uns verursacht, sondern auch um die Vorteile einer sozialistischen Bundesrepublik Deutschland.

Werbung

Wer nicht wirbt, der stirbt

Es ist unmöglich, der Werbung zu entgehen. Jeder von uns ist von der Werbung für die unterschiedlichsten Waren umgeben, ob er das nun bewußt wahrnimmt oder nicht. Denn jeder von uns ist ein möglicher Käufer, solange er noch über ein Minimum an Geld verfügt. Ans Geld der Verbraucher heranzukommen, darin besteht der Sinn der Werbung für die einzelnen Hersteller von Waren. Die Werbung soll die Kundschaft gegenüber konkurrierenden Anbietern für das eigene Produkt interessieren. Das versucht die Werbung zu erreichen, indem sie die wirklichen und – weit öfter – vermeintlichen Vorzüge der betreffenden Ware anpreist.

Bei privater Marktwirtschaft fällt der Werbung eine bedeutende Rolle zu. Sie wird von den einzelnen Anbietern eingesetzt, um den eigenen Marktanteil gegenüber dem der anderen auszubauen oder zumindest zu verteidigen. Da jeder so verfährt, müssen alle mitmachen, denn keiner will das Nachsehen haben. Und da alle werben, bleibt der Effekt am Ende so, als hätte es keiner von ihnen getan. Die Sinnlosigkeit dieser gigantischen Anstrengungen springt unmittelbar in die Augen. Werbung ist ein Kampfmittel, das zwangsläufig zu unserer Wirtschaftsordnung gehört, in der sich die Unternehmen gegenseitig die Märkte streitig machen, statt untereinander abgestimmt zu produzieren und zu verkaufen.

Daß und wie sehr Werbung Ausdruck von Marktkonkurrenz ist, zeigt sich gerade in Zeiten schleppenden Geschäftsgangs. Wenn sich die Anbieter auf den enger gewordenen Märkten drängeln, sinken ihre Werbeaufwendungen nicht etwa, sondern sie steigen weiter an. Allein die Werbeeinnahmen der Medien (Zeitungen, Zeitschriften, Fernsehen, Rundfunk usw.) wuchsen in den Jahren von 1975 bis 1985 von 6,7 auf 15,5 Milliarden DM,[1] und damit schneller als das Bruttosozialprodukt.

Zehn Minuten montags morgens

Nur drei Minuten lang, aber dafür Schlag auf Schlag hämmert Reklame aus dem Radio: Der neue Versandhauskatalog ist da, mit »1 000 bunten Seiten«. Eine Frauenzeitschrift für Leserinnen, die schon montags mehr als andere über Lady Di wissen wollen. Noch eine Zeitschrift: eine fürs »Glück«, worunter die Aussicht auf einen Millionengewinn verstanden wird. Zwischendurch eine Gesichtsmaske gegen schlaffe Morgenhaut. Wieder eine Zeitschrift, nämlich »Autobild«, ohne die ein Autofahrer eigentlich keiner ist. »Zitronenfrisch« folgt ein neuer WC-Reiniger. In die »Spielothek« soll ich gehen, um meine Lust auf TV-Spiele zu befriedigen, sagt ein Professor. Ein bayerisches Bier wird mir für den Abend empfohlen. Zwischen die Reklame für eine Kreditkarte und eine Kfz-Versicherung drängen sich Klimaunterwäsche und Juwelen für Männer. Sekunden vor dem 8-Uhr-Gong bricht die Werbung für ein Toilettenpapier vorzeitig ab.
Beim Weggehen hole ich aus dem Briefkasten die Tageszeitung. Dabei fällt die bunte Innenbeilage auf den Boden: das Wochenangebot des »Kaufhof«, 8 Seiten im Vierfarbendruck. Unterhalb der Hausbriefkästen liegt bereits Ähnliches gestapelt: für jeden Haushalt ein 12-seitiger Vierfarbenprospekt des Großmarkts an der Autobahn. Ausnahmsweise freue ich mich, daß heute die Post noch nicht da ist mit ihren nie gelesenen Werbedrucksachen. Ich beschließe, den Innenteil der Tageszeitung in der U-Bahn anzuschauen, um den Anzeigen von Banken und Autoherstellern vorerst noch zu entgehen.
Auf dem Weg zur Haltestelle muß ich an zwei Plakattafeln vorbei. Da ist es, das Toilettenpapier, dessen Radiowerbung ich nicht ganz mitbekam! Auf der Tafel daneben raucht ein herbes Männergesicht eine Zigarette! Dann kommt endlich die U 7 Richtung Zoo.

Der Markterfolg der Marlboro

Die Kampfwerbung der Unternehmer ist vergeuderisch. Das zeigt sich am deutlichsten bei gesättigtem Markt.

Tabelle 1
Die zehn meistverkauften Fabrikzigaretten nach Marktanteilen in v. H. des gesamten Inlandabsatzes 1984 und 1985

1984		1985	
1 HB	15,5	1 Marlboro	16,4
2 Marlboro	13,7	2 HB	14,8
3 Camel Filters	8,4	3 Camel Filters	7,7
4 Lord Extra	6,7	4 Lord Extra	6,4
5 Peter Stuyvesant	5,5	5 Peter Stuyvesant	5,5
6 West	5,1	6 West	5,0
7 Ernte 23	4,7	7 Ernte 23	4,6
8 R 6	3,8	8 R 6	3,4
9 Reval	3,7	9 Reval	3,4
10 Roth-Händle	2,2	10 Roth-Händle	2,0
Marktanteil der ersten Zehn:	69,3		69,2

Quelle: Die Tabak Zeitung 17/86, S. III

Die Top Ten des bundesdeutschen Zigarettenmarkts ist in den beiden Jahren erstaunlich stabil geblieben. Kein neuer Markenname ist 1985 aufgetaucht, der Marktanteil der zehn Marktführer ist mit 69 Prozent gleichgeblieben. Auch der Gesamtmarkt hat sich mit 120 Milliarden versteuerten Zigaretten gegenüber 1984 weder erweitert noch verringert. So fällt als wichtigste Veränderung der Rangwechsel von HB und Marlboro auf. Für die Branche ist das in der Tat eine Sensation, denn HB war 26 Jahre lang Spitzenreiter gewesen.[2] Die Reihenfolge auf den Plätzen 3 bis 10 blieb unverändert. Marlboro (das Flaggschiff der Firma Philip Morris) hat um 2,7 Prozentpunkte zugelegt, und zwar auf Kosten aller anderen in der Hitliste, ganz besonders auf Kosten von HB (ein Produkt von BAT) und Camel Filters (Firma Reynolds), die beide jeweils 0,7 Prozent Marktverlust machten. Auch die Brinkmann AG verlor mit ihrer Lord Extra an Boden, ebenso die übrigen sechs Markenzigaretten, die alle vom größten der fünf bundesdeutschen Hersteller stammen, nämlich vom Reemtsma-Konzern.

Wir wollen an dieser Stelle nicht darüber streiten, ob Zigaretten überhaupt sinnvoll sind. Was aber auf keinen Fall gesamtwirtschaftlichen Sinn hat, ist die Marktverschiebung zugunsten der Marlboro. Ihr Hersteller, Philip Morris, konnte seinen Umsatz steigern, die Hersteller der anderen Zigaretten büßten Umsatz ein. Dahinter stand ein Konkurrenzkampf, bei dem alle zusammen Werbeaufwendungen in Höhe von 261 Millionen DM tätigten – in Zeitungen und Zeitschriften, ohne Kino- und Plakatreklame.[3] Der durch Werbung geschaffene größere Marktanteil des einen Unternehmens kam auf Kosten anderer Unternehmen zustande. Der Werbeaufwand führte nur zu einer gesamtwirtschaftlich völlig belanglosen Verschiebung von Marktanteilen. 261 Millionen DM für Zeitungsinserate und weitere Riesensummen für andere Formen der Zigarettenreklame sind also weggeworfenes Geld.

Verbraucherberatung anders

Werbung, behaupten die Werbefachleute, solle den Verbraucher aufklären, um ihm seine Kaufentscheidung zu erleichtern. Wäre Werbung nur das, also sachliche Produktinformation und neutrale Verbraucherberatung, dann müßten die meisten Werbeagenturen sofort dichtmachen. Denn ihre Aufgabe besteht gerade darin, auch noch das miserabelste Produkt unter die Leute zu bringen, ob die Reklame mit den wirklichen Eigenschaften der betreffenden Ware nun übereinstimmt oder nicht.

Zugegeben, zwischen sachlicher Produktinformation und überflüssiger Reklame läßt sich nur schwer trennen. Manchmal ist der Unterschied aber doch spürbar: Das Zeitungsinserat eines Kaufhauses, das frisches Gemüse zu diesem oder jenem

Preis anzeigt, ist keine unnütze Ankündigung. Wenn dagegen ein Cowboy lässig zum glimmenden Holzscheit greift, um sich, musikalisch von Westernmelodien untermalt, seine Marlboro anzustecken, bleibt von Produktinformation nichts mehr übrig.

Werbung im Sinn sachlicher Kundeninformation wird keineswegs überflüssig, wenn Werbung im Sinn unsachlichen Kundenfangs verschwindet. Im Gegenteil: Werbung, die den Verbraucher sachgemäß über Produkte berät, müßte in einer neugestalteten Bundesrepublik einen viel größeren Umfang einnehmen, als das gegenwärtig der Fall ist. Nur so können wir uns aus Opfern der kapitalistischen Reklame in bewußte Konsumenten verwandeln, die wissen, was sie kaufen und warum gerade das und warum gerade das nicht.

Entfällt die heutige Form der Werbung – die Kampfwerbung der Unternehmer – und wird statt dessen die Werbung im Sinn sachlicher Verbraucherberatung ausgeweitet, dann werden wahrscheinlich zwei Merkmale als Charakteristika hervortreten:

Erstens: Der Umfang der gesamten Informationsaufwendungen wird bestenfalls noch die Hälfte der gegenwärtigen Werbeaufwendungen betragen müssen.

Zweitens: Die neue Form der informativen Werbung braucht, ja darf weder geist- noch phantasielos sein, und es ist auch nicht einzusehen, warum sie – gegenüber der heutigen manipulierenden Reklame – auf die Medien wie Rundfunk, Fernsehen, Zeitschriften, Zeitungen oder auf pfiffige Werbeberater verzichten soll. Es kommt nicht darauf an, wo geworben wird, sondern wofür und ob aufrichtig oder nicht.

Wie hoch waren 1985 die Werbeaufwendungen in der Bundesrepublik?

Gewöhnlich werden nur die Werbeeinnahmen der Medien berücksichtigt, weil diese am verläßlichsten zu ermitteln sind. Zur Berechnung werden die »Einschaltkosten« herangezogen, also jene Preise, die von den Medien (Zeitungen, Fernsehen, Plakatwände) für die »Schaltung« einer Anzeige, eines Spots oder eines Plakats verlangt werden. Dazu gehören auch die Streukosten, d. h. die Portokosten der Bundespost für die soge-

Von Frankfurt bis Bonn

Die monatliche Buntpapiermasse (für Recycling u. a. aufgrund hochgiftiger Druckfarben fast völlig ungeeignet) in meinem Briefkasten betrug 1985 knapp 500 Gramm, die Farbbeilagen in meiner Tageszeitung wogen pro Monat ebenfalls etwa 500 Gramm. Dieses Papierkilo auf alle Haushalte der Bundesrepublik für ein Jahr hochgerechnet, ergibt fast 300 000 Tonnen. Gepreßt, auf LKWs mit jeweils 25 t Nutzlast verladen, ergibt diese Menge eine ununterbrochene LKW-Schlange von 12 000 Fahrzeugen, die aneinandergereiht eine Strecke von rund 168 km ausmachen würden, d. h. von Frankfurt bis Bonn führten.

Tabelle 2
Werbeaufwendungen 1985 in Mrd. DM

Werbeeinnahmen der Medien (ohne Produktionskosten) (Zeitungen, Zeitschriften, Hörfunk, Fernsehen, Kino, Plakate, Anzeigenblätter u. a.)	14,5
Portokosten der Direktversendungen	1,9
Produktionswert der Versandprospekte	3,2
Werbeverwaltung (Agenturen, Werbeabteilungen bei Firmen und Medien)	3,0
Produktionswert von Werbematerial (Zeitungsbeilagen, Werbedruckschriften, Handzettel, Kataloge, Werbefilme, Rundfunk-Tonbänder)	6,0
Sonstige Werbung (Lichtwerbung, Marktforschung, Messe- und Ausstellungen, Eisenbahn- und Postreklame)	2,7
Summe:	31,3

Quelle: ZAW 1986

nannte Direktwerbung. Diese Rechnung erfaßt jedoch nur die Hälfte der tatsächlichen Werbeaufwendungen. Die andere Hälfte wird erstens für Werbeagenturen und -abteilungen bei Firmen und Medien, und zweitens für Herstellungskosten der Werbematerialien aufgewandt, die vor allem aus Druckereien stammen. (Vgl. Tabelle 2).

Der Werbeaufwand, der hauptsächlich infolge der kapitalistischen Marktkonkurrenz betrieben wird, betrug 1985 mehr als 31 Milliarden DM. Nach unserem Ansatz wird durch die Umgestaltung der Werbung auf sachliche Produktinformation und Verbrauchsberatung höchstens noch die Hälfte der heutigen Ausgaben gebraucht.

Im Jahre 1985 wurden infolge kapitalistischer Werbung mindestens 16 Milliarden DM gesamtwirtschaftlich unnütz verwendet bzw. vergeudet.

Nahrungsvernichtung

Butterberge und Zuckerhalden

165 000 Tonnen Butter im Wert von 1,3 Milliarden DM und 850 000 Tonnen Milchpulver im Wert von 2,7 Milliarden DM unverkäuflich in EG-Kühlhäusern – so lauteten schon vor über zehn Jahren Schlagzeilen über die vielleicht makaberste Vergeudung der Gegenwart. Mittlerweile wird etwa die zehnfache Menge von der Europäischen Gemeinschaft gelagert. Und die Getreide-, Milch- und Rindfleischberge oder Zuckerhalden wachsen weiter. Jeder weiß, daß es sich dabei nicht um Vorräte für eventuelle Katastrophenfälle handelt, sondern um Nahrungsmittel, die zu den derzeitigen Verbraucherpreisen nicht verkauft werden können und auf ihre Vernichtung warten. Offiziell heißt es, die Preise müßten künstlich hochgehalten werden, weil die Landwirte der EG-Länder sonst keine Einnahmen mehr erzielen würden, von denen sie leben könnten. In der Tat, für die Mehrheit der Klein- und Mittelbauern bedeuten selbst die künstlich hochgehaltenen Agrarpreise, daß sie ein Leben am Rand des Existenzminimums führen müssen. Für viele von ihnen reichen diese »Marktordnungspreise« nicht einmal aus, um über die Runden zu kommen. Jährlich werden in der Bundesrepublik im Durchschnitt 20 000 Betriebe ruiniert.

Zu festen Preisen alles ankaufen – das ist im Kern die Agrarpolitik der EG, die in einer faktisch unbegrenzten Abnahmeverpflichtung für fast alle wichtigen landwirtschaftlichen Handels- und Verarbeitungsprodukte zu jährlich ausgehandelten Einheitspreisen besteht. Das führt dazu, daß Molkereien, Schlachthöfe, Zuckerfabriken und Getreidehändler den Bauern ihre Produkte ohne Risiko abkaufen können, denn was sich auf dem Markt nicht unterbringen läßt, wandert auf die Halden. Die Kosten der Lagerung übernimmt die Kasse der EG. Im Fall von Magermilchpulver waren das z. B. 36 DM pro Tonne und Monat (1976).[1]

Kommt während der Lagerhaltung kein Käufer, wird das Produkt als Futtermittel eingesetzt, wofür es die entsprechende Beihilfe aus dem EG-Haushalt gibt. Oder es wird in Nicht-EG-Länder verkauft (siehe Kasten »Karusselgeschäfte«). Oder die Überschußprodukte werden vernichtet – das gilt vor allem für Obst und Gemüse –, wobei die Kosten ebenfalls aus Mitteln des Brüsseler EG-Haushaltes gedeckt werden.

Dieses Verfahren der Agrarmarkt-Regulierung – auch Marktordnung genannt – ist teuer: 1985 zahlte allein die Bundesrepublik in die EG-Agrarkasse 10,3 Milliarden DM.[2] Außerdem gab die Bundesregierung 0,5 Mrd. DM für nationale Marktordnungsmaßnahmen aus, vor allem für Milch und Wein.[3]

Von diesem System der Preisstützungen mit garantierten, unbegrenzten Abnahmemengen profitiert so mancher; die Bauern sehen allerdings am wenigsten davon, denn sie erhalten nicht einmal 25 Prozent der Agrarmilliarden. Kasse machen vor allem Molkereien, Schlachthöfe, die Ernährungsindustrie und der Agrarhandel, denn die Garantiepreise gelten für Handel, Verarbeitung und Lagerung. Elf Milliarden DM flossen in diese Kassen, also fast 50 Prozent dessen, was alle Landwirte der Bundesrepublik 1985 einnahmen. Wenn Brüssel die Preise für Milchprodukte um 5 Prozent erhöht, dann kommen bestenfalls 2,5 Prozent bei den Erzeugern an, weil die Agrarmittel zum großen Teil an den Bauern vorbei zu den Weiterverarbeitern fließen. Rund 12 000 Bauern waren auch 1985 gezwungen, ihren Betrieb aufzugeben.[4] Zur Zeit gibt es noch 720 000 landwirtschaftliche Betriebe in der Bundesrepublik. Nur 300 000 davon sind »Vollerwerbsbetriebe«, also Höfe, die ausschließlich von der Landwirtschaft leben.

Die EG-Agrarpolitik soll angeblich die Einkommen der Landwirte sichern, durch feste Ankaufpreise auf der Stufe der Großhandels- und Verarbeitungsprodukte. Allerdings hat das System mindestens zwei Haken:

– Bis heute gibt es mit einer einzigen Ausnahme (Körnerleguminosen, also Erbsen, Bohnen u. ä.) keine festgelegten und garantierten Preise für die direkten Erzeuger. Die EG-Agrarpreise werden für Butter, Magermilchpulver, Schweinehälf-

Karussell-Geschäfte

Für den Export von Rindfleisch zahlen die EG-Behörden hohe Subventionen, die den Unterschied zwischen dem hohen EG-Preis und dem niedrigeren Preis im Käuferland ausgleichen sollen. Schwindler und Gauner reiben sich die Hände.
So ein Kaufmann aus Hamburg. Seine Import-Export GmbH & Co KG hatte mehrere Container nach Übersee mit Schlachtabfall – Rinderpansen, Schweinepfoten, Putenreste – vollgestopft. Nur die oberste Schicht enthielt das, was auf der Zollerklärung stand: hochwertiges Rindfleisch aus der EG. Gegen Vorlage der Papiere zahlte ihm der Zoll, als ausführende Behörde der EG eine saftige Ausfuhrerstattung. Bei der routinemäßigen Ladungskontrolle fiel nichts auf, weil die Zollbeamten keine große Lust hatten, in den eiskalten Tiefkühl-Containern jedes Stück einzeln umzudrehen.
Für die Rückfahrt wurden die Container in Argentinien beladen, nur diesmal mit bestem argentinischem Rindfleisch. Bekanntlich werden darauf in der EG hohe Importzölle erhoben, so daß sich das Geschäft normalerweise nicht lohnt. Der Hamburger Kaufmann aber ließ seine Helfershelfer in Übersee als oberste Schicht aufladen, was in den Papieren aufgeführt wurde: Schlachtabfälle, Bindegewebe, Knorpel, Sehnen usw. zur Verwendung in Wurstfabriken der EG. Und so kam – unverzollt – hochwertiges Rindfleisch als Abfall getarnt bei uns an, für das man innerhalb der Bundesrepublik viel Geld zahlen muß. Der clevere Kaufmann aus Hamburg entschied sich aber, die Ladung erst gar nicht zu löschen – bis auf die Oberschicht aus Schlachtabfällen. Mit neuen Papieren versehen, ging das Fleisch wieder auf große Fahrt, diesmal als Rindfleisch aus der EG. Und dafür kassierte der Geschäftsmann erneut eine saftige Ausfuhrerstattung.

ten, Weißzucker fixiert, nicht für Milch, Schlachttiere oder Zuckerrüben. Von den Preisen profitieren in erster Linie das verarbeitende Nahrungsmittelgewerbe und der Agrarhandel. Über sogenannte Erzeuger-Mitverantwortungsabgaben sollen die Bauern jetzt sogar noch bei der Preisstützung zugunsten der Weiterverarbeiter herangezogen werden.

– Landwirt ist nicht gleich Landwirt. Es gibt Grundbesitzer und Großbauern mit Hunderten von Hektar Nutzfläche, auf fruchtbarem Boden in der Ebene, und es gibt eine Masse von Klein- und Mittelbauern mit Betriebsgrößen unter 30 Hektar im rauhen Klima und mit den schlechten Böden der Mittelgebirge.[5] Beide jedoch, der Großagrarier aus Niedersachsen oder Schleswig-Holstein und der Kleinbauer aus Hessen oder Nordbayern, erhalten im Prinzip den gleichen, einheitlichen Preis für den Liter Milch oder die Tonne Getreide. Da der Großagrarier viel mehr produziert und dabei weitaus kostengünstiger wirtschaften kann als der Kleinbauer, wird die scheinbar so gerechte Maxime »gleicher Verkaufspreis für alle« zur Ungerechtigkeit. Der Agrarbericht der Bundesregierung zeigt die regionalen Unterschiede im Einkommen: Eine Familienarbeitskraft erwirtschaftete in der großbäuerlich strukturierten Braunschweiger Lößbörde 52 000 DM pro Jahr, in West- und Nordhessen dagegen nur 12 700, noch weniger im bayerischen Spessart und in der Rhön: 11 300 DM.[6]

Nicht einmal der Bundeslandwirtschaftsminister hat diese erheblichen Einkommensunterschiede bisher damit begründet, daß sich die Tüchtigen und Fleißigen unter den Landwirten eben im Norden angesiedelt haben, während die Bauern der Mittelgebirge von ihrem Beruf nichts verstünden. Es gibt große Betriebe in fruchtbaren Gebieten, die im Vergleich zum Industriearbeiter für die Landwirte überdurchschnittlich hohe Einkommen garantieren, und es gibt Kleinbetriebe auf weniger fruchtbarem Boden, deren Besitzer jedes Jahr von neuem um ihr wirtschaftliches Überleben bangen müssen. In diesen kleineren und mittleren Betrieben, in denen unterdurchschnittlich verdient wird, arbeitet die Masse der selbständigen und mithelfenden Landwirte der Bundesrepublik.

Man kann verstehen, daß diese Mehrheit jedes Jahr die Verhandlungen über die Agrarpreise mit Spannung und Hoffnung verfolgt, und es erscheint auch berechtigt, wenn die Bauern mit ihren Traktoren für höhere Preise und Einkommen demonstrieren. Viel zu wenige von ihnen achten allerdings darauf, wer von dem Agrar-Preis-System am meisten profitiert. Wie würde sich sonst die Masse der Bauern einen Mann an der Spitze ihres Verbandes gefallen lassen wie den Gutsbesitzer Freiherr Constantin von Heereman? Natürlich ist der Chef des Bauernverbands selbst an hohen Agrarpreisen interessiert, und dafür läßt er gern die Klein- und Mittelbauern in Bonn aufmarschieren. Aber ihm geht es wohl eher um die Extragewinne der Großagrarier und der industriellen Massentierhalter, die sich für die landwirtschaftliche Arbeit selber viel zu fein sind, die aber den größten Nutzen aus Preisanhebungen und Absatzgarantien ziehen, weil sie die meisten Produkte auf den Markt werfen. Sie sind es, die die Überschüsse verursachen, und sie streichen von den Subventionen, soweit sie überhaupt den Bauern zukommen, den Löwenanteil ein. Als geradezu typisch sieht es der Frankfurter Agrarwissenschaftler Priebe an, »daß die Agrarpolitik von einer kleinen Gruppe größerer Landwirte beherrscht wird, der es mit unnachahmlicher elitärer Arroganz gelang, die Verfolgung eigener Interessen als Einsatz für Volk und Vaterland darzustellen«. Von seiner Führung werde der Bauer nur »vorgeschoben«; er »wird praktisch betrogen, gerade noch am Tropf gehalten, bis dann mit seiner miserablen Lage wieder neue Hilfen gefordert werden können.«[7]

Die EG-Zuschüsse bringen auch anderen Geschäftemachern reiche Profite: Da ist die vorgelagerte Industrie, die die Landwirte mit Maschinen, Düngemitteln, Pflanzengiften, Tierarzneien usw. beliefert und deren Preise im Unterschied zu den Einkünften der Klein- und Mittelbauern ununterbrochen steigen. Und da sind die Banken, die den Bauern die Kredite gewähren, mit deren Hilfe alle diese Betriebsmittel gekauft werden können. Hier dürften auch die mächtigsten Interessengruppen aufzufinden sein, die für die Unantastbarkeit der überschußtreibenden EG-Agrarmarktordnung eintreten.

Kühe, die ihre eigene Milch saufen

Als der Geschäftsführer einer Großmolkerei dem Milchbauern (20 Kühe im Stall) den Annahmepreis pro Liter wieder einmal um 1 Pfennig kürzte, hatte dieser eine Idee: Wenn die Molkerei schon so viele Überschüsse habe, die sie – auf Kosten der EG – doch nur vernichte, könne er doch auch selbst die Beihilfe zur Milchentwertung kassieren. Dann würde er seine Milch gar nicht erst anliefern, sondern sie gleich den gemolkenen Kühen wieder als Futter vorsetzen. Doch der Geschäftsführer der Molkerei lehnte ab, obwohl er dem Bauern zugestand, daß seine Methode zur »Entnahme überschüssiger Milch aus dem Markt« tatsächlich billiger sei. Obwohl sich der Milchbauer ärgerte, sah er ein, warum die Molkerei das Entwertungsgeschäft selbst machen mußte: Geld aus Brüssel gibt es nämlich nur für Milchpulver oder Butter, Produkte, die nicht der Bauer liefert, sondern die Molkerei. Die Molkerei hatte jüngst – mit EG-Hilfe – einen »Sprühturm« bauen lassen, um Überschußmilch zu Magermilchpulver verarbeiten zu können. In Pulverform ist Milch haltbar, und die Kosten für Produktion wie Lagerung des Milchpulvers werden der Molkerei von der EG erstattet. Auf das EG-Geld zu verzichten, sei betriebswirtschaftlich unvernünftig, erklärte der Geschäftsführer und machte dem Bauern einen anderen Vorschlag: In der EG sei 1984 ein Nachtragshaushalt in Höhe von 1,8 Milliarden DM beschlossen worden, vor allem um Magermilchpulver als billiges Futtermittel abzusetzen. In Kürze könne er ihm solches Magermilchpulver sehr preiswert verkaufen, weil die EG der Molkerei den Preisverlust zwischen angekaufter Milch und Futtermilchpulver ersetze. Auf diese Weise erhielt der Milchbauer seine Milch dann doch wieder zurück, wenn auch als getrocknetes Pulver, für das er den üblichen, niedrigen Futtermittelpreis zahlte.

Drogenszene im Massenstall

Ertragssteigerung um jeden Preis ist zur Devise der Landwirtschaft im EG-Raum geworden. Die Marktordnung ist darauf angelegt, die landwirtschaftlichen Einkommen durch höhere Produktionsmengen zu steigern. Sowohl der kleine Bauer, der unter Existenzdruck wirtschaftet, als auch der Großagrarier, der einfach mehr verdienen will, müssen mehr und immer mehr produzieren. Da der Boden bekanntlich nicht unbegrenzt ist, gibt es dafür nur einen Weg – Intensivierung. Intensivere Bewirtschaftung der Nutzfläche erfolgt durch den Einsatz zusätzlicher Maschinen, Düngemittel, Pflanzenbehandlungsmittel, durch schleppergerechte Umgestaltung der Ackerflächen, durch noch mehr Viehboxen in noch größeren Stallungen.

Beispiel Pflanzenbau: Während sich die Böden früher durch eine abgestimmte Fruchtfolge regenerieren konnten, wird heute oft auf demselben Feld Jahr für Jahr wieder Weizen angebaut, was zu immer größerem Einsatz von Kunstdünger führt. Um größere Landmaschinen einsetzen zu können, werden die Felder vergrößert: Bäume und Feldgehölze werden entfernt, Wege begradigt und asphaltiert, Raine beseitigt, Feuchtwiesen trokkengelegt, Bachläufe betoniert. Unter dem vielsagenden Titel »Flurbereinigung« wird die Ausräumung der Landschaft von Bund und Ländern mit jährlich 0,5 Milliarden DM gefördert, dazu kommen weitere 0,5 Milliarden DM für »Wasserwirtschaft und Kulturbautechnik«, die ebenfalls für die Anlage pflegeleichter Fluren verbaut werden. Und weil monotone Weizenwüsten gegen Schädlingsbefall viel anfälliger sind, werden von Jahr zu Jahr mehr Pflanzengifte gegen Pilze, Insekten und Unkräuter benötigt.

Bei der Tierhaltung geht die Intensivierung in manchen Bereichen sogar noch ein Stück weiter. Während sich der viehlose Spezialbetrieb des Getreide- bzw. Ackerbaus erst als Tendenz abzeichnet, ist die »bodenunabhängige« Massentierhaltung schon Wirklichkeit. »Bodenunabhängig« bedeutet, daß die Kuhställe zum Beispiel nicht mehr von Grünland umgeben sind, auf dem Futterpflanzen wachsen, die geerntet oder abgeweidet werden und auf das die Gülle der Tiere als wertvoller Dünger verbracht wird. Die »modernen« Ställe, u. a. aus Staatsmitteln der »einzelbetrieblichen Förderung« in Höhe von jährlich 0,5 Milliarden finanziert, sind reine Milch- oder Mastfabriken mit Hunderten von Kühen und Rindern, Tausenden von Schweinen oder Hunderttausenden von Legehennen, die mit spezieller Kraftnahrung aus Futtermittelfabriken zur Schlachtreife gebracht werden. Mangels umliegender Anbauflächen ist bei der industriellen Fleischmast die Gülle nur noch lästiger Abfall, der stinkend in die Landschaft fließt und zu einer enormen Stickstoffbelastung des Grundwassers führt.

Tabelle 3
Überschußtreibende Ausgaben der Landwirtschaft 1984 in Mrd. DM

Käufe von Mineraldünger	4,1
Käufe von Pflanzenbehandlungsmitteln	1,0
Bund- und Landesmittel zur Veränderung der Agrarstruktur	1,5
– darunter:	
Flurbereinigung	0,5
Einzelbetriebliche Förderung	0,5
Wasserwirtschaft und Kulturbautechnik	0,5
Summe:	6,6

Quelle: Agrarbericht 1985, BML 1984.

> Diese englische Stallfütterung ist eine Art Zellengefängnissystem . . . In diesen Gefängnissen werden die Tiere geboren und bleiben drin bis sie are killed off. Solche Fabriken von Fleisch, Milch und Talg, wo das lebende Tier ganz wie eine Maschine behandelt wird, haben etwas Abstoßendes wie ein Fleischerladen.
>
> Karl Marx, (unveröffentlichte) Auszüge von 1865

Genau wie bei pflanzlichen Monokulturen liegt die Erkrankungs- und Seuchenanfälligkeit auch bei großen Tierbeständen sehr hoch, so daß Arzneimittel nicht nur im Bedarfsfall eingesetzt werden, sondern die in engen Boxen gepferchten Kreaturen »vorsorglich« von der Geburt bis zum Schlachthaus begleiten. Das beginnt mit breiten medizinischen Impfprogrammen, wird fortgesetzt mit Antibiotikagaben und sogenannten Masthilfen im Kraftfutter (Sexualhormone, die bis zu 20 Prozent Zunahme von Muskelfleisch erzeugen), wird erweitert durch pharmazeutische Beruhigungsmittel gegen den Dauerstreß in den Kunstlichtboxen, so daß die hochgezüchteten und hochempfindlichen Tiere bis zum erlösenden Schlachttod in einer ständigen Drogenszene dahinvegetieren – versorgt von den legalen und illegalen »Dealern« aus der Pharmaindustrie.[8]

Man braucht keine romantische Seele zu sein, die ein Zurück zum Ochsenpflug verlangt, um daran zu zweifeln, ob die landwirtschaftliche Ertragssteigerung in der agrarindustriellen Weise, wie sie in der Bundesrepublik und in der gesamten EG praktiziert wird, der richtige Weg zur Nahrungsmittelproduktion ist. Wenn Milch nicht mehr sauer wird, sondern einfach verfault, wenn das Fleisch in der Pfanne beim Brutzeln auf die Hälfte zusammenschrumpft, dann kommen einem Bedenken, was die Qualität unserer Lebensmittel betrifft. Wer jemals das Glück hatte, frisches Fleisch von einem jungen Weiderind zu essen, kann sich nur wundern, daß die Produkte aus der Massentierhaltung ebenfalls Rindfleisch genannt werden dürfen. Der fade Geschmack ist auch durch schärfste Gewürze nicht wettzumachen. Und daß über 50 Prozent der Bundesbürger Angst vor chemischen Rückständen in Lebensmitteln haben[9] – nach neueren Umfragen sollen es schon 75 Prozent sein –, liegt keineswegs an der Propaganda angeblicher »Öko-Freaks«, sondern daran, daß tatsächlich immer wieder Schadstoffe in pflanzlicher und tierischer Nahrung entdeckt werden – oft erst dann, wenn sie schon Erkrankungen ausgelöst haben. (Allein durch mit Glykol gepantschte EG-Weine starben 1986 mehr als 20 Menschen!) Vielfach führen chemische Rückstände zu Allergien, denen die Ärzte nichts entgegensetzen können. Was allein

1985 an Etikettenschwindel mit verbotener und schädlicher Nahrung getrieben wurde, wobei die Schleudereier in »Eier«-Nudeln oder die Frostschutzmittel in Weinen nur die Spitze sichtbar werden ließen, läßt aufhorchen.

Zentralisation – wer profitiert davon?

Wie unsinnig eine Veränderung der Agrarstruktur sein kann, die hauptsächlich die Macht der Weiterverarbeiterer zusammenballt, zeigt folgende Entwicklung: Unter dem Vorwand, die Kosten durch größere Produktionseinheiten senken zu wollen, wurden massenhaft lokal breit gestreute kleinere Produktionsstätten des Ernährungssektors auf dem Lande abgebaut: Mühlen, Mälzereien, Saftereien, Konserven- und Marmeladefabriken, Brauereien, Brennereien, Molkereien, Schlachthöfe. Parallel dazu ließ sich ein Prozeß der Zentralisation ländlicher Genossenschaften feststellen.
Die Kostensenkung in der Produktion trat ein, aber erst nach riesigen Investitionen und verbunden mit einem Anstieg der Kosten im Verteilungssystem, weil die Transportkosten zunahmen und teilweise geschlossene Kühlketten aufgebaut werden mußten. Das ganze war verbunden mit Qualitätsverschlechterungen der Produkte. Die Waren mußten mit Hilfe von Chemikalien usw. haltbarer gemacht werden, was z. B. dazu führte, daß heute nichtverbrauchte Milch nicht mehr dick wird, sondern fault.

Die agroindustrielle Rücksichtslosigkeit wirkt als Zerstörung des Bodens, als Quälerei der Tiere und als Beeinträchtigung der menschlichen Gesundheit (u. a. Magen, Gaumen, Gesundheit) gleichermaßen. Die Präparierung der Felder für den Großeinsatz von Maschinen und Chemikalien macht die Landschaft immer eintöniger. Kleintiere sind den Landmaschinen schutzlos preisgegeben, die Artenvielfalt der Pflanzen und Kleinstlebewesen fällt der »chemischen Sense« zum Opfer. Wildkräuter, Blumen und Kleinlebewesen werden ausgerottet, sobald sie zu störenden »Unkräutern« und »Schädlingen« erklärt werden. (»Nimmt der Landwirt Paraquat, schützt er bestens seine Saat« – vor Korn- und Mohnblumen). Der Einsatz der Chemie läßt die Erntemengen wachsen, ihre Qualität meist nicht. Der Verlierer ist die Natur, deren Teil der Mensch ist. Die Natur verliert an Reiz für den erholungssuchenden Menschen. Es macht wenig Spaß, zwischen monotonen Maisfeldern auf schnurgeraden Betonwegen entlangzuwandern, und es ist auch nicht gerade angenehm, wenn die Felder zur Zeit der Frühjahrs- oder Herbstbestellung nach Krankenhaus riechen.[10]

Froschteich im Kartoffelacker?

Die Überschüsse der Landwirtschaft sind – wie alle Überschüsse – relativ. Bei höherer Kaufkraft der Bevölkerung liegen sie mit Sicherheit weitaus niedriger. Aber die Entwicklung der Landwirtschaft in der Bundesrepublik bietet auch eine Möglichkeit, die in früheren Jahren für unser Land nicht bestand, die Chance, bei gleichem Arbeitseinsatz weniger, aber bessere Nahrungsmittel zu produzieren, und zwar ohne die ökologisch und ökonomisch nicht mehr zu verantwortenden Folgen. Überschüsse kommen bei umweltschonender Land- und Viehbewirtschaftung erst gar nicht zustande, so daß ihre Vernichtung auch nicht erforderlich wird. Illusion oder eine realistische Alternative?

Wenn die hohen Agrarerträge und -überschüsse durch ungehemmten Raubbau an der Natur und die Gefährdung der menschlichen Gesundheit erkauft werden, muß endlich darüber nachgedacht werden, ob eine Verringerung der Produktionsmengen nicht sinnvoll wäre. Erzeugen für die Vernichtung ist bestimmt die am wenigsten vernünftige Lösung.

Nicht nur oppositionelle Bauern machen sich über die Vermeidung von Überschüssen Gedanken, sondern auch ganz und gar nicht bauernfreundliche Berater der Bundesregierung. Der

Vom Hunger und von Tapioka

Angesichts des Hungers in der Dritten Welt können überhaupt nicht genug Nahrungsmittel produziert werden – so lautet ein ernstzunehmender Einwand. Dahinter steht die Idee, die in Westeuropa erzeugten überschüssigen Lebensmittel in die Hungerländer zu schaffen und damit für eine scheinbare Verbesserung der Situation zu sorgen. Nach Meinung oppositioneller Bauern, aber auch nach der Auffassung von Dritte-Welt-Gruppen ist die Degradierung der Entwicklungsländer zum Abladeplatz für EG-Überschüsse und zu Dauer-Almosenempfängern nicht der richtige Weg. Das »Bauernblatt« – Organ der bundesdeutschen Landwirte-Opposition – betont immer wieder, daß der Hunger in jenen Ländern grundsätzlich behoben werden müsse, und zwar durch die Etablierung einer leistungsfähigen Landwirtschaft für die nationale Eigenversorgung.

Ein Beispiel für die kaum faßbare Realität der Agrarbeziehungen, die zwischen Dritter Welt und EG bestehen, gibt zu denken:

Thailand ist der größte Lieferant von Tapioka. Tapioka ist gekörntes, stärkehaltiges Mehl aus Maniok, einer tropischen Wurzelpflanze. Bundesdeutsche Futtermittelfabriken kaufen neben Soja immer mehr Tapioka, das in die Futtertröge der agroindustriellen Schweinefabriken Nordwestdeutschlands geschüttet wird. Der Anteil der billigen (zollfreien) Futtermittelimporte aus Ländern der Dritten Welt nimmt zu,[11] während teureres einheimisches Futtergetreide zwar produziert, aber immer weniger im Land verwendet wird.

Was ist nun das Ergebnis?

Bundesdeutsche Bauern stellen plötzlich Überschüsse an Futtergetreide her, weil ihnen die auf Tapioka orientierenden Fleischmäster weniger abkaufen. Die Schweinemäster ihrerseits produzieren ebenfalls Überschüsse in Form von Fleisch, das sich durch die Verfütterung von Tapioka sehr billig herstellen läßt. Und in Thailand werden in dem Maße weniger Lebensmittel für den einheimischen Bedarf hergestellt, wie der Boden für den Anbau von Maniok für den Export verwendet wird. Fruchtbarer Boden wird damit der inländischen Nahrungsmittelproduktion entzogen.

Die Verursacher dieser Mangelwirtschaft, die in Thailand längst zu Hunger geführt hat, sind die Importeure von Futtermitteln auf Maniokbasis, die thailändische Kleinbauern mit durchschnittlich 2 Hektar Landbesitz vertraglich zum (ausschließlichen) Tapioka-Anbau verpflichten und ihnen dafür ein Viertel des Exporterlöses zahlen. Sie sind es auch, die für die Überschußproduktion in der Bundesrepublik und anderswo verantwortlich gemacht werden müssen: Nahrungsmittelkonzerne aus der BRD und den USA – an der Spitze die Firma Toepfer mit Sitz in Hamburg und Bangkok, gefolgt von der Firma Krohn und vom US-Konzern Cargill.[12] Diese Sorte von Kapitalisten nimmt genausowenig Rücksicht auf die Bedürfnisse Thailands, wie sich die Massentierhalter im Oldenburger Land um Getreide- und Fleischüberschüsse scheren, solange die EG-Kasse dafür zahlt.

Langfristig kann es nicht sinnvoll sein, Agrarüberschüsse nach Thailand zu verfrachten, wo die Futtermittel zur Produktion dieser Überschüsse gerade hergekommen sind.

Langfristig muß den skrupellosen Geschäftemachern in Agrarhandel und Agrarindustrie das Handwerk gelegt werden. Denn sie warten nur darauf, von der EG die Aufträge zur »Hungerhilfe« zu bekommen, um auch daran zu verdienen.

Sachverständigenrat (Jahresgutachten 1980/81) erwartet die Lösung in mehr »Liberalisierung«. Demzufolge sollen überhaupt nur noch »wettbewerbsfähige« Betriebe bestehen bleiben, also solche, die kleinere in die Knie zwingen und damit dafür sorgen, daß sich das Überschußproblem im Laufe der Jahre »von selbst« löst. Bäuerlicher Massenruin, verödete Gebirgslandschaften, industriemäßige Bewirtschaftung auf der Grundlage der modernen Chemie – das wären die traurigen Ergebnisse einer »marktorientierten« Lösung der anstehenden Probleme im Agrarbereich, ohne daß die Überschüsse wirklich nennenswert zurückgingen.

Nun gibt es auch noch einen »Rat von Sachverständigen für Umweltfragen«, der 1985 ein Sondergutachten »Umweltprobleme der Landwirtschaft« vorlegte. Darin kommt immerhin stärker die Erkenntnis zum Ausdruck, daß die Landwirte nicht nur möglichst effektiv eine Riesenmenge von Produkten liefern sollten, sondern daß sie auch eine wichtige Rolle für den Naturschutz spielen können. Dieser »Umweltschutz zum Nulltarif«, den die Bauern in den Mittelgebirgen und in den Alpen betreiben, wurde erst in den letzten Jahren entdeckt; heute schlägt man vor, diese Bauern für ihre ökologischen Dienstleistungen (Verhinderung der Bodenerosion, Erhaltung der Kulturlandschaft u. ä.) irgendwie zu entlohnen.

Doch die oppositionellen Bauern lehnen die Tendenz solcher Vorschläge ab, solange sie auf die Bildung von »zwei Klassen von Bauern« hinauslaufen – auf agrarindustrielle Managerbauern einerseits und Naturpfleger bzw. Landschaftsgärtner andererseits.[13] Auch die Bauern in weniger begünstigten Anbaugebieten wollen Landwirte bleiben.

In der Tat wäre es wenig sinnvoll, die Agrarproduktion etwa in Niedersachsen und Schleswig-Holstein zusammenzuballen, wo mit Hilfe chemisch-industrieller Raubbaumethoden weitergewirtschaftet würde wie bisher. In den Mittelgebirgen und Alpen dagegen sollen sich die bisherigen Bauern die Dienstmütze aufsetzen, um Wanderwege auszuzeichnen und Frösche in Feuchtbiotopen zu versorgen? Durch die Zweiteilung der Bauern und der Landschaft wäre auf die Dauer weder der

Natur noch den Landwirten geholfen, die vom Ertrag ihrer Arbeit leben wollen. Oberstes Ziel – im Interesse der Bauern, im Interesse der Natur, im Interesse der Nahrungsmittelversorgung – muß es sein, die landwirtschaftlichen Nutzflächen in allen Regionen unseres Landes zu erhalten. Die zentrale Frage lautet daher: Wie können die Bauern ein sicheres Einkommen erzielen, ohne auf Überschuß-produzierenden Raubbau angewiesen zu sein?

Umweltschonung statt Raubbau

Wenn die ständige landwirtschaftliche Überproduktion eine Folge der überall im Land betriebenen intensiven und der Natur Schaden zufügenden Bewirtschaftung ist, dann würden durch den Übergang zu umweltschonender Produktion zwei Fliegen mit einer Klappe geschlagen: Erstens würde durch die Abkehr vom Raubbau und den Stopp der Futtermittelimporte die jährliche Produktmenge um etwa 20–30 Prozent zurückgehen. (Auf solche Zahlen kommt man, wenn man die Erträge der heutigen Alternativbauern zugrundelegt.) Zweitens trägt eine ökologisch orientierte Wirtschaftsweise zur Entlastung der Umwelt und zur Steigerung der Qualität der Nahrungsmittel bei – nicht nur durch weniger Chemieeinsatz.

Ist es, so lautet ein Einwand, nicht rückschrittlich, von den Landwirten eine Senkung ihrer Ertragsleistung zu verlangen? Wie sollen die Bauern überleben, wenn sie doch schon heute mit dem Erlös ihrer Produktion kaum über die Runden kommen?

Es gibt eine Vielzahl brauchbarer Ideen, die der jetzigen EG-Marktordnung allesamt zuwiderlaufen. Im Kern wird von der bäuerlichen Opposition eine Ordnung verlangt, die mit der Begünstigung der Großagrarier und Agrarkapitalisten Schluß macht, aber auch damit, daß vor allem die Konzerne in Handel, Verarbeitung und Vermarktung sowie die Zulieferindustrie die Agrarmilliarden kassieren.

Die Klein- und Mittelbauern wollen vom wirtschaftlichen

Zwang zur Steigerung der Hektarerträge durch immer höhere Aufwendungen für Betriebsmittel loskommen, um frei zu sein für eine naturgemäßere Produktionsform. Höhere Kosten in benachteiligten Gebieten sollen durch höhere Verkaufspreise ausgeglichen werden. Die oppositionellen Bauern fordern deshalb die Einführung eines gestaffelten Preissystems. Der Überschüsse hervorrufende und die Großproduzenten begünstigende Einheitspreis, der die unterschiedlichen Produktionsvoraussetzungen nicht berücksichtigt, soll beseitigt werden. Wer mit höheren Kosten wirtschaften muß, soll auch höhere Preise verlangen können. Der Großerzeuger soll einen verhältnismäßig geringeren Preis für sein Produkt bekommen. Auf diese Weise könnte vielen Bauern im Land ein Einkommen gesichert werden, das sie befähigt, Familie und Hof zu erhalten.[14]

Angenommen, höhere Preise für Kleinbauern und niedrigere Preise für Großerzeuger ließen sich durchsetzen, dann fragt sich natürlich, ob das ausreicht, um umweltschonende Betriebsweisen und Tierhaltungsformen allgemein zu verwirklichen, und ob damit nicht zugleich jeder Anreiz zur Modernisierung und Arbeitserleichterung in der Landwirtschaft gestoppt würde.

Zunächst zur zweiten Frage: Es geht keinesfalls darum, länger und beschwerlicher zu arbeiten, sondern es geht um eine Veränderung der Produktionsweise. Das heißt zwar Einschränkung der Agrarchemikalien auf das notwendige Minimum, nicht aber Verzicht auf Maschinen. Nur sollte nicht die Natur den Maschinen angepaßt werden, sondern umgekehrt: Die Industrie hat die Aufgabe, naturgerechte Produktionstechniken zu entwickeln. Der Boden soll nicht länger ausgeraubt, sondern Boden und Landschaft sollen erhalten und verbessert werden. Die Verbraucher sollen nicht mit Produkten überschwemmt, sondern mit gesünderen und schmackhafteren Nahrungsmitteln versorgt werden. Es geht nicht darum, die Arbeitsproduktivität herabzusetzen, sondern darum, sie in eine andere Richtung zu lenken. Jeder Fortschritt soll vollständig den Bauern zugute kommen, nicht so sehr in Form von mehr Produkt und Verdienst, sondern hauptsächlich von kürzerer Arbeitszeit bei gleichbleibendem Einkommen. Wie notwendig das ist, ergibt sich aus der überdurchschnittlich hohen gegenwärtigen Wochenarbeitszeit in der Landwirtschaft: 56 Stunden.[15]

Zur Verbesserung der Arbeitsbedingungen in einer umweltschonenden Bewirtschaftungsform gehört durchaus auch die Fortsetzung staatlicher Strukturförderung. Allerdings müssen die jährlich 1,5 Milliarden DM anstatt für »Flurbereinigung« nunmehr für »Fluranreicherung« ausgegeben werden. Außerdem müssen im Interesse der Verbesserung der Arbeitsbedingungen auf dem Land und der Kostensenkung Erzeugergemeinschaften unterstützt werden, wie überhaupt alle Formen der gegenseitigen Hilfe der Bauern untereinander (welcher Bauer kann es sich heute überhaupt erlauben, bei Krankheit die Arbeit zu unterbrechen?) bis hin zur gemeinsamen, genossenschaftlichen Produktion gefördert werden sollen.

Trotzdem bleibt die Frage offen, wie eine umweltschonende Landwirtschaft überall durchgesetzt und auf Dauer erhalten werden kann. Gestaffelte Preise auf der Grundlage der Erzeugungskosten sind zwar notwendig, aber diese Veränderung allein reicht nicht aus. Man kann nicht einerseits die landwirtschaftlichen Preise regeln und kontrollieren, andererseits die vorgelagerten und nachgelagerten Industriebereiche nicht antasten wollen. Auch die Hersteller von Landmaschinen, Düngemitteln und anderen Chemikalien müssen öffentlicher Kontrolle unterzogen werden,[16] damit nicht durch diese Hintertür die Bauern wieder zur alten überschußtreibenden und umweltfeindlichen Raubbauproduktion gedrängt werden. Gleiches gilt im Prinzip für das verarbeitende Nahrungsmittelgewerbe, für Handel und Vermarktung, damit auch diese das gestaffelte Preissystem nicht unterlaufen.

Mehr Kontrolle?

Ja, durch die Betroffenen selbst! Dann könnte der weit umfangreichere Bürokratenapparat der EG-Marktordnung schlicht und einfach wegfallen. Überhaupt kommt es wohl weniger darauf an, ob kontrolliert wird oder nicht, sondern zu welchem Zweck. Wenn Kontrolle in erster Linie den Erzeugern dient, Überschußbildung verhindert und gleichzeitig landwirtschaftliche Produktionsverfahren durchsetzt, die sich im Einklang mit der Natur befinden, dann ist der Aufwand mehr als gerechtfertigt.

Naturgerecht und überschußfrei – wer ist dagegen?

Um eine Landwirtschaft im ganzen Land etablieren zu können, die umweltschonend produziert und ohne Überschüsse auskommt, sind höhere Preise für die Produkte der Bauern unumgänglich. Das muß aber nicht heißen, daß diese Preissteigerungen an den Verbraucher weitergegeben werden, denn wenn der Staat nicht mehr Lagerung und Vernichtung von Überschüssen subventionieren muß, sind Finanzmittel vorhanden, um die Marktpreise für landwirtschaftliche Güter niedrig zu halten. Molkereien, Schlachthöfe usw., die den Lieferanten ihrer Region mehr bezahlen müssen, könnten aus einer Ausgleichskasse entschädigt werden. Wie das auch immer geregelt werden mag, in jedem Fall fließt bei einem System gestaffelter Erzeugerpreise insgesamt mehr Geld als vorher an die Landwirte selbst, allerdings gerechter verteilt als heute. Die Grünen im Bundestag rechnen bei ihren Vorschlägen mit Preissteigerungen von 20 bis 30 Prozent,[17] der Agrarexperte der DKP, Rudi Schuster, hält 35 bis 45 Prozent Einkommensverbesserung für kleine und mittlere Betriebe für erforderlich.[18]

Die Ausgaben für die Aufrechterhaltung der EG-Marktordnung werden überflüssig; sie entfallen und belasten die Gesamtwirtschaft nicht mehr. Insgesamt kann man bei der neuen landwirtschaftlichen Ordnung mit einer Ersparnis in Höhe von 14 Milliarden DM rechnen.

Was kostet uns alle nun dieses neue Agrarsystem, bei dem die Bauern mit unverändertem Arbeitseinsatz weniger Produkte liefern, ohne Einkommen einzubüßen?

Die überraschende Antwort lautet: *Gesamtwirtschaftlich kostet das neue System keine zusätzliche Mark.* Denn wenn die Bauern, sei es von den Verbrauchern oder vom Staat, mehr Geld bekommen, dann wird lediglich Geld von einem Ort der Wirt-

Tabelle 4
Gesamtwirtschaftliche Ersparnis bei Ablösung der intensiven EG-Marktordnungs-Landwirtschaft 1984 in Mrd. DM

	Aufwand 1984	Ersparnis bei überschußfreier umwelt-schonender Wirtschaft
Zahlungen für EG-Marktordnung	10,3	– 10,3
Zahlungen für nationale Agrarmarktordnung	0,5	– 0,5
Düngemittelkäufe	4,1	– 2,7
Käufe von Pflanzenschutzmitteln	1,0	– 0,8
Summe	15,9	– 14,3

Anmerkung: Beim Aufwand für Düngemittel und Pflanzenschutz wurden die doppelten Verbrauchsausgaben der alternativ bewirtschafteten Vollerwerbsbetriebe als Maßstab herangezogen. Beim Dünger demnach 2 x 17,5 Prozent, beim Pflanzenschutz 2 x 9 Prozent des Aufwands der konventionellen Betriebe. (Agrarbericht 1985, S. 32).
Quelle: Zusammengestellt nach Agrarbericht 1985

schaft auf einen anderen übertragen. Verbraucher bzw. Staat haben dann weniger Geld, die Bauern dafür denselben Betrag mehr. Gesamtwirtschaftlich betrachtet gleichen sich höhere Ausgaben und höhere Einnahmen exakt aus.

Das ist anders bei den Kosten der Marktordnung und der Düngemittel. Die 14 Milliarden DM sind nicht bloße Geldübertragungen vom Staat an die Landwirtschaft. Bei der Marktordnung nicht, weil mit dem Geld zusätzliche (Vernichtungs-)Arbeit in Gang gesetzt und bezahlt wird, die in der neuen Ordnung gar nicht mehr erforderlich ist. Gleiches gilt für Dünger und Pflanzengift, wo bisher 5,1 Milliarden Mark den wirtschaftlichen Aufwand für deren Herstellung ausgleichen. Dieser Aufwand wird nun erheblich vermindert. Mit den eingesparten 14 Milliarden kann die Gesellschaft jetzt Vernünftigeres anfangen.

Ob die Agrarpreise um 10 oder um 100 Prozent angehoben würden, interessiert zwar die Bauern, die das Geld bekommen, und – ebenso einzelwirtschaftlich – den Staat, der die Mittel aufbringen muß, aber gesamtwirtschaftlich ist dieser Übertragungsvorgang gewissermaßen »neutral«. Ein Grund mehr, die Gesellschaft nach gesamtwirtschaftlichem Prinzip zu leiten und zu organisieren. Denn nicht nur verliert die Gesellschaft als ganze nichts dabei, sie profitiert erheblich von der Neuorientierung: Es entfallen nicht nur die Ausgaben zur Vernichtung von Überschüssen; zugleich wird ein Beitrag zur Verbesserung der Umwelt geleistet.

Wenn nun bei der neuen Agrarpolitik zwar die Gesellschaft und die Bauern in ihrer übergroßen Mehrheit gewinnen, so gibt es doch auch Verlierer. Und die sind es, die sich am entschiedensten gegen jede Veränderung der jetzigen unsinnigen Agrarordnung stemmen: jene Kräfte in der Gesellschaft, die sich an der intensiven Landwirtschaft privat bereichern und die Folgekosten der Gesellschaft aufhalsen.

Um wen handelt es sich?

Gegen Veränderungen sind Großagrarier und Agrarkapitalisten mit Hunderten von Hektar Land und Zehntausenden Stück Vieh in den Mastfabriken. Bei gestaffelten Preisen müssen sie damit rechnen, daß ihr Einkommen auf das Maß sinkt, das sie durch eigene Arbeit erwirtschaften. Eine furchtbare Vorstellung für jemanden, der die ganze Zeit von fremder Arbeit lebt. Darum fordern diese Kreise weiterhin unbegrenzte Preis- und Absatzgarantien.

Gegen Veränderungen ist die verarbeitende Nahrungsmittelindustrie, weil sie aus der EG-Kasse die Behandlung der Überschüsse bezahlt bekommt. Für sie sind Überschüsse ein Geschäft.

Dagegen sind auch die Großkonzerne der Chemie (fünf an der Zahl), die ihren profitablen Absatzmarkt für Mineraldünger, Pflanzengifte, Tierarzneien und Agrarchemikalien aller Art schrumpfen sehen. Auch die Landmaschinenhersteller fürchten, daß sie sich auf weniger aufwendige Geräte umstellen müssen. Und die Banken? Je mehr einkommensschwache Bauern zur Schuldenaufnahme gezwungen sind, desto mehr verdienen sie an den Zinsen – zur Zeit fast 4 Milliarden DM pro Jahr.[19]

Um Veränderungen zu verhindern, haben sie alle einen Pakt mit dem Bauernverband geschlossen. Der Pakt ist nützlich, da der Verband seinen Mitgliedern in ihrer Mehrheit immer noch einreden kann, daß es gar keine Alternative zur Marktordnung der EG und zu höheren Preisen für alle Bauern gäbe. Und darum sitzt der Gutsbesitzer van Heeremann nicht nur im Bundestag, sondern auch in den Aufsichtsräten mehrerer an der »subventionierten Unvernunft«[20] interessierter Konzerne – bei der Bayer AG aus Leverkusen, beim Landmaschinenkonzern Klöckner-Humboldt-Deutz, bei fünf Banken. Über einen Sitz bei der »Nordsee«, einem Unilever-Tochterunternehmen, ist er auch mit dem mit Abstand weltgrößten Konzern der Nahrungsmittelindustrie freundschaftlich verbunden.

Wenn 1985 anstelle der überschußtreibenden EG-Marktordnung bei uns ein Agrarsystem bestanden hätte, das in seinen Grundzügen den in diesem Kapitel beschriebenen Gegenmodellen entspricht, dann hätte die Bundesrepublik über 14 Milliarden DM einsparen können. Andersherum: Durch die gegenwärtige Agrarordnung wird jährlich ein Betrag von über 14 Milliarden DM vergeudet.

Das Auto

Der Stadtmensch ist kein Maulwurf

Luftaufnahmen zeigen ein eigenartiges Bild unserer Städte: Bis zu 20 Kilometer breit werden sie umrahmt von aufgelockerten Neubaugebieten aus Ein- und Zweifamilienhäusern, die miteinander durch ein Netz von Asphaltstraßen verbunden sind. An Werktagen kann man aus der Luft beobachten, wie sich aus allen Himmelsrichtungen, immer breiter und langsamer werdend, zum Schluß nur noch stockend vorankommend, Autoströme auf die Stadt zuwälzen. Es ist der Berufsverkehr aus dem grünen Umland, wohin des billigen Baugrunds wegen die Bürger gerade erst gezogen sind. Sie nehmen in Kauf, daß ihre täglichen Fahrten zum Arbeitsplatz, zum Supermarkt, zu den Freizeiteinrichtungen mehr Zeit in Anspruch nehmen. Warum auch nicht? Immerhin haben sie ein eigenes Auto!

Fragt man nach den Vorteilen des Pkws, dann erhält man eine der folgenden Antworten bestimmt: schnell und bequem zugleich (»Man kann von Haustür zu Haustür fahren und sogar noch viel Gepäck mitnehmen«), unabhängig von Fahrplänen und Haltestellen öffentlicher Verkehrsmittel.

Diese Eigenschaften des Autos haben seinen unaufhaltsamen Siegeszug seit 1960 beschleunigt. Von 4,5 Millionen stieg die Zahl der Pkws seitdem auf 25 Millionen (1983). Zum Wohle der Bürger und ihrer Freiheit, sagen die Auto- und Ölkonzerne, die an solcher Art von Bürgerwohl und Bürgerfreiheit am meisten verdient haben.

Autos brauchen Straßen. Der Siegeszug der Autos ist daher zugleich ein Siegeszug des Straßenbaus. Die Autobahnstrecken wurden seit 1960 verdreifacht, das gesamte überörtliche Straßennetz um ein Viertel erweitert. Dem steht die völlige Vernachlässigung des öffentlichen Verkehrs gegenüber: Das Schienennetz der Bundesbahn wurde verkürzt, zwei Drittel der Straßenbahnschienen wurden herausgerissen.

Auch die Städte selbst wurden durch das Auto umgeformt und seinen Bedürfnissen angepaßt. Die Stadtplaner setzten nicht auf ein dichtes öffentliches Verkehrsnetz innerhalb der Städte und zur Verbindung von Stadt und Land, sondern voll und ganz auf den Pkw. Weil sie den Autoverkehr behinderten, wurden Straßenbahnlinien eingestellt. Busse traten zwar manchmal an die Stelle der Tram, fuhren dann aber langsamer als das Auto, mit dem sie sich die Fahrspur teilen mußten. Zwangsläufig verlor das öffentliche Verkehrsmittel an Anziehungskraft. Nur dem Auto wurde freie Bahn geschaffen.

Verkehrsschneisen wurden für Schnellstraßen durch Wohnviertel geschlagen, Dämme und Tunnel wurden für Hochgeschwindigkeitsstrecken errichtet. Stadtautobahnen führen auf Betonstelzen dröhnend über Wohnhäuser hinweg, stoßen mit weitflächigen Auf- und Abfahrten tief in die Städte hinein. Bürgersteige wurden der Fahrbahnerweiterung geopfert oder in Parkplätze verwandelt. Tiefgaragen und Parkhochhäuser locken den Pkw-Verkehr bis ins Zentrum der Städte hinein. Der Störfaktor Fußgänger muß in die Unterwelt hinabsteigen, wenn er die Seite wechseln will, oder er muß zusammen mit dem Radfahrer lange am Straßenrand auf das kurze Ampelgrün warten, dem Lärm und den Abgasen der vorbeibrausenden Autos ausgesetzt.

Die Aufbereitung der Stadt für den Pkw hatte Folgen: Bereits 1976 fuhren im Stadtverkehr mehr als fünfmal so viele Personen mit dem Pkw wie mit einem öffentlichen Verkehrsmittel.[1] Selbst kürzeste Wege werden gewöhnlich lieber mit dem Auto gefahren als zu Fuß zurückgelegt. Die Hälfte aller Autofahrten im Bundesgebiet ist kürzer als 5 Kilometer, so daß das Umweltbundesamt einräumte: »Der Nah- bzw. Stadtverkehr ist so gesehen der Haupteinsatzbereich des Pkw.«[2]

Nicht erst seit dem Waldsterben wurde Kritik daran laut, Stadt und Land ganz dem Auto zu opfern. In den Städten spürte man es zuerst, wie unwirtlich sie geworden waren. In manchen Wohngebieten beanspruchen die Verkehrsanlagen bereits mehr als die Hälfte der Gesamtfläche. Immer weniger Menschen nehmen die Schäden an ihrer Gesundheit durch Unfälle, Lärm, Auspuffgase und Streß als selbstverständlichen »Preis der Freiheit« hin. Der steigende Energieverbrauch und die Verschmutzungen von Luft, Boden und Wasser führten selbst bei den Autoherstellern zu gewissen Reaktionen auf den Unmut (benzinsparende Fahrzeuge, bleifreies Benzin u. a.).

Aber weder die Autokonzerne noch die von ihnen abhängigen Regierungspolitiker bezogen jemals eine grundsätzliche Wende in ihre Überlegungen ein. Das ist kein Wunder, denn ohne zumindest den städtischen Pkw-Verkehr drastisch zu vermindern und statt dessen andere Verkehrsmittel zu begünstigen, ist ein humaneres und gesamtwirtschaftlich vernünftigeres Verkehrssystem gar nicht zu realisieren. Daran haben aber die Autokonzerne kein Interesse, denn sie wollen möglichst große Mengen ihrer Ware verkaufen.

Der entzauberte Pkw

Von der Autolobby, ob Hersteller oder der ADAC, wird gern behauptet, der Autoverkehr sei wirtschaftlicher als der öffentliche. Denn während die öffentlichen Verkehrsmittel jährlich Verluste erwirtschafteten, die der Steuerzahler dann ausgleichen müsse, belaste der Autofahrer nur sich selbst, nicht aber die Staatskasse. Denn er zahlt Wagen und Kraftstoff und finanziert mit den Mineralöl- und anderen Kfz-Steuern auch noch den Straßenbau.

Diese Art der Argumentation ist typisch für diejenigen, die ausschließlich in betriebswirtschaftlichen Kategorien von Gewinn und Verlust einzelner Unternehmen – hier der Verkehrsunternehmen – denken können. Ihr Blickwinkel ist zu eng, um zu erkennen, wieviel die Gesellschaft insgesamt jeweils für ihre Verkehrssysteme Auto oder öffentliche Verkehrsmittel aufwenden muß. In unserer Wirtschaftsordnung rechnet eben niemand so. Aber wir wollen an dieser Stelle nach der finanziellen Belastung unserer Volkswirtschaft durch den Pkw-Verkehr fragen und diese mit der Belastung durch öffentliche Verkehrsmittel vergleichen. Dabei ist nur die *Höhe* der jeweiligen Summen von

Tabelle 5
Kostenbelastung durch den Pkw-Verkehr 1983 in Mrd. DM

1. Neuwagenkäufe[1]	37,6
2. Gebrauchtwagenkäufe[2]	3,0
3. Wartung und Reparatur[3]	28,8
4. Betrieb der Kfz-Versicherungen[4]	2,3
(20 Mrd. Ersatz[5] für Unfallsachschäden sind in den ersten vier Posten enthalten)	
5. Personenschäden[6]	7,7
6. Straßenwesen und Verkehrspolizei[7]	24,0
7. Kraftstoffe[8]	20,5
8. Garagen und Stellplätze[9]	7,5
9. Sonstige Kosten[10]	3,6
Summe	135,0

Vorbemerkung: Aus den von den Pkw-Haltern aufgebrachten Beträgen 1 – 5 und 7 – 9 wurden die Mehrwertsteuer (am 1. 7. 83 von 13 auf 14 v. H. erhöht), die Mineralölsteuer und die 5,3 Mrd. betragende Kfz-Steuer abgezogen. Gesamtsteuerbetrag etwa 36 Mrd. Posten 6 – Straßenwesen und Verkehrspolizei – wurde als staatliche Ausgaben angesetzt. Auch in Posten 8 – Garagen und Stellplätze – sind staatliche Ausgaben im Maße öffentlichen Garagenbaus enthalten.

[1] Quelle: Zentralverband des Kraftfahrzeuggewerbes S. 8. Zahl der Neuwagenkäufe: 2,4 Mio.

[2] Errechnet aus dem gewerblichen Gebrauchtwagenumsatz von 23,1 Mrd. (lt. ZDK-Geschäftsbericht S. 8). Der – umfangreichere – persönliche Gebrauchtwagenhandel wird hier nicht berücksichtigt, da es sich dabei um reinen Besitzerwechsel handelt, bei dem sich Einnahmen und Ausgaben gegenseitig ausgleichen. Die gewerbliche Handelsspanne wurde mit 15 v. H. angesetzt.

[3] Darunter Kfz-Handwerk: 24,7 Mrd. (Quelle für Handwerksumsatz: Statistisches Bundesamt, Fachserie 4, Reihe 7.1, 4. Vierteljahr 1984). Die darin nicht enthaltenen Reparaturen durch Tankstellen werden vom Verband des Kfz-Handels und Tankstellengewerbes, Frankfurt a. M., auf 10 v. H. des Handwerkumsatzes geschätzt – 2,5 Mrd. (fernmündl. Auskunft). Außerdem die sog. Schwarzarbeit, die vom ZDK (Geschäftsbericht, S. 10) auf 1,6 Mrd. berechnet wird. Nicht enthalten in dem Gesamtbetrag sind die Ausgaben für Autoservice wie Wagenwaschen usw., die von Experten auf etwa 4 Mrd. DM beziffert werden.

[4] Aufwendungen für den Versicherungsbetrieb der Kraftfahrtversicherungen (1,6 Mrd.), der Kraftfahrt-Rückversicherungen (0,8 Mrd.) und der Rechtsschutzversicherungen für Kraftfahrt-Rechtsschutz (0,7). Unterstellter Pkw-Anteil 75 v. H. Quelle: Bundesaufsichtsamt für das Versicherungswesen 1984.

[5] Die Ausgaben für Reparaturen von Sachschäden oder unfallbedingte Pkw-Käufe dürfen nicht gesondert aufgeführt werden, da sie in den ersten vier Posten mit enthalten sind. Die Ausgaben setzen sich wie folgt zusammen: Erstens aus 9,5 Mrd. Leistungen der Kraftfahrtversicherungen, nämlich 7 Mrd. von den Haftpflichtversicherungen (gleich 70 v. H. ihres Gesamtschadensaufwands), 1,6 Mrd. von den Fahrzeugvollversicherungen, 0,9 Mrd. von den Fahrzeugteilversicherungen (nach HUK-Gesamtstatistik 1984). Zweitens aus dem

Aufwand für Sachschäden am eigenen Pkw. Dazu zählen die 0,5 Mrd. Selbstbeteiligung der Vollversicherten, die aber nur 15 v. H. der Autoversicherten stellen. Dazu kommt eine Selbstfinanzierung der Nur-Haftpflichtversicherten von geschätzten 7 Mrd. Drittens den Abwicklungskosten der Versicherungen für Sachschäden, die sich, dem Kostenansatz von Krupp/Hundhausen entsprechend, auf 1 Mrd. belaufen. Dazu kommen noch 0,8 Mrd. Kosten für die Rechtssprechung, die zur Hälfte von Rechtsschutzversicherungen getragen werden. Ebenso geschätzte Polizeikosten von 0,4 Mrd. Damit ist ein Gesamtbetrag von 19,2 Mrd. erfaßt. Die Experten der Bundesanstalt für Straßenwesen kommen zu höheren Kosten für unfallbedingte Sachschäden. Wenn man außer den 1,3 Mio. von der Polizei registrierten Unfällen diejenigen hinzurechnet, die ausschließlich den Versicherungen bekannt wurden, bedeutet dies, daß zu den mit 16,1 Mrd. geschätzten Sachschadenskosten der polizeilich bekannt gewordenen Unfälle noch »volkswirtschaftliche Verluste in einer Größenordnung von 10,6 Mrd. DM durch Straßenverkehrsunfälle mit nur Sachschaden 1983 geschehen sind, die der Polizei nicht zur Kenntnis gelangten.« (W. Emde u. a., Kostenansätze für die volkswirtschaftliche Bewertung von Straßenverkehrsunfällen – Preisstand 1985, in: Straße und Autobahn, 4/85, S. 159). Noch weitergehend könnte man auch eine Schätzung der Schäden versuchen, die weder Polizei noch Versicherungen gemeldet werden. Diese Schätzung wäre aber mit zu viel Unsicherheiten belastet. Insgesamt nehmen wir einen Gesamtbetrag nahe an den von uns errechneten 19,2 Mrd., weil statistisch weniger angreifbar und zuverlässiger als die von der Bundesanstalt für Straßenwesen geschätzten 26,7 Mrd. – d. h. ca. 20 Mrd.

[6] Zusammensetzung: Erstens: 1 v. H. der Aufwendungen der gesetzlichen und sonstigen Krankenkassen und 8 v. H. der Aufwendungen der gesetzlichen Unfallversicherungen. Das sind einschließlich Abwicklungskosten 2,2 Mrd., wovon der Pkw-Anteil mit 2 Mrd. anzusetzen ist. Zweitens: 100 v. H. der Aufwendungen der Kraftfahrt-Unfallversicherungen, gleich 0,4 Mrd. Dazu 30 v. H. der Aufwendungen der Haftpflichtversicherungen, gleich 3,3 Mrd. Sowie 0,4 Mrd. Rechtsfolgekosten, die zur Hälfte von Rechtsschutzversicherungen gedeckt werden. Die Kosten der Verkehrspolizei sind mit 0,2 Mrd. anzusetzen. Drittens: Indirekte Unfallkosten, nämlich der Arbeitsausfall getöteter, schwerverletzter und leichtverletzter Unfallopfer, den Krupp/Hundhausen (deren Kostenansätzen hier insgesamt gefolgt wird) für das Unfalljahr mit insgesamt 1,35 Mrd. beziffern. Die auf das Unfalljahr folgenden Arbeitsausfälle werden bei uns nicht berücksichtigt. Die medizinischen Behandlungskosten sind in Form von Versicherungsausgaben an Ärzte und Krankenhäuser einbezogen.

[7] Quelle: BMV 1985 (Verkehr in Zahlen 1985), S. 104. Die Ausgaben für Straßen, die zu 88 v.H. von Pkws und zu 8 v.H. von Lkws befahren werden, gliedern sich wie folgt: Bundesautobahnen und Bundes- und Landstraßen: 9 Mrd. Deren Verwaltung: 1 Mrd. Kreis- und Gemeindestraßen: 9,7 Mrd. Kommunale Straßenbaubehörden (eigene Hochrechnung): 1 Mrd. Ausgaben für Verkehrspolizei: 3,3 Mrd.

[8] Der von Pkws verbrauchte Kraftstoff setzte sich aus 26,6 Mio. Liter Vergaserkraftstoff und 3,8 Mio. Liter Dieselkraftstoff zusammen. Normalbenzin kostete pro Liter 1,34 DM, Diesel 1,30 DM. (Vgl.: BMV 1985, S. 258/59.) Die von Pkws getragene Mineralölsteuer errechnet sich aus einem Steuerbetrag von 0,51 DM pro Liter Benzin und 0,45 DM pro Liter Dieselkraftstoff. (BMV 1985, S. 250). Die Mineralölsteuer von 15,3 Mrd. ist abgezogen, da sie vom Staat einkassiert wird.

[9] Unterster Kostenansatz. Martin Burkhardt schätzte diese Kosten bereits für 1977 auf eine Summe zwischen 5,2 und 9,3 Mrd. Hier werden für 25 Mio. Pkw im Durchschnitt 300 DM pro Jahr und Fahrzeug unterstellt. Vgl. auch: BMV 1985, S. 244.

[10] Darunter fallen Führerscheinerwerb, TÜV, Anmeldung, Automobilclubs, Führerschein Klasse 3: 1,272 Mio. Erwerber, Durchschnittskosten pro Führerscheinerwerb 1529 DM. Mitglieder in Automobilclubs (83 v. H. im ADAC): 9,3 Mio. Durchschnittlicher Jahresbeitrag 54 DM.

Bedeutung, nicht wer sie zahlt, ob der Benutzer oder der Staat. In zwei Tabellen sind die Ausgaben für den Personenverkehr in ihren Hauptposten zusammengestellt – einmal für den Pkw, zum anderen für öffentliche Verkehrsmittel.

1983 wurden beim Autoverkehr die meisten Kosten durch Autoanschaffung, Wartung und Reparatur, Kraftstoff, Straßenwesen und Unfälle verursacht. Insgesamt waren das mindestens 135 Milliarden DM. Das heißt, daß zehn Prozent der neugeschaffenen Werte (Nettosozialprodukt), also jede zehnte Mark, für das Auto ausgegeben wurden. Unerwartet hoch sind Ersatzzahlungen für Sachschäden aus den über 2 Millionen Verkehrsunfällen. Sie lassen die ersten vier Posten der Tabelle 5 – vor allem Nr. 3, Wartung und Reparatur – stark anschwellen. Aber auch viele Neu- und Gebrauchtwagenkäufe gehen auf Unfälle zurück. Der gesamtwirtschaftliche Verlust durch Sachschäden betrug 1983 mindestens 20 Milliarden DM.

Nimmt man sich den öffentlichen Personenverkehr vor, dann erscheinen die für ihn aufgewendeten 22 Milliarden DM fast kärglich. Durch die Einnahmen aus Fahrkartenverkäufen verringert sich die Summe um noch einmal 10 Milliarden DM. Das wollen wir aber hier nicht berücksichtigen, weil uns die Belastung der ganzen Gesellschaft interessiert, nicht die der Benutzer. In jenen 22 Milliarden DM ist tatsächlich der Gesamtaufwand enthalten: Kauf und Unterhalt von Fahrzeugen, Bau von Fahrstrecken, von Bahnhöfen und Betriebshöfen, Kosten für Treibstoffe und Bahnstrom und vor allem für die Personalausgaben einschließlich der Sozialbeiträge.

Bei der Gegenüberstellung fallen zwei Punkte besonders auf: Erstens liegen die reinen Ersatzkosten des Pkw-Verkehrs für die von ihm selbst verursachten Schäden (Personen- und Sachschäden) weit höher als sämtliche Ausgaben für den öffentlichen Personenverkehr zusammengenommen: 26 zu 22 Milliarden DM. Zweitens wird die Gesamtwirtschaft durch den Pkw-Verkehr sechsmal mehr belastet als durch den öffentlichen Personenverkehr: 135 zu 22 Milliarden DM.

Selbst wenn das Auto sechsmal so viele Personen befördern oder sie sechsmal so weit fahren würde, müßte man den großen

Tabelle 6
Kostenbelastung durch den öffentlichen Personenverkehr 1983 in Mrd. DM

1. Betrieb des Schienenpersonenverkehrs der Bundesbahn (Fern-, Nahverkehrszüge und S-Bahn)[1]	11,4
– davon Nahverkehr und S-Bahn (ÖPNV)[2/3]	6,1
2. Öffentlicher Straßenpersonenverkehr (Kraftbus, Straßen-, Stadt- u. U-Bahn)[4]	10,6
– davon Nahverkehrslinien (ÖPNV)[5]	8,9
Summe – Öffentlicher Personenverkehr (1+2)	22,0
Summe – ÖPNV	15,0

[1] Einnahmen durch Fahrkartenverkauf lt. Deutsche Bundesbahn 1984: 4,6 Mrd. Der Aufwand wurde durch den Ansatz von 42,2 v. H. auf die 27 Mrd. unmittelbaren Betriebsaufwendungen ermittelt. Von den Gesamtaufwendungen der DB in Höhe von 30,4 Mrd. wurden die Zinszahlungen als Finanzierungskosten (3,4 Mrd.) nicht den Betriebsaufwendungen angerechnet. Der Kostenansatz »40 bis 45 Prozent« für Personenverkehr ohne Güterverkehr wurde fernmündlich von der Hauptverwaltung der DB bestätigt.

[2] ÖPNV: Öffentlicher Personennahverkehr.

[3]. Einnahmen im Bereich des ÖPNV: Deutsche Bundesbahn 1984, S. 9: 2,8 Mrd. Der Gesamtaufwand wurde ermittelt, indem zu den Einnahmen die 3,3 Mrd. Ausgleichszahlungen des Bundes für den Schienen-Personennahverkehr (lt. ebenda, S. 12) hinzugezählt wurden. Zu erwähnen ist, daß 62 v. H. aller Betriebsleistungen im Personennahverkehr »außerhalb der Ballungsräume geleistet« wurden, wie der Geschäftsbericht (S. 15) erklärt.

[4] Einnahmen: Wirtschaft und Statistik, Heft 10/1984, S. 883: 7,6 Mrd. Aufwand: Statistisches Jahrbuch 1985 für die Bundesrepublik Deutschland, S. 292.

[5] Von den gesamten Einnahmen der Unternehmen des öffentlichen Straßenpersonenverkehrs sind die Einnahmen des sog. Gelegenheitsverkehrs in Höhe von 1,7 Mrd. (Wirtschaft und Statistik, Heft 10/1984, S. 883) abzuziehen. Übrig bleiben die Einnahmen des Linienverkehrs, dessen Hauptträger im Verband öffentlichen Verkehrsbetriebe (VÖV), Köln, zusammengeschlossen sind: 5,9 Mrd. Der Aufwand des öffentlichen Linienverkehrs ergibt sich durch Abzug der 1,7 Mrd. – kostendeckenden! – Einnahmen des Gelegenheitsverkehrs. Die Zwei-Drittel-Kostendeckung des öffentlichen Linienverkehrs wird durch Aussagen des VÖV bestätigt – hier: 5,9 Mrd. DM Einnahmen zu 8,9 Mrd. DM Aufwand.

Umfang des Pkw-Verkehrs infrage stellen – angesichts der bereits erwähnten immer weniger vertretbaren Schäden für Mensch, Stadt und Natur. Aber das Auto leistet nicht das Sechsfache: 1983 fuhren 3,5mal so viele Personen mit dem Auto wie mit öffentlichen Verkehrsmitteln. Wenn das Auto aber das Sechsfache an Kosten verursacht, heißt das, daß das Auto die Gesellschaft pro beförderter Person mehr als anderthalbmal so teuer zu stehen kommt wie die öffentlichen Verkehrsmittel.

Wenn aber der Pkw-Verkehr nicht nur enorme Schäden bewirkt, sondern auch noch viel teurer ist als öffentliche Verkehrsmittel – und zwar in deren jetzigem, also vernachlässigtem Zustand –, dann stellt sich umso dringlicher die Frage, wie ein auf den Pkw ausgerichtetes Verkehrssystem überhaupt noch zu rechtfertigen ist.

Nicht immer lohnen eigene vier Räder

Es ist zwar richtig, daß die 300 Milliarden Kilometer, die 1983 von Pkws insgesamt auf dem Straßennetz der Bundesrepublik zurückgelegt wurden, zu über zwei Dritteln außerhalb der Städte gefahren wurden. Aber das heißt nicht, daß sich der Verkehr nur zu einem Drittel in den Städten abspielt. Ganz im Gegenteil: Bei der tatsächlichen Betriebszeit eines Pkws, d. h. der gesamten Zeit, während der der Motor läuft, verhält es sich gerade umgekehrt, denn zwei Drittel seiner Betriebszeit läuft der Motor in der Stadt.

So verwunderlich ist das nicht. Im Stadtverkehr – und das weiß jeder Autofahrer aus eigener Erfahrung – braucht ein Pkw für den Kilometer ein Mehrfaches an Zeit wie auf der Landstraße oder der Autobahn. Das niedrigere durchschnittliche Fahrtempo in der Stadt bedeutet leider nicht, daß dort der Autoverkehr etwa besonders umsichtig, energiesparend und abgasarm zuginge. Der Stadtverkehr läuft hektisch ab; auf schnelles Anfahren und Wegsprinten folgen lange Stillstandzeiten bei laufendem Motor vor Ampeln und Kreuzungen bzw. im Stau. Da zudem im Stadtverkehr die kraftstofffressenden Kurzfahrten (unter 5 km) mit Kaltstarts vorherrschen, sind Treibstoffverbrauch und Abgasemission im Stadtverkehr überproportional hoch, mindestens 20 Prozent höher als im Durchschnitt. Diese Situation des Stadtverkehrs drückt sich in der Unfallziffer aus: Fast 70 Prozent aller Unfälle mit Personenschaden geschehen innerhalb von Ortschaften,[3] und diese hohe Ziffer entspricht ungefähr der langen Pkw-Betriebszeit im Stadtverkehr.

Nach Untersuchungen des ADAC (ADAC-Energiesparkatalog 80, ADAC-Mitteilungen »Fahrzeugtechnik«, München 1980) liegt der Kraftstoffverbrauch eines Mittelklasse-Pkw nach einem Kaltstart zunächst bei 40 l/100 km und erreicht erst nach ca. 4 km Fahrt – am Ende der Warmlaufphase des Motors – den Normalverbrauch von ca. 9 l/100 km.

Alles spricht dafür, mit einer Drosselung des Pkw-Verkehrs gerade in der Stadt zu beginnen. Tatsächlich ist der Stadtverkehr nicht nur der Bereich, wo das Auto am dringlichsten ersetzt werden *muß*, sondern zugleich jener Bereich, in dem es am einfachsten durch andere Verkehrsmittel ersetzt werden *kann*.

Die Alternative zum Pkw muß in der Stadt nicht in jedem Fall motorisiert sein. Der gegenwärtige Zustand des Straßenverkehrs, der ganz und gar dem schnellen Autofluß auf Kosten anderer Verkehrsteilnehmer unterworfen ist, hält viele Menschen davon ab, Rad zu fahren oder einfach zu Fuß zu gehen. Wie ist es sonst zu erklären, daß fast 40 Prozent aller Wege zwischen 1 und 2 Kilometer mit dem Auto zurückgelegt werden? Eine wissenschaftliche Studie errechnete einen »überflüssigen« Autoverkehr von 15 Prozent.[4] Überflüssig in dem Sinn, daß die betreffenden Strecken ohne Zeitnachteile ebensogut zu Fuß oder mit dem Fahrrad bewältigt werden könnten. (In der Studie werden Abschläge für schlechtes Wetter, zu große Steigungen, für Behinderte, Gepäckfahrten, Fahrten mit mehr als einer Person und für Berufsfahrten, die »korrekte Berufskleidung« erfordern, gemacht – sonst wäre das »Verlagerungspotential« viel größer.) Die Verlagerung könnte sicher noch höher angesetzt werden, wenn die Radfahrer, statt vom Autoverkehr ständig benachteiligt zu werden, im Straßenverkehr bevorzugt würden.

Den Pkw-Stadtverkehr nachhaltig einzudämmen, wird aber nur durch den Ausbau einer motorisierten Alternative gelingen:

durch ein schnelles und bequemes Systems des Öffentlichen Personennahverkehrs (ÖPNV). Sollen bisherige Autofahrer »umsteigen«, dann muß der ÖPNV tatsächlich attraktiver sein als das Auto. Autofahrer wechseln erst dann zum ÖPNV, wenn er für sie wirklich Vorteile bringt. So schwer vorstellbar ist das aber gar nicht:

- Grundgerüst muß ein strahlenförmiges und querverbundenes Hauptliniennetz sein, aus Schnellbahn, Straßenbahn, Schnellbussen, und zwar auf vom Pkw-Verkehr ungestörten eigenen Trassen.
- Als Ergänzung dient ein fein verästeltes Zubringersystem von Bus- und Straßenbahnen, damit die Fußwege zu den Haltestellen nicht zu lang sind.
- Auf der Straße müssen Bahnen und Busse konsequent bevorzugt werden. Also prinzipielle Vorfahrt des ÖPNV, z. B. durch grüne Wellen an Kreuzungen und Straßeneinmündun-

Modellrechnungen für solche modernen ÖPNV-Systeme ergeben Steigerungsraten von 25–30 Prozent für den ÖPNV bzw. Senkungen des Autoverkehrs in der Stadt zwischen 10 und 15 Prozent.[5] Es versteht sich, daß der Prozentsatz in dem Maße weiter steigt, wie der ÖPNV durch schnellere Abfolge von Bahn und Bus sowie noch engmaschigere Linienführung usw. verbessert wird. Da zudem klar ist, daß nur entweder der ÖPNV oder der Pkw-Verkehr gefördert werden kann, nicht aber beide zugleich, darf es keine neuen Hoch- oder Tiefgaragen für den Einkaufsbereich oder neue Fahrspurerweiterungen der Straßen mehr geben. Innerhalb der Stadt muß flächenhafte Verkehrsberuhigung mit Tempobegrenzung durchgesetzt werden, um den Menschen mehr Sicherheit und ein angenehmeres Leben und Wohnen in der Stadt zu ermöglichen. Förderung des ÖPNV ist gleichbedeutend mit Sparen beim Straßenbau, der nur den Verkehrsfluß der Autos erhöht.

gen – im Zeitalter der Elektronik übrigens keine Kunst. (Dann verschwinden endlich die Fahrzeitverluste des Öffentlichen Straßenverkehrs durch den Pkw-Verkehr von durchschnittlich 40 bzw. in Spitzenzeiten bis zu 70 Prozent.)

- An den Endpunkten des Hauptliniennetzes ist der unerläßliche Pkw-Verkehr aus dem Umland durch Parkplätze abzufangen und auf den ÖPNV umzulenken (Park-and-Ride-System).
- Der Umsteigeeffekt wird noch größer, wenn das schnelle und bequeme Nahverkehrssystem auch noch billig ist. Die Fahrpreise müssen herunter.[6] Gesamtwirtschaftlich ist der Nulltarif (also staatliche anstatt Benutzerfinanzierung) die sparsamste Lösung, weil dann auch noch der Aufwand für Fahrkartenverkauf und -kontrolle wegfällt.

Die Fahrpreissenkung von 1984 in Freiburg um etwa 25 Prozent widerlegt alle Behauptungen, daß für die Wahl des Verkehrsmittels der Preis keine Rolle spiele. In einem Jahr stieg die Benutzerzahl um 25 Prozent, wechselten 4000 Autofahrer zum ÖPNV – und das bei technisch unverändertem Verkehrsnetz! Bei einem Nulltarif ist beim ÖPNV mit Zuwachsraten um mehr als 50 Prozent zu rechnen[7], wobei die zusätzlichen Benutzer allerdings nicht nur frühere Autofahrer wären, sondern auch Fußgänger und Radfahrer.

Quelle: andere zeitung, Dez. 1985, Frankfurt, S. 20.

Schnell und bequem – das geht auch öffentlich

Die Alternative zum städtischen Autoverkehr ist realisierbar. Natürlich stößt eine konsequente Abkehr von der einseitigen Bevorzugung des Pkws auf den Widerstand aller, die sich am jetzigen Zustand eine goldene Nase verdienen, in erster Linie auf den der Automobilkonzerne. Aber auch Gedankenlosigkeit bei vielen Autofahrern und ihre Gewöhnung ans Auto von Kindesbeinen an sind ernste Hemmnisse. Trotzdem – je attraktiver andere Nahverkehrsmittel werden, umso mehr Autofahrer werden umsteigen. In unserem Modell vermindert sich der städtische Autoverkehr, alle Maßnahmen zusammengenommen, realistischerweise mindestens um die Hälfte. Das bedeutet, da ein Stadtverkehrsanteil von zwei Dritteln am Gesamtverkehr unterstellt wird, einen Rückgang der durchschnittlichen Fahrzeit (nicht der Kilometerleistung) sämtlicher Pkws im Bundesgebiet um ein Drittel.

In Zahlen heißt das: Das Verkehrsaufkommen mit Pkws bestand 1983 aus insgesamt 27 Milliarden Fahrten, davon 18 Milliarden im städtischen Verkehr. Die öffentlichen Nahverkehrsmittel brachten es 1983 auf insgesamt 7,2 Milliarden beförderter Personen oder »Wege«.[8] Angenommen, daß fast 2 Milliarden Wege künftig wieder zu Fuß oder mit dem Fahrrad zurückgelegt werden, müßte der neue ÖPNV in die Lage versetzt werden, zusätzlich mehr als 7 Milliarden Fahrgäste zu befördern. Durch Ausbaumaßnahmen müßte er also die doppelte Personenzahl aufnehmen können.

Das gegenwärtige Verkehrsangebot des ÖPNV reicht für eine Verdoppelung der Fahrgäste weder aus, noch wäre der ÖPNV mit seinem jetzigen Bestand an Fahrzeugen und Strecken attraktiv genug, um die doppelte Benutzerzahl auf sich ziehen zu können. Für eine raschere Abfolge der Züge und Busse auf einem insgesamt umfangreicheren und engmaschigeren Liniennetz – wie im vorhergehenden Abschnitt beschrieben – müssen hohe Summen veranschlagt werden, und zwar nicht nur einmalig, sondern auch jährlich z. B. für die Finanzierung der steigenden Betriebskosten.

Der jährliche Mehraufwand zur Verdoppelung des Verkehrsaufkommens des ÖPNV macht allerdings nicht mechanisch eine Verdoppelung der heutigen Ausgaben erforderlich. Die Zusatzkosten sind geringer: Erstens sind hohe Überkapazitäten vorhanden, die – wie der Benutzerzuwachs in Freiburg infolge von Fahrpreissenkung zeigt – bei niedrigeren Fahrpreisen

(Nulltarif) ohne große Mehrkosten einfach durch bessere Auslastung ein höheres Verkehrsaufkommen erlauben. Zweitens kann, wenn Busse oder Straßenbahnen wirklich unbehindert vom Autoverkehr fahren sollten, die Fahrzeit um über 40 Prozent verkürzt werden. Um die Zahl der beförderten Personen zu verdoppeln, sind auf diesen Strecken nicht doppelt so viele Fahrzeuge wie bisher erforderlich, sondern etwa nur zwei Drittel mehr als früher. Denn dieselben Fahrzeuge fahren im gleichen Zeitraum nun häufiger an derselben Haltestelle vor (höhere Umlaufgeschwindigkeit). Drittens ist bei – auch jetzt schon vom Auto unbehinderten – Schienenfahrzeugen wie Eisenbahn, S-Bahn, U-Bahn eine häufigere Zugfolge auf den vorhandenen Gleiskörpern ohne zusätzliche Streckenkosten möglich. Und wo neue Strecken gebaut werden müssen, können alle diejenigen kostspieligen Tunnelbauten unterbleiben, die keinem anderen Zweck dienen, als die Straße für den Autoverkehr freizumachen, wie es heute noch weitgehend geschieht.

Mit anderen Worten: Je besser die Ausnutzung der Fahrzeuge und Streckenanlagen ist, umso kostengünstiger sind die Verkehrsmittel pro beförderter Person.

> Eine bessere Ausnutzung der Fahrzeuge ist auch beim Pkw möglich. Stiege seine durchschnittliche Besetzung von 1,5 Personen auf 2 pro Fahrt, würden sich Verkehrsaufkommen und Fahrtkosten um etwa ein Viertel vermindern.
> Auch beim Auto liegen demnach Reserven für Verkehrseinsparung. Sie werden aber nicht genutzt, zumal es dafür keine Anreize gibt. Im Gegenteil: Fahrgemeinschaften werden durch das steuerliche System der Kilometerpauschale eher blockiert.

Darüber hinaus ist zu beachten: Bei Nulltarif würde »Mehrpersonal für Fahrer durch Personaleinsparungen im Fahrscheinverkauf und für Kontrolltätigkeiten etwa aufgehoben.«[9] Auch damit lassen sich die Zusatzkosten senken, zumal Personalausgaben der umfangreichste Posten beim ÖPNV sind.

Daraus folgt, daß eine Verdoppelung des Verkehrsaufkommens beim ÖPNV keine Verdoppelung des Aufwands nötig macht, sondern höchstens zwei Drittel zusätzlich zum heutigen Betrag. (Mit einer Ausgabenersparnis um ein Drittel bei zusätzlichen Verkehrsausgaben rechnen mehrere Verkehrsexperten.)[10] Ausgehend von dem heutigen Gesamtaufwand in Höhe von 15 Milliarden DM pro Jahr für den ÖPNV (Tabelle 6) würde eine Verdoppelung der Personenbeförderung Mehrkosten in Höhe von 10 Milliarden DM pro Jahr erforderlich machen.

Diese Finanzmittel brauchen nicht einmal die Gesamtwirtschaft neu zu belasten, wenn sie aus dem vorhandenen Verkehrshaushalt entnommen werden: Wenn statt 20 Milliarden DM Staatsausgaben für das Straßenwesen plus etwa 2 Milliarden DM jährlicher Kosten für Stellplätze in Hoch- oder Tiefgaragen usw., die den Autoverkehr innerorts und außerorts begünstigen, nur noch 12 Milliarden DM für unerläßliche Straßeninstandhaltungen und -ausbauten vergeben werden, werden exakt die 10 Milliarden DM frei, die der ÖPNV braucht, um den Autofahrern seine Überlegenheit im Stadtverkehr vor Augen zu führen.

Milliarden bleiben im Stadtverkehr stecken

Was gewinnt die Gesellschaft durch eine Wende beim Stadtverkehr, wie wir sie soeben beschrieben haben?

Sie gewinnt sauberere Luft, den Rückgang des Lärms und ein menschenfreundlicheres Stadtbild.

Dieser Zugewinn läßt sich nur schwer in Zahlen ausdrücken, genauso wie der dabei zu erwartende Rückgang der Unfälle im Stadtverkehr. (Wir können hier getrost die vom zusätzlichen ÖPNV verursachten Unfälle oder Luftverunreinigungen vernachlässigen, da sie im Verhältnis zum Pkw-Verkehr kaum ins Gewicht fallen.)

Tabelle 7
Bilanz der gesamtwirtschaftlichen Ersparnis bei Halbierung des städtischen Autoverkehrs[1]

	Ersparnis-Ansatz DM (in v. H.)	Gesamtaufwand in Mrd. DM	Ersparnis in Mrd DM
Kraftstoffverbrauch	– 20	20,5	– 4,1
Unfallkosten von Personenschäden	– 33	7,7	– 2,6
Unfallkosten von Sachschäden	– 33	20,0	– 6,7
Autokäufe	– 15	40,6	– 6,1
Wartung[2]	– 15	11,8	– 1,8
Straßenwesen und öffentl. Stellplätze	– 45	22,0	– 10,0
Pkw-Verkehr insgesamt			– 31,3

	Mehransatz (in v. H.)	Gesamtaufwand in Mrd. DM	Mehraufwand in Mrd. DM
Öffentlicher Personen-Nahverkehr	+ 67	15,0	+ 10,0
Gesamtersparnis (Ersparnis beim Pkw-Verkehr minus Mehraufwand beim ÖPNV)			– 21,3

[1] Unter der Annahme von ⅔ städtischer Betriebszeit an der Gesamtbetriebszeit des Pkws. Zahlenwerte aus den beiden vorhergehenden Tabellen.
[2] Von den 28,8 Mrd. »Wartung und Reparatur« aus Tab. 5 wurden 17 Mrd. für Unfallsachschäden abgezogen: reine Wartung.

Aber die Gesellschaft gewinnt auch ökonomisch betrachtet erheblich, wenn sie ihren Stadtverkehr zunehmend vom Auto befreit – in vorliegendem Fall um die Hälfte vermindert. 1983 hätte sie mehr als 21 Milliarden DM gespart. Im einzelnen errechnen sich folgende Beträge: Der Kraftstoffverbrauch in der Stadt macht 40 Prozent des Gesamtverbrauchs aus; die Halbierung der städtischen Fahrten erbringt demnach eine Kraftstoffeinsparung von 20 Prozent. Die Unfälle mit Personen- und Sachschäden geschehen zu über zwei Drittel in der Stadt; die Halbierung des Stadtverkehrs dürfte auch die städtischen Unfälle halbieren und damit entsprechend die Ersatzkosten (medizinische Behandlung, Autoreparaturen) senken. Da die Betriebszeit der Personenwagen im Durchschnitt auf zwei Drittel pro Jahr zurückgeht, ist es realistisch, auch einen geringeren Materialverschleiß anzunehmen; nach unserer Schätzung steigt die Lebensdauer eines Autos von zehn auf 11,5 Jahre, also um 15 Prozent. Entsprechend weniger neue Autos müßten gekauft werden, entsprechend geringer wäre die Zahl der Inspektionen bzw. Wartungsarbeiten.

Insgesamt gelangen wir zu einer möglichen Ersparnis in Höhe von 21,3 Milliarden DM. Diese Summe wird zwar durch weitere 10 Milliarden DM Einsparungen beim Straßen- und Parkplatzbau erhöht; da aber rund 10 Milliarden DM zusätzlich für den Ausbau und Betrieb des ÖPNV gebraucht werden, bleibt es letztlich bei 21,3 Milliarden. Und diese Summe kann sich durchaus sehen lassen.

Auf der anderen Seite zeigt sich, daß über 21 Milliarden DM jährlich schlichtweg verschwendet werden, weil und solange der Pkw und nicht schnelle und bequeme öffentliche Verkehrsmittel unsere Städte beherrschen. 21 Milliarden DM bleiben jährlich im Stadtverkehr stecken.

Wer rast, zerstört nicht nur den Wald

Während in anderen zivilisierten Ländern das Interesse an Höchstgeschwindigkeiten von Berufsrennfahrern auf speziellen

Pisten befriedigt wird und sich gewöhnliche Autofahrer mit der Zuschauerrolle bei Autorennen begnügen, leistet es sich die Bundesrepublik als einzige Industrienation der Welt, daß sich jeder Autofahrer als Rennfahrer betätigen darf, und das nicht etwa auf abgesonderten Strecken, sondern dort, wo der normale Autoverkehr fließt, auf Autobahnen und Bundesstraßen.

Wären Autobahnen und Bundesstraßen ausschließlich das, als was sie eigentlich gedacht sind, nämlich bequeme Verkehrswege, auf denen sich große Entfernungen rasch überwinden lassen, dann genügten, wie in vielen anderen Ländern auch, Tempo 100 auf der Autobahn bzw. Tempo 80 auf der Bundesstraße. Denn der Zeitgewinn pro Fahrzeug im Jahr ist bei Schnellfahrern mit etwa 14 Stunden[11] so gering, daß er nicht die Schäden rechtfertigen kann, die sich durch unbegrenzte Geschwindigkeiten ergeben. Die Unfallgefährdung, besonders für schwere und tödliche Unfälle, ist bei Höchstgeschwindigkeiten überdurchschnittlich groß[12] (die häufigste polizeilich festgestellte Unfallursache – 20 Prozent – ist »nicht angepaßte Ge-

Tabelle 8
Ersparnis durch Tempolimit auf Autobahnen und Bundesstraßen 1983

	Aufwand in Mrd. DM	Ersparnis in Mrd. DM
Kraftstoffverbrauch (– 10 v. H.)	10,3[1]	1,0
Unfälle mit Personenschaden (– 20 v. H.)	1,7[2]	0,4
Unfälle mit nur Sachschaden (– 20 v. H.)	5,3[2]	1,0
Summe der Einsparung		2,4

[1] Das sind 50,3 v. H. der insgesamt 20,5 Mrd. DM Gesamtaufwand, entsprechend dem 50,3 v. H.-Anteil der Autobahnen und Bundesstraßen an sämtlichen gefahrenen Kfz-Kilometern. (BMV 1985, S. 132).

[2] Der Anteil der Autobahnen und Bundesstraßen an sämtlichen Unfällen mit Personenschaden betrug 26,4 v. H. Dieser Anteil wurde auf den in Tabelle 5 angeführten Gesamtaufwand von 6,3 bzw. 20 Mrd. DM bezogen.

schwindigkeit«). Der Kraftstoffverbrauch pro Kilometer beträgt 10 Prozent mehr als bei Tempolimit, wenn es befolgt wird; der für Mensch und Natur schädliche Abgasausstoß ist etwa 15 Prozent höher.[13] Die gesamtwirtschaftliche Ersparnis durch Tempolimit 100/80 läßt sich für Unfallschäden und Kraftstoffverbrauch sogar in Geld ausdrücken. (Auf die Belastung durch die Abgase gehen wir im übernächsten Kapitel gesondert ein.)

Gesamtwirtschaftlich hätten 1983 die Einsparungen 2,4 Milliarden DM betragen. Wenn man bei den Unfällen auf Autobahnen und Bundesstraßen die überdurchschnittlich hohen Kosten und demzufolge überdurchschnittlichen Ersparnisse in Rechnung stellt, kommt man auf mindestens 3 Milliarden vergeudete DM aufgrund fehlender Tempobegrenzung. Wer trotzdem den Zeitgewinn von 14 Reisestunden im Jahr höher schätzt und den Sprüchen der Autokonzerne glaubt, beim Tempolimit stünde die »Freiheit der Bürger« auf dem Spiel, der sollte wenigstens einmal über die Zeitverluste nachdenken, die von unfallbedingten Staus verursacht werden. Dann nämlich schmilzt der »Zeitgewinn« schnell wieder zusammen.

Daß bundesdeutsche Autofahrer erstaunlich verkehrssicher und diszipliniert Tempo 100 befolgen können, beweisen viele auf der Fahrt nach Westberlin, auf den Transitstrecken durch die DDR.

Die Last des Güterfernverkehrs

Hätte die Bundesbahn 1983 den Güterfernverkehr der Straße mitgeleistet, hätte sie zusätzliche Antriebsenergie im Wert von 1,5 Milliarden DM gebraucht.[14] Kraftstoffe für Lastkraftwagen in der Größenordnung um 4,5 Milliarden DM wären im gleichen Jahr allerdings erst gar nicht angefallen, d. h. Energie im Wert von 3 Milliarden DM hätte eingespart werden können. Zusammen mit der angenehmen Vorstellung von Fernstraßen ohne das Dröhnen und die rußigen Abgaswolken von 150 000 Lastkraftwagen ist das wohl Grund genug, der Sache weiter nachzugehen.

Der Telefonanruf bei der Hauptverwaltung der Bundesbahn in Frankfurt ernüchtert: »Gar nichts können wir von der Straße übernehmen«, lautet die Antwort. »Wir haben jetzt schon eine Überlastung unserer Hauptstrecken von weit über hundert Prozent.«

Warum sind diese Hauptstrecken nicht leistungsfähiger, fragt man sich sofort. In über zwanzig Jahren – von 1960 bis 1983 – haben die Güterzüge der Bahn ihre Verkehrsleistung nur unwesentlich erhöht, von 53 auf 56 Milliarden Tonnenkilometer.[15] Beim Straßengüterfernverkehr – das ist der Güterverkehr über die Entfernung von 50 Kilometern hinaus – ist das ganz anders. Seine Leistung stieg im gleichen Zeitraum von 23 auf 85 Milliarden Tonnenkilometer an, um mehr als das Dreieinhalbfache also. Von Haus zu Haus und schneller, das spricht offenbar für den Lkw, auch wenn die Frachtsätze dort höher liegen.

Dabei könnte die Bahn, technisch gesehen, ebenso schnell liefern. Die Schnellgüterzüge auf einigen Hauptstrecken beweisen das jede Nacht. Und der kombinierte Haus-zu-Haus-Verkehr (Container-Anlieferung zum Bahnhof durch Nahverkehr-Lkws mit minutenschnellem Wechsel auf den Ferngüterzug) ist in der Fahrtzeit oft schneller, zumal auf der Vorzeigestrecke Hamburg – München, wo ein Spitzentempo von 115 Stundenkilometern erreicht wird. Doch das sind Ausnahmen, die zeigen, was möglich wäre, wenn Streckennetz und »rollendes Material« überall so gut ausgebaut wären.

Innerhalb des heute noch 28 000 Kilometer umfassenden Schienennetzes ist seit 1960 das Hauptstreckennetz mit 18 000 Kilometern stabil geblieben. Dieses Verkehrsnetz – meist zweigleisig und elektrifiziert – ist mehr als doppelt so lang wie das Netz der Autobahnen (8000 Kilometer). An sich wäre die Güterbahn für viele Waren, die heute auf Lkws rollen, geeigneter als der Kraftwagen, wenn die Schiene gegenüber der Autobahn nicht entscheidende Mängel hätte.

Noch heute fährt die Eisenbahn auf »den Strecken, die vor 100 Jahren mit den damaligen geringen technischen Möglichkeiten« geplant wurden. »Seit 1914 sind praktisch keine bedeutenden Hauptstrecken mehr gebaut worden.«[16] So sind etwa die

Kurven gewöhnlich viel zu eng, um die technisch möglichen 200 Stundenkilometer auch nur annähernd ausfahren zu können, weil 1890 noch niemand an solche Geschwindigkeiten dachte.

Ende der siebziger Jahre hat die Bundesregierung die Vernachlässigung der Bahnanlagen wohl überhaupt erst wahrgenommen. Sie beschloß einige Neubaustrecken und setzte für den Ausbau vorhandener Trassen zu modernen Schnellfahrstrecken 2,9 Milliarden DM an. Innerhalb einer Bauzeit von neun Jahren sollten 1100 Kilometer Schienenweg auf modernsten Stand gebracht werden.

Doch das geschah nicht nur in zu geringem Maße, sondern auch viel zu spät, denn inzwischen hatte der enorm angewachsene Güterverkehr längst eine Alternative gefunden. Ihm war ein leistungsfähigeres Verkehrsnetz zur Verfügung gestellt worden: Von 1960 bis 1983 nahm Jahr für Jahr das Autobahnsystem an Länge zu, von 2500 auf 8000 Kilometer. Die neuen Fahrstrecken orientierten sich nicht wie das bestehende Schienennetz an den Güterströmen des ehemaligen Deutschen Reiches, sondern an den neuen Transportbedürfnissen des Bundesgebietes. Sie durchzogen seine wirtschaftlichen Zentren und stellten schnelle Verbindungen zwischen ihnen her. Und diese neuen Strecken wurden natürlich nicht nach dem verkehrstechnischen Wissensstand des 19. Jahrhunderts gebaut, sondern in Streckenführung, Fahrbahngestaltung usw. den hohen Geschwindigkeiten des modernen Automobils angepaßt. Neue Schienenwege wurden dagegen nicht gebaut. Und so werden heute auf den Straßen Güter befördert, die eigentlich auf die Schiene gehörten: Massengüter wie Sand, Kies, Steine und Erze, viele Baustoffe und vor allem Chemikalien.

Im Rückblick auf die vergangenen 25 Jahre läßt sich feststellen: Im selben Maße, wie das Autobahnnetz wuchs, nahm auch der Güterfernverkehr auf der Straße zu, zu Lasten der Bahn. Die negativen Folgen sind bekannt: hoher Energieverbrauch und Schadstoffausstoß, hohes Unfallrisiko für Pkws und Lkws, nicht zuletzt enormer Leistungsdruck auf die Fernfahrer.

Um richtig verstanden zu werden: Hier wird nicht gefordert,

den gesamten Güterfernverkehr von der Straße zu schaffen und auf die Schiene umzuladen. Keine leistungsfähige Volkswirtschaft kommt ohne ein Güterfernverkehrswesen aus, das das engmaschige Straßennetz von Haus zu Haus ausnutzt. Worauf es ankommt, ist eine rationelle Arbeitsteilung zwischen Bahn und Fernstraße, eine Arbeitsteilung, bei der jeder der beiden Transportsysteme seine besonderen Vorzüge zur Geltung bringen kann.

Eine derart vernünftige Aufgabenteilung zwischen Bahn und Lkw existiert in der Bundesrepublik nicht. Wenn heute auf der Straße das Anderthalbfache der Güterverkehrsleistung der Bahn abgewickelt wird, so ist das ein Ergebnis von mehr als zwanzig Jahren Verkehrspolitik zugunsten der Straße und zu Lasten der Schiene. Der Güterbahn wurde keine Chance gegeben, die neuen Verkehrsströme der Bundesrepublik auf neuen Schienenwegen zu bewältigen. Wäre dies geschehen, müßte der Lkw-Ferngüterverkehr heute nur halb so umfangreich sein, wie er tatsächlich ist. Ebenso wie von 1960 bis 1983 insgesamt 5500 Kilometer Autobahnen neu gebaut wurden, wäre im gleichen Zeitraum der Bau von 5500 Kilometern moderner Bahnstrekken finanzierbar gewesen.

Von 1960 bis 1983 verschlangen die Fernlastkraftwagen 110 Milliarden Liter Kraftstoff, oder in Geld ausgedrückt (nach Abzug sämtlicher Steuern) 45 Milliarden DM. Nicht einmal 15 Milliarden hätten 5500 Kilometer neuer zeitgemäßer Schienenwege gekostet, wenn sie im selben Zeitraum nach und nach errichtet worden wären. (Unterstellt sind die Baukosten für einen Kilometer »schneller Schiene« von 2,6 Millionen DM, die Anfang der achtziger Jahre galten.) Daraus folgt, daß ein leistungsfähiges Schienennetz für den Transport von Gütern (natürlich auch von Personen) bezahlbar war, und zwar allein aus der Kraftstoffersparnis des energieaufwendigen Lkw-Fernverkehrs. Ein halb so umfangreicher Straßengüterfernverkehr hätte statt 45 nur 22,5 Milliarden DM Ausgaben für Kraftstoffe benötigt. Die anderen 22,5 Milliarden hätten für die Kosten zum Schienenbau in Höhe von 15 Millionen DM ebenso gereicht wie für die 7,5 Milliarden DM Mehrkosten für Antriebsenergie bei der

Güterbahn (Bahnstrom und Dieselkraftstoff), die im Laufe von 24 Jahren angefallen wären.

Diese Berechnung macht sicher nicht sämtliche Einsparungen sichtbar, die mit der Verlagerung der Hälfte des Güterfernverkehrs von der Straße auf die Schiene erreicht worden wären. Daß die Kraftstoffersparnis der Lkws allein für den Ausbau und den Betrieb eines leistungsfähigen Schienenverkehrs – ohne die Nachteile der Straße – genügt, mag als Beleg für die geringe Wirtschaftlichkeit des gegenwärtigen Zustandes genügen.

Das unrationelle Verkehrswesen der Bundesrepublik ist ein kostspieliger Vergeudungsposten. Die – gewollten – Versäumnisse beim Ausbau eines schnellen und bequemen Öffentlichen Personen-Nahverkehrssystems zugunsten des Pkw kosteten unser Land 1983 über 21 Milliarden DM. Die Versäumnisse beim Eisenbahnbau für den Güterfernverkehr schlagen mit mindestens 1,5 Milliarden DM zusätzlicher Kosten zu Buche.[17] *Darüber hinaus entstehen Verluste in Höhe von 3 Milliarden DM nur deshalb, weil sich die Bundesrepublik als einziges Industrieland der Welt erlaubt, dem Fahrtempo auf seinen Schnellstraßen keine Höchstgrenze zu setzen. Die gesamte Vergeudung durch das Auto ist für 1983 mit rund 26 Milliarden DM zu beziffern. Berücksichtigen wir die Preissteigerungen zwischen dem Jahr 1983 und dem Jahr 1985, dann ist für unser allgemeines Bezugsjahr 1985 ein Vergeudungswert in Höhe von mindestens 27 Milliarden DM anzusetzen.*

Energieverschwendung

Der Unfug der Atomkraft

Zweierlei Begleitmusik hatte der ruckartige Ausbau der Kernkraftwerke in den siebziger Jahren. Erstens eine drohende in Moll: »Ohne Atomkraft gehen die Lichter aus.« Zweitens eine in verlockendem Dur: »Atomstrom ist billiger als der Strom aus der Kohle.« Die Angst, nachts im Dunkeln tappen zu müssen, wurde für den Bürger mit der Aussicht verbunden, künftig Haushaltsgeld bei der Stromrechnung sparen zu können.

Diese Töne waren hierzulande längst verstummt, als der Reaktorunfall in Tschernobyl auch die bundesdeutsche Atomlobby aufschreckte. Es gibt nicht mehr viele Bürger, die der Atomwirtschaft glauben, daß Elektrizität in Kernkraftwerken preiswerter erzeugt werde. Und die Skeptiker haben recht: Gegenüber Strom auf Steinkohlebasis ist Atomstrom fast doppelt so teuer.[1] Eine sogenannte Energielücke hat es nie gegeben. Mittlerweile sitzt die Elektrizitätswirtschaft auf 30 Prozent Überkapazitäten und wirbt mit aggressiven Verkaufsmethoden für höheren Stromverbrauch. Sondertarife nicht nur für die Industrie, Vorzugstarife auch für Kleinabnehmer, die Ölheizungen durch elektrische Nachtspeicheröfen ersetzen.

Bei den laufend steigenden Strompreisen steht der große Aufschwung erst noch bevor. Wenn die Stromkonzerne bislang noch verkrafteten, für ein AKW mehr als das Doppelte zu zahlen wie für ein Kohlekraftwerk gleicher Leistung (mit modernster Abgasreinigung), wird die neue Kostenlawine selbst bei solchen Elektrizitätsgiganten wie RWE, Preußenelektra, Bayernwerk u.a. bald durchschlagen. Es geht um die vernachlässigten, ungelösten Probleme des »Atommülls«, also der abgebrannten, aber radioaktiven Brennstoffe und Reaktoren der auf Hunderttausende von Jahren verseuchten Anlagen stillgelegter Kraftwerke. Wen wird die Elekrizitätswirtschaft für die enormen Kosten wohl zur Kasse bitten?

Atomenergie zur Stromerzeugung – das ist in der an Steinkohle so reichen Bundesrepublik, wirtschaftlich betrachtet, reiner Unfug. Daß daraus inzwischen eine Pleite geworden ist, hat sich selbst bei den marktbeherrschenden Elektrizitätsunternehmen herumgesprochen. (Über 80 Prozent des Stromverkaufs entfallen auf die 9 überregionalen »Verbundunterneh-

Tabelle 9
Ausgaben für Atomforschung und reine Baukosten von Kernkraftwerken in der Bundesrepublik 1975–1984

Staatliche Atomforschung	24 Mrd. DM
12 fertiggestellte AKWs	29 Mrd. DM
5 AKWs im Bau	17 Mrd. DM
Schneller Brüter Kalkar	6 Mrd. DM
Hochtemperaturreaktor	4 Mrd. DM
Summe	80 Mrd. DM

Von 1975 bis 1984 wurden folgende AKWs fertiggestellt: Biblis A 1300 MW (75); Neckarwestheim 855 MW (76); Brunsbüttel 803 MW (76); Biblis B 1300 MW (77); Ohu 907 MW (79); Unterweser 1300 MW (79); Philippsburg 900 MW (80); Grafenrheinfeld 1300 MW (82); Krümmel 1316 MW (83); Grohnde 1365 MW (84); Gundremmingen B u. C je 1310 MW (84); Philippsburg 2 – 1350 MW (84).
1984 waren in Bau (in Klammern Baubeginn): Mülheim-Kärlich 1308 MW (75); Brokdorf 1360 MW (76); Lingen 1301 MW (82); Ohu 2 – 1370 MW (82); Neckarwestheim 2 – 1314 MW (84). Der Hochtemperatur-Reaktor THTR-300 Uentrop war seit 1971 in Bau. Der sog. Schnelle Brüter SNR-300 Kalkar wurde 1973 begonnen.
Vgl. Der Fischer Öko Almanach 84/85, S. 136/137; Jahrbuch Bergbau . . ., S. 658–665.
Die Kostenberechnungen, soweit nicht allgemein zugänglich, erfolgten aufgrund der Daten bei J. Franke/D. Viefhues 1983, S. 4–10. Die dort festgestellte jährliche Preissteigerung bei den Baukosten von 15 v.H. von 1975 bis 1982 wurde übernommen. Für 1983 und 1984 wurde eine Preissteigerung pro MW von 10 v. H. eingerechnet – entsprechend VDEW 1975, S. 16.
Zu den Forschungsausgaben: Es handelt sich um die Ausgaben des Bundes und der Länder für Grundlagenforschung und nukleare Technik, die zum großen Teil in Forschungseinrichtungen durchgeführt wird. Ausgaben für Kernfusion wurden nicht angerechnet, allerdings Beiträge zur Finanzierung internationaler Atomforschung.
Ausgaben bis 1979: Ausgaben des Bundes und der Länder für Kernforschung und kerntechnische Entwicklung, Anlage zu BMFT – 114-0521 – 1 – 1/79. Da seitdem die Gesamtkosten nicht mehr offen ausgewiesen werden, mußten die Beträge ab 1980 aus verschiedenen Posten des Bundesberichts Forschung 1984 des BMFT ermittelt werden (Es handelt sich hier um Untergrenzen).
Die Gesamtkosten des 1977 geschlossenen Vertrags mit der französischen Wiederaufbereitungsfirma COGEMA in La Hague betragen 5 Mrd. DM. (vgl. Bonner Energie-Report 15/16, 1982, S. 12 ff.) Sie wurden ebensowenig angerechnet wie die Kosten der Polizeieinsätze gegen AKW-Gegner.

men«, in deren Besitz sich das bundesweite Höchstspannungs-Verbundnetz befindet. Diese Verbundunternehmen sind es fast ausschließlich, die die Kernkraftwerke betreiben.) Auffallend ist in jüngster Zeit die Zurückhaltung der Atomlobby, wenn es um Genehmigungen für AKW-Bauabschnitte geht, die schon jahrelang geplant sind (z. B. in Wyhl). Abstriche am gigantischen Ausmaß des ursprünglichen Atomprogramms werden alle paar Jahre vorgenommen. Obwohl die Manager der großen Stromkonzerne gerade mittels der Riesenmengen ihres Atomstroms kleinere Stromerzeuger vom Markt verdrängt und ihre eigene Stellung ausgebaut haben – allen voran das RWE –,[2] ist der Atomfilz aus Reaktorindustrie und Stromunternehmen doch brüchiger geworden.

Die Reaktorindustrie sieht die Sache anders. Sie muß nicht Strom verkaufen, sondern will am Kraftwerksbau weiterverdienen. Sie ist der Hauptnutznießer des Bonner Atomprogramms und profitierte am meisten von den staatlichen Fördermitteln für Atomforschung in Höhe von 15 Milliarden DM bis Ende der sechziger Jahre, die besonders die kalten Krieger in der Bundesregierung so bereitwillig lockermachten in der Hoffnung, auf »friedlichem« Umweg doch noch an die ihnen verwehrten Atomwaffen heranzukommen. Die Reaktorindustrie kassierte auch den Löwenanteil der vielen Milliarden, die in das technische Bauprogramm für Atomkraftwerke gesteckt wurden.

Genauer gesagt, besteht die Reaktorindustrie faktisch aus einem einzigen Unternehmen, nämlich der zum Siemens-Konzern gehörenden Kraftwerk-Union AG (KWU). Sie beherrscht den bundesdeutschen Markt für AKWs unangefochten; von 44 Bauaufträgen hat sie immerhin 41 erhalten.[3] Das Interesse des Hauses Siemens am Atomprogramm bestand aber zu keinem Zeitpunkt darin, den Energiebedarf unseres Landes möglichst effektiv zu decken. Ihm ging es in erster Linie darum, die staatlichen Forschungsgelder und die von den Stromkonzernen finanzierten großtechnischen AKWs zu benutzen, um in der nuklearen Spitzentechnologie auf Weltniveau zu gelangen. Unternehmensziel war es, im gewinnversprechenden weltweiten Geschäft mit nuklearer Technik mit der US-Konkurrenz mitzuhalten. Tatsächlich ist das dem Siemens-Konzern zu einem guten Teil gelungen; hauptsächlich seinem privaten Unternehmensinteresse »verdankt« es unser Land, daß es derzeit über 16 riesige Atomkraftwerke und etwa zehn Großbaustellen verfügt.

Gesamtwirtschaftlich betrachtet dürften die Erkenntnisse, welche Siemens mittlerweile auf dem Gebiet der Nukleartechnik neu gesammelt hat (über Hitzebeständigkeit bestimmter Stahllegierungen und dergleichen), vielleicht der Hauptnutzen des Bonner Atomprogramms sein. Energiewirtschaftlich dagegen ist die Anwendung der Kernenergie zur Stromerzeugung in der kohlereichen Bundesrepublik ein Fehlschlag. Sie ist kurz- und langfristig dafür viel zu aufwendig, von den Sicherheitsfragen ganz abgesehen. Die Frage drängt sich auf, ob das kostspielige System der Atomwirtschaft durch den Zweck gerechtfertigt ist, einem privaten Elektrokonzern als großtechnisches Versuchslabor für seine Produkte zu dienen – auch wenn es sich um die Nummer Eins der »deutschen Industrie« handelt. Wer den technischen Erkenntnisgewinn bei Siemens, der ohne die Kernkraftwerke in unserem Land vielleicht etwas geringer läge, als Argument für den rasanten und kostspieligen Ausbau der Kernenergiewirtschaft gelten läßt, ähnelt jenem Mann, der die Existenz einer 500 000 Mann starken Armee für sinnvoll hält, weil einmal ein paar abkommandierte Soldaten bei der Löschung seines brennenden Hauses mithalfen. Hier steht der gesamtwirtschaftliche Aufwand in einem geradezu jämmerlichen Verhältnis zum Nutzen. Immerhin war vor fünfzehn Jahren noch davon die Rede, mit der Atomenergie unserem Land eine preiswerte und sichere Energieversorgung bieten zu wollen.

Zugegeben – es mag damals noch nicht gänzlich absehbar gewesen sein, daß daraus eine lebensbedrohende und die Wirtschaftskraft der Bundesrepublik schwer belastende Energiepleite werden würde. Aber inzwischen ist genug Schaden angerichtet, um endlich daraus klug geworden zu sein.

Und trotzdem ging auch 1985 der energiewirtschaftlich überflüssige sowie für unser Land lebensbedrohliche Ausbau von Atomkraftwerken weiter. Milliardensummen verschlangen die

Doch wehe, wenn die Empörung über die verfehlte Energiepolitik die Bürger zum Protest treibt, sei es in Brokdorf, Gorleben, Wackersdorf und anderswo. Dann macht der Atomfilz aus Siemens-Konzern, RWE und Konsorten plus eingekaufter Politiker heute wie vor zehn Jahren mobil. Die umfangreichsten Polizeieinsätze im letzten Jahrzehnt dienten der Absicherung nuklearer Großbaustellen. Nebenbei: Die 500 Millionen DM für den Polizeischutz des Entsorgungszentrums Gorleben sollen mit 200 Millionen DM die 12 AKW-betreibenden Stromkonzerne mitfinanziert haben.

Quelle: H. Hirsch, Atom- und Entsorgungspolitik in der Bundesrepublik Deutschland.

Bauarbeiten am Schnellen Brüter in Kalkar, am Hochtemperaturreaktor bei Hamm und an den »gewöhnlichen« AKWs mit Druckwasserreaktoren in Mülheim-Kärlich, Brokdorf, Emsland, Isar 2, Neckarwestheim 2.[4] Der 1985 allein in diese AKWs gesteckte Geldbetrag belief sich auf rund 5 Milliarden DM. Und die Atomforschung fraß weitere 2 Milliarden auf. Dagegen sind die Ausgaben zur Erforschung regenerierbarer Energiequellen im Jahr 1985 kaum der Erwähnung wert.

Keiner will im Winter frieren

Ohne ein wenig Statistik kommen wir bei der Analyse der Energieverschwendung nicht weiter: Vom gesamten Energiebedarf der Bundesrepublik entfällt zur Zeit der größte Brocken, nämlich 40 Prozent, auf die Heizwärme (für Experten: 100 von 245 Millionen Tonnen SKE Endenergie). Mit Heizwärme ist die Energieanwendung für Raumheizung und für Warmwasser gemeint. Fachleute sprechen von »Niedertemperaturwärme«, weil es sich um den Bereich unterhalb von 200 Grad Celsius handelt.

Die bei weitem wichtigste Verbrauchergruppe der Niedertemperaturwärme sind die privaten Haushalte, danach sogenannte Kleinverbraucher, nämlich Handel, Kleingewerbe, Dienstleistungsbetriebe, Verwaltung usw. Die Verbrauchergruppe Industrie dagegen benötigt davon viel weniger; sie wendet Energie hauptsächlich für Hochtemperaturwärme an – etwa für Hochöfen oder chemische Prozesse. Der restliche Energiebedarf, immerhin ein Viertel des Gesamtbedarfs, fällt im Sektor Verkehr an, bei Kraftfahrzeugen, Bahnen, Schiffen.

Wenn vom Gesamtenergiebedarf unseres Landes 40 Prozent

Tabelle 10
Energiebedarf der privaten Haushalte 1984

	Heizwert in Mio. Tonnen SKE[1]	Anteil in v. H.
Raumheizung	52,7	78
Warmwasser	8,3	12
Licht, Hausgeräte, TV	6,8	10
Summe	67,8	100

[1] SKE = Steinkohleneinheit. Um die unterschiedlichen Energieformen wie Kohle, Heizöl, Erdgas, Strom in ihrem Energiegehalt vergleichen zu können, wird ihr jeweiliger Heizwert einheitlich nach dem Heizwert einer bestimmten Menge von Steinkohle bemessen. Ein kg Heizöl z. B. hat einen um 45 Prozent höheren Heizwert, als die gleiche Menge Steinkohle. Daher entspricht es 1,45 kg SKE.
Quelle: Hauptberatungsstelle für Elektrizitätsanwendung (HEA) 1986.

Tabelle 11
Wohnungen nach Heizenergien 1984
in v. H. des Wohnungsbestandes

Heizöl	47,6
Gas	26,4
Kohle	9,6
Strom	8,7
Fernwärme	7,6

Wohnungen: 24,9 Millionen
Quelle: VDEW und HEA 1985.

auf die Heizwärme entfallen, so sind es, wie Tabelle 10 zeigt, beim privaten Haushalt sogar über 90 Prozent.

Mit welcher Art von Energie deckt die größte Verbrauchergruppe, die privaten Haushalte, ihren Wärmebedarf?

Wichtigster Heizstoff war bis Anfang der sechziger Jahre Kohle, die heute kaum noch zehn Prozent der Wohnungen versorgt, und dies vor allem in den Gegenden und bei den Beschäftigten des Kohlebergbaus. Die Kohle wurde in der Phase des billigen Erdöls von Ölheizungen verdrängt; seit den Preiserhöhungen der siebziger Jahre sinkt der Ölanteil wieder. Dafür ist das Gas auf dem Vormarsch. Seit den sechziger Jahren drangen auch die Stromunternehmen in den Wärmemarkt ein. Mittlerweile heizen schon 2,1 Millionen Haushalte mit Elektrospeicherheizung.[5] Die Fernwärme, auf die wir noch zu sprechen kommen, nimmt nur sehr langsam zu.

Bei Tabelle 10 mochte man sich noch verwundert fragen: Gerade 10 Prozent für die Erzeugung von Licht und den Betrieb elektrischer Geräte, also für Zwecke, die ausschließlich auf elektrischen Strom angewiesen sind – warum macht man dann soviel Aufhebens um die Atomenergie? Schließlich produzieren Atomkraftwerke doch nichts anderes als Strom, wie die anderen Kraftwerke auch – vom militärisch nutzbaren Abfall abgesehen. Doch Tabelle 11 zeigt, daß elektrischer Strom durch Speicherheizungen auch einen gewichtigen Beitrag für die Beheizung der Wohnungen leistet. Nach dem Willen der Vereinigung Deutscher Elektrizitätswerke (VDEW) wird als zusätzlicher Absatzmarkt ihres Stroms im Jahr 2000 die elektrische Beheizung von mehr als einem Drittel aller Wohnungen angesteuert.[6] Davon sind die Elektrizitätsunternehmen mit bisher 9 Prozent allerdings noch weit entfernt.

Bemerkenswert ist die Begründung der Stromunternehmen für die Ausweitung ihres Absatzes: Der Heizstrom werde in der tiefen Nacht abgefordert, wenn die Kraftwerke ohnehin Stromüberschüsse produzieren müssen. Das stimmt so jedoch nicht. Zwar ist die höchste Kraftwerksbelastung tatsächlich in den kalten Winternächten des Jahres zu verzeichnen. Aber das liegt daran, weil dann ausschließlich zur Versorgung der Nachtspeicheröfen zusätzliche Kraftwerke angeschaltet werden müssen, zusätzlich zu den »Grundlast«-Atomkraftwerken. Typischerweise antworten die Kraftwerks-Unternehmen auf diesen Einwand: »Der hohe Winterbedarf beweist, daß wir noch mehr Kraftwerks-Kapazitäten brauchen.« Aber wenn diese dann gebaut sind, sind wieder neue Stromkunden vonnöten, um die neuen Kraftwerke auszulasten. Und so geht das teure Spiel weiter. Dabei ist Strom für Niedertemperaturwärme reine Vergeudung, denn der Brennstoffeinsatz für Raumwärme durch Strom liegt doppelt so hoch wie bei Öl- oder Gasheizungen (und beträgt das Fünffache der Fernwärme).[7] Der Unterschied ist nur, daß die höhere Brennstoffmenge nicht im Wohnhaus verbrannt wird, sondern im entfernten Kraftwerk und nun »sauber« aus der Steckdose kommt.

Bei den Elektrizitätsunternehmen angelangt, sind wir der eigentlichen Energieverschwendung schon ein großes Stück nähergekommen. Man hat es im Physikunterricht zwar gelernt, aber in der Regel längst wieder vergessen: Die Stromerzeugung heutiger Wärmekraftwerke beruht auf einem einfachen Prinzip. Eine Wärmequelle (Kohle-, Gas-, Ölfeuerung, Uranspaltung) erhitzt Wasser zu Dampf. Dieser strömt unter hohem Druck in die Schaufelräder von Turbinen und bringt diese zur Rotation. Die Drehbewegung der Turbinen treibt den eigentlichen stromerzeugenden Generator an. Nachdem der Dampf die Turbine durchlaufen hat – und darauf kommt es hier an – ist er aber immer noch heiß, enthält also noch Energie. Dieser energiereiche Dampf kann aber in einem Kraftwerk nicht genutzt werden, sondern wird als »Wärmemüll« durch Kühltürme in die Luft geblasen oder in Flüsse oder Seen eingeleitet.

Jedes große Kohle- oder Atomkraftwerk funktioniert so, daß es aus den eingesetzten Brennstoffen nur ein Drittel der in ihnen enthaltenen Energie in elektrische Energie umwandelt, während es einen viel größeren Teil der eingesetzten Brennstoffenergie zu Wasserdampf macht, den es nicht verwenden kann. Bei der Erzeugung von etwa 40 Millionen Tonnen SKE Strom aus Wärmekraftwerken sind 1984 etwa 60 Millionen Tonnen SKE Energie in Form von Dampf nutzlos an die Luft oder ins

Wasser abgegeben worden, fast soviel, wie die privaten Haushalte insgesamt an Energie verbrauchten.

Nun ist es zwar ein Gesetz der Physik, daß aus 100 Prozent eingesetzter Brennstoffenergie nur etwa ein Drittel in Form von elektrischer Energie zu gewinnen ist. Aber es ist kein Naturgesetz, daß die dabei entstehende Dampfwärme ungenutzt bleiben muß. Einige Umbauten im Kraftwerk ermöglichen das »Auskoppeln« der Wärme, die dann über Rohrleitungen zum Verbraucher transportiert wird, um Räume und Warmwasserbehälter zu heizen.

Das Kraftwerk wird dadurch gleichzeitig zum Heizwerk oder besser gesagt um Heizkraftwerk, und zwar auf der Grundlage der »Kraft-Wärme-Kopplung«. Die Abwärme, die in Form von heißem Wasser durch Röhren fließt, heißt Fernwärme. Und diese trägt in der Bundesrepublik längst zur Deckung des Wärmebedarfs bei. Aber leider nur in bescheidenem Ausmaß, in insgesamt 7,6 Prozent aller Wohnungen.

Als Argument für das schneckenmäßige Ausbautempo der Fernwärmesysteme muß immer wieder herhalten, daß der Bau von Rohrleitungen zu den z. T. weit entfernt liegenden Siedlungsgebieten zu aufwendig sei, daß durch die langen Transportwege zu viel Wärme verlorengehe und daß in den Verbrauchsgebieten längst Gasleitungen verlegt seien, die zusätzliche Fernwärmerohre unwirtschaftlich machten.

Fernwärme durch Kraft-Wärme-Kopplung

Mitte der siebziger Jahre ließ das Bundesministerium für Forschung und Technologie untersuchen, wie groß in unserem Land die Ausbaumöglichkeiten für eine Fernwärmeversorgung über Kraft-Wärme-Kopplung sind.[8] »Fernwärmegeeignet« ist ein bestimmtes Siedlungsgebiet dann, wenn es durch Fernwärme »wirtschaftlicher«, d. h. kostengünstiger als durch Öl- und Gasheizungen versorgt werden kann. Am wirtschaftlichsten ist die Fernwärme natürlich in Gebieten mit dichter Bebauung, die möglichst nicht zu weit von Heizkraftwerken entfernt liegen sollten. Beides ergibt sich aus den verhältnismäßig hohen Kosten für das Rohrleitungsnetz, auf die »60% der Investitionen«[9] entfallen. Je mehr Anschlüsse pro Quadratkilometer vorgenommen werden können und je näher das einspeisende Heizkraftwerk liegt, umso eher lohnt sich die Verlegung der Netzanlagen für den Wärmetransport.

Diese Bedingungen sah die Studie des Bundesministeriums für Forschung und Technologie am besten in den großen Städten mit mehrgeschossigen Wohn- und Geschäftsgebäuden erfüllt. Außer 92 Großstädten kommt eine wirtschaftliche Fernwärmeversorgung auch für 90 weitere Städte sowie für viele Industriegebiete infrage. Insgesamt könnte, so die Studie, »etwa ein Viertel des gesamten Niedertemperatur-Wärmebedarfs in der Bundesrepublik Deutschland wirtschaftlich durch Fernwärmeversorgung aus Kraft-Wärme-Kopplung gedeckt werden.«[10]

Nebenbei bemerkt erhält die UdSSR, was durchaus ungewöhnlich ist, von der Bundesregierung ein dickes Lob: So würden »zwei Drittel aller Stadtwohnungen in der UdSSR aus verbrauchsnahen Heizkraftwerken versorgt und sämtliche neu entstehenden Städte unter Berücksichtigung einer zentralen Wärmeversorgung geplant«.[11]

Wie stellen sich die Verfasser der Gesamtstudie die Realisierung des Ziels »ein Viertel der Niedertemperaturwärme« für die Bundesrepublik vor? Im Laufe von zehn Jahren müßten folgende Bedingungen geschaffen werden: Fast 20 Prozent der Kraftwerkskapazitäten, die bisher nur Strom erzeugten (16 000 von 90 000 Megawatt), brauchen eine Ausrüstung zur Wärmeauskoppelung. Zur Hälfte sind dafür Neubauten von vielen kleineren Heizkraftwerken erforderlich, zur anderen Hälfte können vorhandene oder ohnehin geplante große Kraftwerke umgerüstet werden. Kernkraftwerke fallen wegen der großen Entfernungen vom Verbraucher als unzweckmäßig aus. Im Endausbauzustand soll die jährliche Wärmeanlieferung an die Verbraucher auf das Fünffache von 1974 gestiegen sein – von 5,5 auf 25 Millionen Tonnen SKE. Um die Leitungsverluste so niedrig wie möglich zu halten, kommen nur verbrauchsnahe Standorte für Kraftwerke infrage. Aufwendig ist die Verlegung von über 10 000 Kilometern Heißwasserrohren und die Installation von Millionen Hausanschlüssen. (Fernwärme ist an eine vorhandene Zentralheizung ohne weiteres anschließbar, bei Einzelofenheizung muß eine Zentralheizung neu errichtet werden.)

Was würde der Ausbau der Fernwärmenutzung insgesamt kosten? Nach dem Preisstand von 1975 wurden Investitionen für Heizkraftwerke, Rohrverlegung und Hausanschlüsse in Höhe von 40 Milliarden DM errechnet.[12] Tabelle 12 berücksichtigt die Preisentwicklungen während einer zehnjährigen Bauzeit im »fernwärmegeeigneten« Gebiet und kommt seit 1975 auf einen Betrag von 50 Milliarden DM.

Tabelle 12
Gesamtkosten 1975 – 84 des Ausbaus der Fernwärme im wirtschaftlich geeigneten Siedlungsgebiet in Mrd. DM

Heizkraftwerke	16,8
Transport und Verteilung	24,3
Hausanschlüsse	6,9
Summe	50,0

Bei Heizkraftwerken wurde eine jährliche Preissteigerungsrate von 8 v. H. eingerechnet, da die erhöhten Umweltschutzanforderungen durch Rauchgasentschwefelungs- und Entstikkungsanlagen berücksichtigt wurden. Die Preissteigerungsrate für die Hausanschlüsse wurde mit 5 v. H. jährlich angesetzt. Bei den Kosten für Transport und Verteilung, die pro km zwischen 600 000 und 2,5 Mio DM betragen (vgl. ifo-studien zur Energiewirtschaft, München 1984, S. 19/20), wurden nur Preissteigerungen von 2 v. H. einkalkuliert, da die Netzkosten nach fernmündlicher Auskunft der AG Fernwärme aufgrund rationellerer Herstellungs- und Verlegemethoden seit mehreren Jahren sogar eine fallende Tendenz aufweisen.

Für runde 50 Milliarden DM hätte in der Bundesrepublik Deutschland von 1975 bis 1984 ein Versorgungssystem gebaut werden können, das große Mengen von bei der Stromerzeugung ohnehin anfallender Abwärme für Heizzwecke ausnutzt. Die jährliche Ersparnis hätte im Endausbauzustand – 1985 – 19 Millionen Tonnen SKE betragen,[13] bzw. – von heute aus betrachtet, wo es ja einen leichten Zuwachs der Fernwärme gegeben hat – ungefähr 18 Millionen Tonnen SKE. Diese 18 Millionen Tonnen SKE in Heizölmengen umgerechnet, machen 12,35 Millionen Tonnen aus. In Geld ausgedrückt wäre das 1985 (ohne Steuern, die der Staat kassierte) eine gesamtwirtschaftliche Entlastung in Höhe von 10 Milliarden DM gewesen.[14]

Die Energieverschwender

Wenn Energie aus Fernwärme so vernünftig ist, warum hat sie sich dann nicht durchgesetzt? Warum stehen statt dessen die Atomkraftwerke in unserem Land, bei denen die Abwärme der Stromerzeugung nicht zum Heizen genutzt werden kann? War nicht genug Geld da?

Der Ausbau der Atomkraftwerke hat von 1975 bis 1984 etwa 80 Milliarden DM gekostet und damit viel mehr, als für eine moderne Fernwärmeversorgung in den dafür geeigneten Gebieten nötig gewesen wäre. Das Geld war also da. Und nicht nur dafür! Mit jener Riesensumme der Jahre 1975 bis 1984 wäre es im Laufe von zehn Jahren ohne weiteres möglich gewesen, auch sämtliche übrigen Kohlekraftwerke der Bundesrepublik auf den technisch neuesten Stand zu bringen. 93 Kohlekraftwerke mit einer Gesamtleistung von 45 000 Mega-Watt gab es 1984.[15] Das Geld aus nicht gebauten AKWs hätte gereicht, um sie alle mit effektiven Brennstoff- und Rauchgasreinigungsanlagen auszustatten. Die Techniken für sauberen Kohleeinsatz waren längst ausgereift und auf dem Markt vorhanden.[16] Die Abgasreinigung ist nahezu hundertprozentig wirksam, z. B. mit der umweltfreundlichen Feuerungstechnik der Wirbelschichtfeuerung.[17]

Aber zugunsten des Atomprogramms vernachlässigten die Kraftwerksunternehmen nicht nur die Fernwärme, sondern auch die umweltfreundliche Modernisierung ihrer herkömmlichen Kraftwerke. Von 1970 bis 1976 wurde überhaupt kein Steinkohle-Kraftwerk gebaut![18] Viel zu spät wurde begonnen, veraltete »Dreckschleudern« zu ersetzen. Und wenn die Elektrizitätswirtschaft klagt, daß ihr die Abgasreinigung (erste Stufe bis 1993) bestehender Kraftwerke finanziell nicht zuzumuten sei, kann man über solche Abgebrühtheit im Umgang mit der

Öffentlichkeit nur den Kopf schütteln, denn es geht dabei um ganze 6 Milliarden DM. Das ist soviel, wie ein einziges Kernkraftwerk vom heute gängigen Typ (1300 Mega-Watt) kostet. Und davon sind immerhin fünf im Bau, die allesamt für die Stromversorgung im Grunde überflüssig sind.

Deshalb stehen die hochgefährlichen AKWs im Land herum und produzieren als Abfall nicht einfach nur Asche, sondern für Hunderttausende von Jahren radioaktiven Atommüll, von dem immer noch keiner so recht weiß, wohin damit. Ausgenommen sind einige scharfe Militaristen, die damit gern nationale Atomwaffen bestücken würden.

Zurück zur Frage, warum sich die Fernwärme durch Kraft-Wärme-Kopplung nicht durchgesetzt hat. Gibt es wirtschaftliche Interessen, Strom und Wärme ausschließlich getrennt voneinander herzustellen?

Beispiel Stromerzeuger: Ihnen geht es um den Verkauf von möglichst viel und möglichst kostengünstigem Strom aus ihren Großkraftwerken, die zunehmend auf Atomkraftbasis arbeiten. Nicht nur, weil ihre Großkraftwerke in der Regel viel zu weit vom Versorgungsgebiet entfernt liegen, haben sie kein Interesse an der Nutzung der Fernwärme. Als Spezialisten der reinen Stromherstellung wollen sie zwar auch in den Wärmemarkt eindringen, allerdings, wie bereits erwähnt, mittels elektrischer Speicherheizungen. Für sie wäre das äußerst profitabel, obwohl gerade die Heizwärmeerzeugung aus Strom Brennstoffvergeudung in großem Stil darstellt. Als reine »Verstromer« haben die Elektrizitätskonzerne auch kein Interesse daran, daß die verbrauchernah gebauten und naturgemäß von Kommunen betriebenen Heizkraftwerke elektrischen Strom produzieren. Strom aus kommunalen Heizkraftwerken verengt nur den Markt für die Giganten der Elektrizitätswirtschaft. Daß in den Großkraftwerken die Abwärme weiterhin ungenutzt bleibt, spielt für sie solange keine Rolle, wie sie in ihrem gesetzlich zugeteilten Versorgungsgebiet (von bösen Zungen auch »Jagdrevier« genannt) konkurrenzlos die Preise diktieren können.

Als weiteres Argument wird heute gegen die Fernwärme ins Feld geführt, daß gerade die »fernwärmegeeigneten« Gebiete in den letzten zehn Jahren schon durch andere Leitungsnetze »verbaut« worden seien, in der Regel Gasleitungen. Und eine Doppelverlegung von Wärme- und Gasleitungen sei unwirtschaftlich für beide Systeme – was heute zweifellos stimmt. Allerdings, so unser Einwand, im Jahre 1975 waren die Gasleitungen noch längst nicht so dicht verlegt.

Damit sind wir bei der zweiten Gruppe der Fernwärme-Blokkierer, nämlich bei den »alteingesessenen« Heizwärmelieferanten. Wie gezeigt, werden über drei Viertel der Wohnungen mit Öl oder Gas beheizt, wobei das Gas sich auf Kosten des Öls ausweitet. Wenn man sich zunächst darüber wundert, daß die so mächtigen Ölkonzerne den Ersatz von Heizöl durch Erdgas so klaglos dulden, dann wird man über diesen Umstand durch genaueres Hinsehen aufgeklärt: Drei Viertel des Gasabsatzes wird von den Mineralölgesellschaften selber direkt und indirekt kontrolliert, allen voran von den Ölkonzernen Esso und Shell.[19] Wer also vom Öl weg zum Gas hin will, dem geht es wie dem Hasen, der von Igel zu Igel rennt.

Es ist klar, daß die Mineralölkonzerne, die Öl und Gas verkaufen wollen, keine Förderer der Fernwärme sein können. Sie würde ihnen ebenso wie den großen Stromkonzernen den Markt für das eigene Produkt verderben. Falls die Bundesregierung ihre Studie zur Fernwärme jemals ernst genommen haben sollte – was man bezweifeln muß –, dann waren die tatsächlichen wirtschaftlichen Machtinteressen jedenfalls ständig dem Ausbau der Fernwärme im Weg. Zwischen den einzelwirtschaftlichen Interessen der Stromkonzerne und den einzelwirtschaftlichen Interessen der Ölmultis bleibt nur wenig Platz für gesamtwirtschaftlich sinnvolle Lösungen. Die Idee der Fernwärme war nicht schlecht und ist nicht schlecht. Aber, wie Karl Marx einmal sagte, wenn die Idee einem Interesse widerspricht, ist es immer die Idee, die sich blamiert.

Daß sich die Fernwärmeidee außerhalb des Machtbereichs der großen Energiekonzerne nicht zu blamieren braucht, beweisen die wenigen Beispiele einer gutausgebauten Fernwärmeversorgung in der Bundesrepublik. Es geht um die Städte Wolfsburg und Flensburg, die beide fast vollständig ihre Warmwasser- und Raumheizung mit Fernwärme aus Heizkraftwerken decken. Wolfsburg wird von Anfang an mit der Abwärme aus dem nahen VW-Werk versorgt.[20] Und der VW-Konzern hat zwar viele gemeinsame Interessen mit den Ölkonzernen, aber so schwach ist er nicht, daß er sich ihrer Macht unterordnen müßte. Und Flensburg? Flensburg ist einer der ganz wenigen Fälle, in denen sich eine Kommune bemüht hat, dem mit Lockangeboten versehenen Zugriff der Energieversorgungsunternehmen zu entgehen. Lange belächelt, experimentierte eine aufgeschlossene Stadtverwaltung seit Ende der sechziger Jahre damit, die Strom- und Wärmeversorgung in eigener Regie durchzuführen.[21] Heute wird die nördlichste Stadt der Bundesrepublik von vielen Kommunen beneidet.

Hätte die Bundesrepublik in den zehn Jahren vor 1985 nicht auf den Ausbau der Atomkraftwerke gesetzt, sondern auf Fernwärme aus umweltverträglichen Kohlekraftwerken, dann wären 1985 nicht 10 Milliarden DM für Heizmaterial vergeudet worden. Außerdem hätte sie im gleichen Jahr 7 Milliarden DM aus dem Bau- und Forschungsprogramm für die Atomenergie eingespart. Auf 17 Milliarden DM ist die Energieverschwendung unseres Landes im Jahre 1985 zu beziffern.

Luftverschmutzung

Daß Raucher an ihren Atemwegen gesundheitlich am meisten gefährdet sind, wird von niemandem ernsthaft bestritten. Bei Lungen- und Bronchialkrebs, bei chronischer Bronchitis oder Lungenasthma usw. stehen sie weit vor denen, die auf die Zigarette verzichten.

Trotzdem stimmt eine Meldung nachdenklich: In einigen Duisburger Stadtteilen leiden bis zu vier Mal so viele Menschen an chronischer Bronchitis wie in ländlichen Gebieten – Raucher und Nichtraucher.[1] Wer Duisburg kennt, weiß, daß dort nicht mehr als anderswo geraucht wird, aber er weiß auch, daß die Schlote der Kraftwerke und Hochöfen der Stahlindustrie in dieser Stadt besonders kräftig blasen. Der zweifelhafte Ruhm Duisburgs gründet sich auf seine besonders hohe Luftverschmutzung durch Schwefeldioxid (SO_2). Und dieser stammt keineswegs nicht aus den Zigaretten, sondern aus den – recht alten – Großfeuerungsanlagen für die Stahlproduktion von Thyssen und Mannesmann.

Über 3 Millionen Tonnen Schwefeldioxid und mehr als 3 Millionen Tonnen Stickstoffoxide werden in unserem Land jährlich an die Luft abgegeben.[2]

Schwefeldioxid entsteht beim Verbrennen von Kohle und Erdöl, vor allem in Kraftwerken (62 Prozent) und bei großen Industriefeuerungen (25 Prozent), und zwar dann, wenn auf moderne Entschwefelungsverfahren verzichtet wird. Die fast genauso giftigen Stickstoffoxide entstehen bei sehr hohen Verbrennungstemperaturen und stammen hauptsächlich aus den Motorabgasen des Straßenverkehrs (55 Prozent) und außerdem ebenfalls aus Kraftwerken (28 Prozent).[3] Auch die Stickoxide könnten technisch längst bis zu fast 100 Prozent durch Katalysatoren abgeschieden werden, wie die Informationszentrale Elektrizitätswirtschaft (IZE) in Werbebroschüren stolz verbreitet. Fragt sich nur, warum die Stromerzeuger derartige moderne »Entstickungsanlagen« nicht anwenden.

»Einige Hundert der bis 1980 in Japan errichteten 1 252 Rauchgasentschwefelungsanlagen wurden von bundesdeutschen Firmen gebaut. Viele dieser Anlagen arbeiten mit Wirkungsgraden von 95 Prozent und mehr.«[4] Technisch ist die »saubere Kohle« längst machbar. Wenn die Kraftwerksbetreiber nicht entschwefeln, dann nur, um Kosten zu sparen.

Energiegewinnung und Autoverkehr sind die beiden Hauptverursacher der bundesdeutschen Luftverschmutzung, wenn man sich auf die beiden Schadstoffe konzentriert, die in unserem Land in der größten Menge anfallen und die schwersten Schäden anrichten. Wir Menschen bekommen sowohl das SO_2-Gas als auch die Stickoxide vor allem an unseren Atmungsorganen zu spüren, und zwar in Ballungsgebieten stärker als auf dem flachen Land. Ein Blick auf den Krebsatlas der Bundesrepublik zeigt das sofort: Wo Industriegebiete liegen, werden die Krebserkrankungen pro 1000 Einwohner verdichtet ausgewiesen. Bei bestimmten Wetterlagen belasten die Luftschadstoffe dort nicht nur zusätzlich die Atmungsorgane, sondern verursachen Atemnot, Augenreizungen, Kopf- und Brustschmerzen, Schleimhautreizungen usw. Wissenschaftliche Untersuchungen über die Auswirkungen der Luftverschmutzung in Form von SO_2 auf die Erkrankungen der Atmungsorgane liegen schon seit fast 30 Jahren aus den USA vor. Der erste Forscher war Ridker, der 20 Prozent aller Atemwegerkrankungen der Luftverschmutzung zuschrieb. Dies ist sicherlich die Untergrenze, denn andere Experten danach kamen zu viel höheren Schätzungen – bis zu 50 Prozent. Eine Studie für die Bundesrepublik des Jahres 1980, welche 20 Prozent zugrundelegt, kommt zu dem Ergebnis, daß die zusätzlichen Kosten für das Gesundheitswesen (Krankenhauspflege, ambulante ärztliche Behandlung) sowie durch Arbeits- und Berufsunfähigkeit infolge der Luftverschmutzung durch SO_2 und Stickoxide damals 4,5 Milliarden DM betrugen.[5] Aufgrund der Kostenentwicklung im Gesundheitswesen seit 1980 muß dieser Schadensbetrag für 1985 mit mindestens 6 Milliarden DM beziffert werden. Auf einer Tagung des Umweltbundesamts 1985 kam derselbe Autor mithilfe eines anderen Schätzverfahrens auf den Betrag von 5,8 Milliarden DM.[6]

Die Warnung »Erst stirbt der Wald, dann stirbt der Mensch« ist nicht ganz richtig. Darauf haben schon Ebermann und Trampert hingewiesen.[7] Die Belastung durch Luftschadstoffe treffen Pflanzen und Menschen nicht zeitlich nacheinander, sondern gleichzeitig. Der Wald stirbt, und daß SO_2 und Stickoxide die »beiden für das Waldsterben wichtigsten Schadstoffe«[8] sind, ist mittlerweile unbestritten. Nach der Waldschadenserhebung 1985 sind 52 Prozent der gesamten Waldfläche geschädigt,[9] am meisten Tannen, Fichten, Kiefern und Buchen.

Der jüngste Versuch zur Geldbewertung des Waldsterbens in der Bundesrepublik kommt zu 7 Milliarden DM Jahreswert, die verlorengehen.[10] Berechnet werden vor allem Schäden im Bereich der Forstwirtschaft, nämlich Ertragsausfälle durch minderwertiges Holz und Notabholzungen, Düngungskosten, Kosten der Flächen, die »nicht mehr mit Wirtschaftshochwald bestockt werden können« und Wiederaufforstungskosten – insgesamt über 6,3 Milliarden DM. Dazu kommen wasserwirtschaftliche Schäden von jährlich 0,6 Milliarden DM.[11] Wir sehen hier ab von den ebenfalls geschätzten Schäden (11,3 Milliarden DM) durch verringerten Erholungswert kranker Wälder für die Menschen, weil das Berechnungsverfahren zu viele Unwägbarkeiten aufweist.

Verantwortlich für das Waldsterben sind erstens der aufgeblähte Autoverkehr (noch dazu ohne Abgaskatalysator und Tempolimit) und zweitens die Betreiber der Kraftwerke, die aus Profitgründen die Entschwefelung und die Entstickung unterlassen. Statt die Rauchgase der Kraftwerke gereinigt an die Luft abzugeben, bauten die Unternehmen lieber ihre Schornsteine bis zu 250 Meter hoch, damit der Wind den giftigen Rauch möglichst weit von der unmittelbaren Umgebung blasen konnte. Was dadurch an Kraftwerkskosten eingespart wurde, fiel – einige Jahre später – durch Schäden an der Pflanzenwelt an, Schäden, die sich kaum mehr reparieren lassen. Die ehemaligen Reinluftgebiete sind inzwischen Gebiete des Waldsterbens geworden, und der Pflanzentod geht ungehindert weiter.

Durch Luftschadstoffe erkranken nicht nur Menschen und Wälder. Die ätzende Luft schädigt auch Materialien aus Stein und Metall. Schäden an Gebäuden oder Stahlkonstruktionen werden vom Umweltbundesamt für 1984 auf mehrere Milliarden DM beziffert. Die Hauptschäden (2,2 Milliarden DM) entstehen an Gebäuden für zusätzliche Anstriche von Fenstern, Türen, Geländern, Fassaden und durch vorzeitiges Erneuern von Dachrinnen. Schäden an Stahlbauten werden durch beschleunigte Korrosion, d. h. Rost, verursacht. Der »Luft-Schutz« erfordert häufigeren Neuanstrich durch Farben, häufigeres Auswechseln einzelner Bauteile an Brücken, Hochspannungsmasten, Eisenbahnfahrleitungen usw., was jährliche Kosten in Höhe von rund 1 Milliarde DM verursacht.[12]

Den Haushalten »entstehen durch zusätzliche Ausgaben für Waschen und Reinigen Schadenskosten von 735 Mio. DM«.[13] Auch Kulturdenkmäler werden vom schwefelhaltigen Regenwasser immer schneller zersetzt. Das gilt nicht nur für die kunstvoll behauenen Steine des Kölner Doms, sondern auch für die zahllosen mittelalterlichen Prozessionskapellen, Bildstöcke, Kreuzwegstationen, Wegekreuze, die zu unserer Geschichte genauso gehören wie zu unserer abwechslungsreichen Land-

Tabelle 13
Schäden durch Luftverunreinigung durch SO_2 und Stickoxide 1985 in Mrd. DM (geschätzt)

Gesundheitskosten – Atmungsorgane	6,0
Waldsterben	7,0
Gebäudeerhaltung	2,2
Rostschutz bei Stahlbauten	1,0
Erhöhter Wasch- und Reinigungsaufwand	0,8
Summe	17,0

Quelle: Umweltbundesamt 1980 und 1986

schaft. Selbst diesen unwiederbringlichen Zeugnissen unserer eigenen Vergangenheit droht das Ende.[14]

Vielleicht nirgendwo anders zeigt sich die Borniertheit privaten Unternehmertums so drastisch wie bei den Schäden durch Luftverunreinigung. Gewiß, ein einzelnes Kraftwerksunternehmen, das auf Reinigungsanlagen verzichtet und sein Schwefeldioxid genauso ungereinigt durch den Schornstein jagt wie seine Stickoxide, spart eine Menge Geld. Bei einem Steinkohlekraftwerk von 750 MW Leistung müßten über 200 Millionen DM zusätzlich für zeitgemäße Reinigungsanlagen ausgegeben werden. Ohne Entschwefelung und Entstickung sind die Gewinne des einzelnen Unternehmens natürlich höher.

Was aber für das einzelne Unternehmen vorteilhaft ist, kann gesamtwirtschaftlich blanke Unvernunft sein. Und das ist bei der SO_2-Luftverschmutzung ohne Zweifel der Fall. Die Kosten für die Allgemeinheit – im Gesundheitswesen, für die Erhaltung des Waldes, von Gebäuden oder Materialien – betragen ein Mehrfaches dessen, was alle Kraftwerke einsparen, wenn sie die Abgasreinigung unterlassen. Wäre unsere Wirtschaft nach gesamtnationaler Kosten/Nutzen-Rechnung organisiert und nicht nach einzelwirtschaftlicher, könnte der teure Unfug sofort abgestellt werden.

Was hätte die Bundesrepublik gesamtwirtschaftlich an Schadenskosten durch Luftverschmutzung gespart, wenn sie sowohl ihre Energieversorgung als auch ihren Autoverkehr 1985 bereits so gestaltet hätte, wie wir es skizziert haben?

Zunächst zur Strom- und Wärmeerzeugung: Mit den Geldsummen, die das riskante und überflüssige Bonner Atomprogramm verschlang, hätten nicht nur genügend modernste nichtatomare Kraftwerke gebaut werden können, sondern diese (einschließlich der bestehenden Kraftwerke) hätten auch alle mit hochwirksamen Entschwefelungs- und Entstickungsverfahren ausgerüstet werden können. Die Fernwärme hätte außerdem eine sehr große Zahl von umweltbelastenden Einzelheizungen ersetzt, so daß insgesamt das SO_2 in der Luft (bisher zu 62 Prozent aus Kraftwerken) auf höchstens 35 Prozent des heutigen Standes abgesunken wäre.

Was die Stickoxide betrifft, so wären 28 Prozent, die aus Kraftwerken stammen, durch konsequente Ausrüstung mit Entstickungsanlagen auf 5 Prozent und weniger herabgedrückt worden. Der Autoverkehr ist für 55 Prozent der Stickoxide verantwortlich, davon die Pkws zu 38 Prozent, die Lkws zu 17.[15] Die Pkws hätten durch eine Verringerung ihrer Betriebszeit auf zwei Drittel demnach auch nur etwa zwei Drittel ihrer Stickoxide durch ihre Auspuffe geblasen. Und auch aus den Lkws, die in unserem Modell zur Hälfte von den Fernstraßen verschwänden, wäre eine große Menge Stickoxide weniger herausgekommen. Kraftwerke, Pkws und Lkws hätten – nach den in den beiden vorausgehenden Kapiteln entwickelten Modellen – demzufolge nur noch so wenig Stickoxidbelastung erzeugt, daß die Gesamtmenge in unserem Land auf die Hälfte des bisherigen Stands gesunken wäre. Dabei ist die Schadstoffverringerung durch ein Tempolimit (und erst recht durch Abgaskatalysatoren an Autos) nicht einmal berücksichtigt.

Insgesamt hätte eine Bundesrepublik, die ihre Energiewirtschaft und ihr Verkehrswesen am gesamtwirtschaftlichen statt am einzelwirtschaftlichen Vorteil ausrichtet, im Jahre 1985 ihre Luftverunreinigung durch Schwefeldioxid und Stickoxide um weit mehr als die Hälfte verringert. Daher ist es erlaubt, auch die gesamtwirtschaftlichen Schadenskosten durch Luftverschmutzung um mehr als die Hälfte niedriger anzusetzen. Statt 17 Milliarden DM wären dann nur etwa 8 Milliarden DM angefallen.

Rund 9 Milliarden DM wurden im Jahre 1985 für die Reparatur von Schäden durch verschmutzte Luft gebunden, die unter anderen gesellschaftlichen Umständen erst gar nicht zustande gekommen wären. 9 Milliarden DM wurden infolge kapitalistischer Luftverschmutzung vergeudet.

Die Frontstadt

Blauer Dunst in Westberlin

Bremen, 17. März 1983. Hinter einem Transparent der Gewerkschaft Nahrung-Genuß-Gaststätten (NGG) marschieren Hunderte zum Haus der Bürgerschaft. Sie protestieren gegen den »Wahnsinn der Berlinförderung«. Der Beobachter ist verwirrt. Was haben die Bremer gegen die Berliner? »Berlinförderung – Gefahr für bremische Arbeitsplätze« ist zu hören. Und dann erfährt man: Die Martin Brinkmann AG, eines der fünf großen Unternehmen der Zigarettenbranche, Sitz in Bremen, plant, ihre Hauptmarke Lord Extra künftig in Westberlin herstellen zu lassen. Die Demonstranten kommen überwiegend aus den Brinkmann-Werken, wo über 2000 Arbeitsplätze auf dem Spiel stehen. Es sind auch einige aus der Kaffeeindustrie auf der Straße, von Jacobs, Eduscho, HAG-Onko, denn auch die Bremer Kaffeefirmen lassen in Westberlin ihre Bohnen rösten oder haben es vor.

Ein Gewerkschafter mit einem Flugblatt erklärt: Alle großen Zigarettenfirmen lassen in Westberlin produzieren. Die »Marlboro« kommt von dort, die Camel Filter, die Peter Stuyvesant, und wie die großen Markenzigaretten alle heißen. »Jetzt will auch die Brinkmann AG mit der Lord Extra von der Berlinförderung profitieren.

Hier in Bremen«, erzählt er weiter, »kommen Rohtabak und Rohkaffee aus Übersee an. Logisch, daß die großen Zigarettenfabriken und Kaffeeröstereien hier entstanden sind, ebenso in Hamburg. Sie produzieren für die ganze Bundesrepublik. Aber seit Jahren werden blühende Betriebe stillgelegt, weil die Geschäftsleitung die Verlagerung nach Westberlin beschließt. Man sagt, sie stecken dort mehr Subventionen ein, als sie an Löhnen bezahlen müssen.« Genuß im Stil der neuen Zeit – sollten die Zigarettenfirmen bei ihren Werbetexten insgeheim an die Berlinprofite denken?

Die Tabakarbeiter Bremens haben nichts gegen ihre Westberliner Kollegen. Sie wissen aber, daß dort nur ein Bruchteil der Arbeitsplätze wieder auftaucht, die in Bremen verschwinden. Denn auch die Rationalisierung wird vom Westberliner Senat finanziert. Volkswirtschaftlich ist das nach Meinung der NGG unsinnig. Warum neue Betriebe in Westberlin, wenn die alten in Bremen noch intakt sind? Warum den Rohtabak nicht an Ort und Stelle verarbeiten, sondern ihn zur Verarbeitung und Verpackung nach Westberlin fahren, von wo er wieder – als fertige Zigarette – in die Bundesrepublik zurückbefördert werden muß?

Genug über Bremen. Inzwischen wird die Lord Extra längst in Westberlin fabriziert – wie fast 75 Prozent aller in der Bundesrepublik gerauchten Markenzigaretten.[1] Wie ist das aber mit Westberlin? Bereichert sich diese Stadt tatsächlich auf Kosten der Bundesrepublik? Auf den ersten Blick scheint es so, wenn man an die über sechzehn Milliarden jährlichen Subventionen aus dem Bundeshaushalt denkt, die für »Berlinförderung« eingesetzt werden.

> Wenn ein Unternehmen eine Betriebsstätte verlagert, wird die Produktion meist zugleich auch rationalisiert. Als die Zigarettenfabrik Brinkmann die Produktion ihrer Marke »Lord Extra« nach Berlin verlegte, entstanden dort zwar 49 Arbeitsplätze. In Bremen jedoch, dem bisherigen Produktionsstandort, verschwanden 350. Eine weitere bevorstehende Produktionsverlagerung wird in Berlin 100 Arbeitsplätze schaffen, in Bremen aber 1 000 kosten.
>
> *Quelle: Stern 35/84*

Hört man den Westberliner Wirtschaftssenator reden, dann muß diese »Berlinförderung« ein wahres Wirtschaftswunder in der Stadt ausgelöst haben. »Janz dicke da, wa?« wird in der Zeitschrift »Wirtschaftswoche« geprahlt.[2] »Wir sind das größte

Industriezentrum zwischen Moskau und Paris«, wird gejubelt. »Das Klima für modernste Industrieinvestitionen ist einfach bärenstark.«

Stutzig wird man allerdings im gleichen Blatt bei folgendem Argument für die »enorm gewachsene Konkurrenzfähigkeit« Westberlins gegenüber der Bundesrepublik. Es heißt, daß bereits »andere deutsche Regionen – etwa Bremen – über Abwanderung nach Berlin klagen«.[3] Was es mit Bremen auf sich hat, wissen wir schon. Sollte die Wirtschaftsblüte Westberlins überall so künstlich erzeugt sein wie bei der Zigarettenindustrie? Oder existiert diese Wirtschaftsblüte etwa gar nicht?

Wenn man die Westberliner Wirtschaft näher betrachtet, kommt man in der Tat sehr schnell zu dem gleichen Urteil über die markigen Sprüche des CDU-Senats wie die marxistische Zeitschrift »konsequent«: Mit der wirklichen, nämlich miserablen Wirtschaftslage hätten die marktschreierischen und von Wunschdenken geprägten Senatsreden so viel zu tun wie »Schneefall mit der Sahara«.[4] Dem blauen Dunst des Senats hält die Zeitschrift die Zunahme der Arbeitslosen und Unternehmenspleiten entgegen und zieht von den – vom Senat ausschließlich erwähnten – neuen Betrieben diejenigen ab, die in den letzten zwei Jahren dichtgemacht haben. Ergebnis: Im verarbeitenden Gewerbe sind es über 100 weniger geworden.

Westberlin hat keine blühende Wirtschaft und schon gar keine blühende Industrie. Der Glanz der alten Reichshauptstadt – Zentrum der deutschen Investitionsgüterindustrie – ist längst dahin. Experten sprechen von »Auszehrung«[5] und meinen damit den Zerfall einer eigenständigen Industrie in der Stadt seit über 35 Jahren.

Die verbilligte Werkbank

Die wirtschaftliche Auszehrung Westberlins begann mit der 1949 von den Westalliierten betriebenen künstlichen Abspaltung und Herauslösung der Westsektoren aus dem gewachsenen Wirtschaftsgefüge, in welches die gesamte Stadt eingebettet war. In dieser Zeit setzte die politische und geistige Aufrüstung Westberlins zur »Frontstadt« gegen die DDR ein, ihre Formierung zur »Speerspitze der Freiheit« im Herzen von »Ulbrichts Unrechtsstaat«, wie die DDR in der Sprache jener Zeit genannt wurde.

Der für Westberlin jahrezehntelang typische aggressive Antikommunismus, das hysterische Klima des Kalten Kriegs gegen den Nachbarn DDR mochten vielleicht auf Geheimagenten und Dunkelmänner aller Art anziehend wirken, auf Ewiggestrige, die dem Einmarsch der Bundeswehr durchs Brandenburger Tor entgegenfieberten. Aber die Frontstadtpolitik zog nicht das an, was Westberlin wirklich brauchte: industrielle Investitionen, eine rege, weltoffene Geschäftstätigkeit.

Die Bundesrepublik Deutschland rechnet auch die Berlin-Ausgaben zu den Verteidigungsausgaben, da sie Berlin (West) im Interesse der freien Welt sichern helfen. Sie werden von der NATO zwar als Verteidigungsausgaben nicht anerkannt, sind aber seit dem Jahre 1963 in den Jahresübersichten der NATO ausgewiesen.
Zu diesen finanziellen Leistungen gehört vor allem der Zuschuß des Bundes zum Haushalt Berlins, aber auch die Förderung der Arbeitsaufnahme in Berlin und des Verkehrs zwischen dem Bundesgebiet und Berlin, die Erstattung der Gebühren für die Einreise von Berlinern nach Berlin (Ost) und in die DDR oder die Unterstützung gesamtdeutscher kultureller Veranstaltungen in Berlin.
Diese Leistungen des Bundeshaushalts haben seit Jahren kontinuierlich zugenommen. Die Finanzplanung der Bundesregierung sieht vor, daß diese Ausgaben weiter steigen. Dies ist Beweis dafür, welche Bedeutung die Bundesregierung der Lebensfähigkeit Berlins als dem Vorposten des Westens und einem Symbol der Freiheit beimißt.

Quelle: Bundesminister der Verteidigung, Weißbuch 1985, S. 107 u. 131.

Ganz im Gegenteil. Die führenden deutschen Unternehmen mit Berliner Stammsitz kehrten der Stadt reihenweise den Rükken. Das Ziel der Neuansiedlung war die Bundesrepublik. Siemens und AEG etwa, die Spitzen der deutschen Elektroindustrie und Eigentümer der größten Westberliner Betriebe, leiteten ihre Konzerne nicht mehr von Westberlin, sondern von München bzw. Frankfurt am Main aus. Ihr ehemaliger Stammsitz sank zur »verlängerten Werkbank«[6] herab, zur bloßen Filiale, wo – überspitzt formuliert – leicht verstaubte Elektromotoren und technisch einfache Produkte hergestellt wurden. Die forschungsintensive moderne Spitzentechnologie entstand in den neuen Wachstumsregionen der Bundesrepublik.

Aber es waren nicht allein Sicherheitsgedanken, die deutsche Spitzenunternehmen zum Rückzug von der Spree veranlaßten. Wichtiger war der Standortnachteil der Stadt gegenüber den industriellen Ballungszentren der Bundesrepublik. Damit ist gar nicht so sehr die große Entfernung Westberlins von seinem nahezu einzigen Absatzmarkt gemeint. Gewiß ist das ein Hindernis. Und es dürfte nirgendwo in der Welt ein zweites Wirtschaftsgebiet geben – meeresumspülte Inseln ausgenommen –, das über neunzig Prozent seiner Industrieproduktion auf einen Markt liefert, der nach 200 Kilometern Luftlinie überhaupt erst anfängt. Doch Transportwege spielen, zumindest in Mitteleuropa, keine so bedeutende Rolle mehr, und in mancher Hinsicht liegt Westberlin verkehrsmäßig sogar günstiger als etwa München oder Stuttgart.

Der Grund für das Desinteresse der industriellen Großkonzerne an Westberlin ist verständlich: Industrielle Spitzentechnik braucht qualifizierte Fachkräfte, Forschungs- und Entwicklungseinrichtungen, Zulieferbetriebe und Absatzketten, mit einem Wort: ein hochentwickeltes wirtschaftliches Umfeld. Betrachtet man die Landkarte der Bundesrepublik, sieht man die Wachstumsindustrien in solchen Räumen konzentriert, die diese Voraussetzungen bieten. Gerade darin besteht die Schwäche Westberlins, seit es aus seinem gewachsenen Umland herausgerissen wurde, aus dem es mit Arbeitskräften, Vorprodukten und Dienstleistungen versorgt wurde und in das es die

Masse seiner Industriewaren lieferte. Abgespalten von den Lebensadern einer modernen Wirtschaftsentwicklung, ist die Teilstadt zu eigenständiger industrieller Hochleistung nicht mehr fähig, und dies umso weniger, je mehr seine Wirtschaft einseitig nur für den Absatzmarkt Bundesrepublik produziert, je mehr seine Wirtschaft von außen gesteuert wird.[7]

> Bände spricht das Beispiel Nixdorf: Für die subventionsträchtige Fertigung mit freilich nur wenigen hochdotierten Arbeitsplätzen baut man gerade eine neue Fabrik in Berlin. Das lohnintensive und »hauptstädtische« Entwicklungszentrum dagegen hat man praktisch zur gleichen Zeit nach München vergeben.
>
> *Quelle: FR, 21. 6. 86*

Dem scheint zu widersprechen, daß die Großkonzerne der Bundesrepublik in Westberlin immerhin umfangreiche Fertigungsstätten unterhalten. Was dort poduziert wird, könnte zwar an jedem beliebigen Ort der Bundesrepublik ebensogut hergestellt werden – und sicherlich auch kostengünstiger, weil die Hin- und Rücktransporte entfielen. (Allein 3000 Lkws täglich im Westberlin-Transit!) Jedoch: Westberlin ist nach wie vor gesuchter Produktionsort vieler Unternehmen.

Woran liegt das? Haben die Großkonzerne Heimweh nach dem Kurfürstendamm?

Für gewöhnlich spielen Gefühle keine große Rolle, wenn es um Konzerngewinne geht. Und in der Tat halten die ehemaligen Berliner Unternehmen in Westberlin Fabriken aufrecht, verlagern bundesdeutsche Konzerne Teile ihrer Fertigung dorthin, ja wandern fast ganze Branchen, wie die Zigarettenindustrie, nach Westberlin aus – nur mit dem einen Ziel vor Augen: Subventionen.

Camel: Der Weg lohnt sich

Sie sind so erstaunlich hoch, die Steuergeschenke für Produktion in Westberlin, daß die mit der Unternehmensanwerbung betraute Berliner Industriebank in ihrer Broschüre recht hat: »eines der umfassendsten Systeme regionaler Wirtschaftsförderung, das heute in den industrialisierten Staaten der westlichen Welt in Kraft ist«.[8]

Schon Anfang der fünfziger Jahre, als die ersten Unternehmen aus Westberlin verschwanden, wurde versucht, sie mit steuerlichen Anreizen in der Stadt zu halten. Die »Berlinhilfe«, später vornehmer »Berlinförderung« genannt, erstreckte sich bald auf alle Bereiche des Unternehmensertrags. Investitionszulagen, Abschreibungsvergünstigungen, Kreditverbilligungen, Einkommensteuersenkungen wurden derart massiv gewährt, daß die Steuerersparnis nicht selten höher ausfiel als die in Westberlin ausgezahlte Lohn- und Gehaltssumme. So geht es zum Beispiel bei einem »erfolgreich« angesiedelten Unternehmen aus der Verpackungsbranche zu, bei der Firma Tetra-Pak.[9]

Das Kernstück der »Berlinförderung« sind allerdings die Vergünstigungen bei der Umsatzsteuer (Mehrwertsteuer): Jedes Westberliner Unternehmen, das Waren in die Bundesrepublik liefert, bekommt 4,5 Prozent des dabei erzielten Verkaufserlöses vom Staat dazugezahlt. (In der Praxis darf das Unternehmen seine Umsatzsteuer an das Finanzamt um diesen Betrag kürzen.) Diese sogenannte Umsatzsteuerpräferenz gilt aber auch auf der Abnehmerseite: Der bundesdeutsche Käufer von in Westberlin hergestellter Ware darf seine Umsatzsteuer ebenfalls um etwa 4 Prozent des Rechnungsbetrags verringern (normalerweise sogar um 4,2 Prozent – nach Berlinförderungsgesetz § 2). Offizielles Ziel dieser Maßnahme: Verbilligung der Westberliner Ware auf dem Markt der Bundesrepublik. Das Förderungssystem mittels Umsatzsteuerpräferenz wird von sämtlichen am Handel zwischen der Bundesrepublik und Westberlin beteiligten Firmen natürlich ausgiebig genutzt. Daß es zur Verbilligung Westberliner Produkte in der Bundesrepublik nur wenig beiträgt, leuchtet jedoch ein, denn besonders lukrativ wird ein

»Berlingeschäft« dann, wenn der Westberliner Verkäufer und der bundesdeutsche Käufer ein und derselbe Unternehmer sind. Dann wird doppelt kassiert. Das ist zwar gesetzlich nicht vorgesehen, weil der Käufer ein »westdeutsches Unternehmen« sein soll. Aber niemandem ist es verboten, ein solches westdeutsches Unternehmen zusätzlich zu einem Unternehmen in Westberlin zu gründen und zu betreiben. Da die Umsatzsteuervergünstigung in der Praxis also zumeist zweimal eingestrichen wurde, hat sich der Gesetzgeber in den siebziger Jahren damit abgefunden und die Vergünstigung für Konzerninnenumsätze sogar ausdrücklich erlaubt.[10]

Bei einer halbwegs geschickten Konstruktion kann ein Konzern beide Subventionen selbst einstreichen, und dies entspricht der gängigen Praxis. Im Ergebnis erzielt eine multiregionale Firma eine Gesamtförderung zwischen 7,2 und 14,2 Prozent ihres Geschäfts. Die meisten publizitätspflichtigen Firmen verstecken die Gelder in Sammelposten wie »übrige Erträge«, und dabei ist es sehr bemerkenswert, wie diese 1985 in die Höhe geschnellt sind. Beim Pharma-Konzern Schering, dem zweitgrößten industriellen Arbeitgeber der Stadt, weist die entsprechende Position ein Plus von 28 Prozent aus.

Quelle: FR, 21. 6. 1986

Nun könnte man sich an dieser Stelle durchaus unterhaltsam über den Westberliner Steuerdschungel auslassen. Vor allem ist es immer wieder bemerkenswert, welchen Ideenreichtum Spekulanten und Freunde des schnellen Geldes entwickeln. An dieser Stelle soll jedoch der Hinweis genügen, daß alle Steuersubventionen, die der Westberliner Senat vergibt (und die er sich aus dem Bundeshaushalt, also vom bundesdeutschen Steuerzahler, wiedergeben läßt), nicht dazu beigetragen haben, aus Westberlin ein dynamisches Industriezentrum zu machen.

Das Gegenteil ist der Fall: Die Großkonzerne der Investitionsgüterbranche, wie Siemens oder AEG, noch heute mit Abstand die zwei »Größten« in der Stadt, kassierten zwar kräftig die Steuergeschenke für ihre Westberliner Produktion, die ohnehin für die Bundesrepublik bestimmt war (und zwar oftmals gleich doppelt). Es siedelten sich auch ein paar neue Großkonzerne der Steuern wegen in Westberlin an, aus der Autobranche z. B. Daimler, der in Westberlin Kurbelwellen und Ölpumpen anfertigen läßt, oder BMW, das die Montage von Motorrädern auf Westberliner Boden verlegt hat. Auch Ford ließ sich vom Steuerzahler eine Produktionsstätte mitfinanzieren, in der steuerbegünstigt Autoteile gefertigt werden. Aber am Gesamtcharakter der Westberliner Industrie, nämlich lediglich ausführende Fertigungsstätte für bundesdeutsche Konzernentscheidungen zu sein, hat sich nichts geändert. Insgesamt hat die staatliche »Berlinförderung« die Schrumpfung der Industrie nicht verhindert. Die Vernichtung von Arbeitsplätzen in der Elektroindustrie und im Maschinenbau ging sogar noch rascher voran als in der Bundesrepublik.[11] Subventionen konnten eine Zeitlang veraltete Produktionsverfahren aufrechterhalten. Aber den grundsätzlichen Nachteil der Westberliner Wirtschaft gegenüber bundesdeutschen Industriezentren vermögen sie nicht aufzuheben, schon gar nicht, wenn es bundesdeutsche Großkonzerne sind, die die »Berlinförderung« einstreichen.

Während die wichtigsten Branchen der Westberliner Investitionsgüterindustrie trotz oder wegen der Subventionen eingeschränkt wurden, fand gleichzeitig eine wahre Invasion von solchen Branchen nach Westberlin statt, auf die es die Subventionierer gerade nicht abgesehen hatten. Binnen weniger Jahre wurde die Stadt zum Zentrum der tabak-, kakao- und kaffeeverarbeitenden Industrie für den bundesdeutschen Markt. Alle fünf Zigarettenkonzerne, die sich den Markt der Bundesrepublik teilen, haben ihr »Werk in Berlin« – ihren Unternehmenssitz natürlich nicht. Bezeichnend ist, daß Zigarettenhändler heutzutage zwischen B-Ware und Nicht-B-Ware unterscheiden, wobei »B« für »Berlin« steht; von dort kommen zirka drei Viertel aller Glimmstengel. Von den führenden Kaffeefirmen lassen

Jacobs, Eduscho und Tchibo ihren in Hamburg oder Bremen angelieferten Rohkaffee zu erheblichem Teil nach Westberlin zum Rösten schaffen. Fast 30 Prozent des in der Bundesrepublik getrunkenen Kaffees wird aus Westberlin geliefert.[12] (Interessant ist ein Bericht auf der Arbeiterkonferenz der Sozialistischen Einheitspartei Westberlins 1983. Ihm zufolge beschäftigten die Kaffeeröster 1982 nur 900 Personen, erhielten aber 90 Millionen Subventionen. Pro Kopf also 100 000 DM. Die Lohnkosten für einen Beschäftigten betrugen aber nur 33 000 DM.) Die Hin- und Hertransporte Bundesrepublik – Westberlin und zurück sowie die Betriebsschließungen im norddeutschen Küstenraum scheinen sich für die privaten Unternehmer also zu lohnen.

Daß ausgerechnet die Zigaretten- und Kaffeeindustrie nach Westberlin drängt, liegt erstens daran, daß die Verarbeitung relativ wenig Arbeitskräfte erfordert und kaum Zulieferer am Ort braucht. Zweitens ist der Umsatz – bei der Lieferung in die Bundesrepublik – unverhältnismäßig hoch (zumal bis 1985 auch noch die Tabak- und Kaffeesteuer als Umsatz zählten) –, so daß die Umsatzsteuerkürzung, gemessen am Gesamtaufwand, sehr stark ins Gewicht fällt. Ist es Zufall, daß ein Werbeslogan einer großen Markenzigarette lautet: »Der Weg lohnt sich«?

Wirtschaftlicher Nutzen ist für Westbelin durch die aufgeblähten Genußmittelindustrien nicht entstanden. Mit viel Subventionen wurden Branchen »eingekauft«, die kaum neue Arbeitsplätze bringen und kaum Zulieferbetriebe in Westberlin beschäftigen. Seit vielen Jahren wird in der Tabakindustrie mehr investiert (und subventioniert) als im Maschinenbau, der ehemals zweiten Domäne der Berliner Industrie nach der Elektrotechnik. Und Nahrungs- und Genußmittelindustrien insgesamt investieren mit 20 Prozent der Gesamtsumme schon fast soviel wie die Elektroindustrie (23 Prozent).[13]

Die Stadt, die nicht auf eignen Beinen steht

Der Bundeshaushalt wird durch die sogenannte Hilfe für Berlin jährlich mit über 16 Milliarden DM belastet. Darin sind auch die 4,2 Milliarden DM enthalten, die der Bund den Firmen aus dem Bundesgebiet schenkt, wenn sie etwa Westberliner Ware kaufen (Umsatzsteuerpräferenz). Diese Summe fließt nicht aus der Bundesrepublik nach Westberlin ab, sondern bleibt im Land. Sie wird bloß von der Staatskasse in die Kassen von privaten Unternehmen übertragen. Die Wirtschaftskraft unseres Landes, als ganze genommen, wird dadurch nicht geschwächt.

Tabelle 14
Belastung der Bundesrepublik durch Westberlin 1985 in Mrd. DM

Bundeszuschuß zum Berliner Haushaltsplan (darin Ausgleich Westberliner Steuermindereinnahmen enthalten)	11,2
Überschuß anderer Bundesausgaben über die Steuereinnahmen aus Westberlin	0,7
Bundeszuschüsse für Westberlin-Verkehr (Flugverbilligung und 50% der Transitgebühr)	0,4
Summe	12,3

Zum *Bundeszuschuß* s. Bundeshaushaltsplan 1986 (Entwurf), EP 60, S. 37.
Die *Westberliner Steuermindereinnahmen* entstehen durch Maßnahmen nach dem Berlin-Förderungs-Gesetz (erhöhte Abschreibungen, Steuerermäßigungen für Kreditvergabe, Investitionszulagen, Ermäßigungen bei der Einkommensteuer, Arbeitnehmer-Zulage und Kürzungsansprüche bei der Umsatzsteuer) und durch den extrem niedrigen Hebesatz bei der Gewerbesteuer.
Der *Überschuß anderer Bundesausgaben über Steuereinnahmen aus Westberlin* kommt daher, daß – rechtswidrig – Westberlin wie ein Bundesland der Bundesrepublik behandelt wird. D.h. es wird die Differenz gebildet zwischen den Steuern, die der Bund aus dem »Land Berlin« einnimmt (4,77 Mrd.), und den Bundesausgaben für das »Land Berlin« (5,45 Mrd): 0,68 Mrd.
An *Bundeszuschüssen für Westberlin-Verkehr* wurden die 97 Mio. Subventionen an die Luftverkehrsgesellschaften Pan Am, BEA und Air France berechnet. Die Transitpauschale für die Straßenabnutzung in der DDR wurde nur zur Hälfte als Westberlin-Förderung angerechnet, weil nur die vom Bund übernommenen Kosten für Westberliner Autos als unmittelbare Westberlin-Subvention zu werten sind, nicht aber die Bezahlung der von bundesdeutschen Autos verursachten Straßenabnutzung.
Quellen: Bundeshaushaltsplan 1986, Finanzbericht 1986, Zehnter Subventionsbericht, 1985.

Diese 4 Milliarden DM Steuergeschenke sind – vom Standpunkt der Bundesrepublik aus betrachtet – nicht vergeudet.

Anders die restlichen 12,3 Milliarden DM sogenannter »Berlinhilfe«. Sie belasten nicht nur den Bundeshaushalt, sondern die Bundesrepublik. Wenn etwa der Westberliner Senat den Firmen seiner Stadt 4 Milliarden DM Umsatzsteuern schenkt und ihm die Bundeskasse dafür das entstandene Loch im Verwaltungshaushalt stopft, dann ist dieser Betrag für die Bundesrepublik verloren. Wenn der Westberliner Senat »seine« Firmen durch einen – gegenüber bundesdeutschen Städten – extrem niedrigen Hebesatz bei der Gewerbesteuer steuerlich entlastet, wofür er sich die Steuerausfälle aus der Bundeskasse wiederholt, verhält es sich genauso. Der Bund zahlt in die Westberliner Haushaltskasse aber noch mehr ein, nämlich insgesamt 12,3 Milliarden DM (Tabelle 14). Der Grund liegt darin, daß sich der Bund verpflichtet hat, dem Westberliner Senat das Haushaltsloch nicht nur in Höhe der Steuerausfälle zu stopfen, sondern in seinem Gesamtumfang. Der Westberliner Senat müßte demzufolge besonders stark zu Mehrausgaben neigen, und das ist auch tatsächlich der Fall.

Neben den Kosten für alle möglichen Prunkbauten, die sich die »Frontstadt« leistet, um als »goldener Westen« und »eigentliche Hauptstadt Deutschlands« zu glänzen, soll hier beispielhaft auf drei Punkte hingewiesen werden: Als einzige deutsche Stadt ist Westberlin an kein Stromverbundnetz angeschlossen. Statt den Strom aus dem DDR-Netz zu beziehen – Angebote der DDR lagen vor –, unterhält Westberlin eigene Großkraftwerke mit teuren Überkapazitäten. Wie die »Wirtschaftswoche« behauptet, geschieht dies auf Geheiß der westlichen Alliierten.[14] Diese übrigens kosten den bundesdeutschen Steuerzahler ebenfalls eine Menge Geld: Die Besatzungskosten in Westberlin betragen laut Finanzbericht (S. 103) runde 1,4 Milliarden DM. Weiter: Angeblich um »politische Risiken« bei der Gasversorgung auszuschalten, sollen für das sowjetische Erdgas gigantische unterirdische Speicher angelegt werden, die so große Menge horten können, daß Westberlin ein ganzes Jahr einer sowjetischen »Gasblockade« durchstehen kann. Es ist klar, daß eine derartige Frontstadt-Mentalität – oder wie es heute zurückhaltend heißt: die »besondere politische Lage« – ihren Preis hat.

Die Gelder aus dem Bundeshaushalt sind nicht deshalb vergeudet, weil sie überhaupt gezahlt werden, sondern weil sie in Westberlin selbst zu massiven Fehlentwicklungen und zur weiteren Auszehrung der dortigen Industrie beitragen – die Stadt eben nicht zu wirtschaftlicher Selbständigkeit befähigen. Andererseits werden mit den öffentlichen Mitteln Unternehmen der Bundesrepublik für Geschäfte belohnt, die ebensogut auch ohne Steuervergünstigungen durchgeführt würden, wenn auch wahrscheinlich dann in geringerem Maße in Westberlin.

Ein lebendiges und selbständiges Zentrum zukunftsträchtiger Industriezweige kann Westberlin auf diese Weise nicht werden. Jedenfalls solange nicht, wie die wirtschaftliche Beherrschung von außen andauert. Die wirtschaftliche Schwächung Westberlins nach seiner Abspaltung von seinem natürlichen Einzugs- und Absatzgebiet nutzen die heute in der Bundesrepublik angesiedelten Unternehmen aus und machen sie zum Dauerzustand, an dem sie – durch die Subventionen – auch noch kräftig verdienen.

Darin, daß Westberlin überhaupt endlich die Hoheit über seine eigene Wirtschaft erlangt und unabhängig von auswärtigen Unternehmen über die Entwicklung seiner Industrie entscheidet, liegt ein wichtiger Schritt zu einer eigenständigen Wirtschaftsregion in Mitteleuropa. Ein weiterer wesentlicher Schritt in Richtung auf ein modernes Westberlin besteht darin, von der einseitigen, für seine Industrie schädlichen Ausrichtung auf den Absatzmarkt Bundesrepublik wegzukommen und sich gleichzeitig stärker wirtschaftlich mit seiner natürlichen Umgebung, der heute hochentwickelten DDR, zu verflechten. Das ist ein Standortvorteil, den keine Region der Bundesrepublik aufweisen kann und aus dem sich neue Impulse für ein eigenständiges industrielles Wachstumszentrum entwickeln könnten.

Das setzt voraus, daß sich Westberlin politisch nicht länger als Frontstadt gegen die DDR mißbrauchen läßt, bedeutet aber selbstverständlich nicht das Ende der Handelsbeziehungen mit der Bundesrepublik. Vielmehr kann die Beziehung zur Bundesrepublik von eigenständiger Grundlage aus gleichberechtigt neugestaltet werden. Dazu ist es notwendig, mit den sozialistischen Ländern wirtschaftlich zusammenzuarbeiten, übrigens mit dem Vorteil eines stabilen Markts, der nicht die Unsicherheiten und Schwankungen kapitalistischer Krisen aufweist.

Der Bundesbürger müßte dann weder für eine gefährliche Frontstadtpolitik Geld aufbringen, noch für eine Subventionierung des Westberlinprofits bundesdeutscher und Westberliner Unternehmen. Bundesdeutsche Unternehmen mögen dann weiterhin in Westberlin produzieren und einkaufen oder auch nicht. Staatliche Belohnungen dafür in Form von Subventionen sind aber völlig überflüssig. Eine *ausführende* Wirtschaftsregion mag Subventionen brauchen, eine *führende* Wirtschaftsregion nicht.

Solange Westberlin bleibt, was es ist, ist kein Ende der Vergeudung von staatlichen Geldmitteln aus der Bundesrepublik in die heruntergewirtschaftete »Frontstadt« abzusehen. 12,3 Milliarden DM wurden 1985 in das Westberliner Finanzloch gestopft. Dabei darf aber eines nicht vergessen werden: Das Loch, in dem bundesdeutsche Steuergelder versickern, wurde von privaten Unternehmen der Bundesrepublik gegraben.

Arzneimittel

An verschiedenen Stellen dieses Buches beschäftigen wir uns mit kostentreibenden Faktoren des Gesundheitssystems: zu viele Verkehrsunfälle, zu viele Erkrankungen infolge von Luftverschmutzung, zu viele Arbeitsunfälle und Berufskrankheiten, zu viel Drogenabhängigkeit und Alkoholismus. Deren Rückgang würde die medizinische Behandlung (1985: über 130 Milliarden DM Kosten) weniger in Anspruch nehmen und damit zu ihrer Kostensenkung beitragen.

Damit ist aber noch nichts darüber ausgesagt, welche kostentreibenden Faktoren innerhalb des Gesundheitswesens selbst wirken. Als Hauptmangel unseres Gesundheitswesens und zugleich teuersten Vergeudungsposten sehen viele Kritiker die – von den frei praktizierenden Ärzten und ihren Standesvertretungen hartnäckig verteidigte – strenge Trennung zwischen ambulanter Versorgung durch niedergelassene Ärzte in Einzelpraxen und stationärer Versorgung im Krankenhaus an. Als negative Folgen werden u. a. genannt: doppelte Diagnosen beim Arzt und im Krankenhaus,[1] daraus folgende längere und teurere Verweildauer im Krankenhaus,[2] Unterordnung der Einzelpraxis unter das Ziel maximaler Einkommenserzielung,[3] wirtschaftlicher Druck auf den Einzelarzt, seine teure Medizintechnik auszulasten und oft überflüssigerweise einzusetzen.[4] Unsinnig, weil dadurch höhere Verwaltungskosten verursacht werden, ist außerdem die Aufteilung der Krankenversicherung in gesetzliche und private Krankenkassen, wie überhaupt die zunehmende Privatisierung das Gesundheitswesen nicht verbilligt, sondern verteuert.[5]

Eine Analyse der Gesamtverschwendung im Gesundheitswesen steht noch aus. Im folgenden greifen wir das Problem der Arzneimittel heraus, wobei wir uns darüber im klaren sind, daß wir damit nur einem Teil der Vergeudung im Gesundheitswesen auf den Leib rücken.

Ein Wirkstoff mit zwanzig verschiedenen Namen

Dem Arzneimittelmarkt ist mit anderen Märkten gemein, daß die Umsatzgewinne einzelner Anbieter in der Regel zu Lasten anderer Anbieter gehen und umgekehrt. Allerdings kann man auf dem Arzneimittelmarkt ganz besondere Erscheinungsformen der Vergeudung entdecken.

Werfen wir zunächst einen Blick auf die zehn umsatzstärksten Arzneimittel, die von Kassenärzten verordnet wurden. Die führenden Zehn machen etwa 10 Prozent des Gesamtumsatzes aus. Auf dieser Hitliste gibt es im Jahresvergleich 1983 auf 1984 einige deutliche Veränderungen.

Tabelle 15
Die zehn führenden Marken-Arzneimittel nach dem Umsatz in Mio. DM

1983			1984		
Handelsname	Hersteller	Umsatz	Handelsname	Hersteller	Umsatz
1 Euglucon	(Hoechst/Boehr.)	284	1 Adalat	(Bayer)	331
2 Adalat	(Bayer)	216	2 Voltaren	(Geigy)	185
3 Tagamet	(Smith Kline)	186	3 Tagamet	(Smith Kline)	182
4 Isoket	(Pharma-Schwarz)	169	4 Trental	(Hoechst)	180
5 Voltaren	(Geigy)	165	5 Isoket	(Pharma-Schwarz)	175
6 Trental	(Hoechst)	161	6 Euglucon	(Hoechst/Boehr.)	148
7 Briserin	(Sandoz)	132	7 Briserin	(Sandoz)	130
8 Felden	(Mack, Pfizer)	108	8 Usodril	(Lipha)	109
9 Lexotanil	(Roche)	101	9 Sostril	(Merck)	102
10 Dusodril	(Lipha)	100	10 Lexotanil	(Roche)	97

Quelle: Arzneimittelverordnungen 1983 u. Arzneiverordnungs-Report '85, Liste Pharmindex IV/85, versch. Geschäftsberichte.

Zu dem mit weitem Abstand umsatzstärksten Produkt des Jahres 1984 hat sich das Herzmittel Adalat entwickelt; es hat das Diabetes-Mittel Euglucon, das gemeinsam von Hoechst und Boehringer/Mannheim vertrieben wird, fünf Plätze nach unten verwiesen. Adalat stammt von Bayer, nach Hoechst der zweitgrößte Pharmakonzern der Bundesrepublik, bzw. der drittgrößte der Welt. Allerdings liegt der weltgrößte Pharmahersteller Hoechst mit dem Herz-Kreislauf-Mittel Trental auch 1984 noch gut plaziert. Bemerkenswert ist neben den beiden bundesdeutschen Pharmagiganten die große Zahl ausländischer Anbieter: Das sind die Schweizer Pharmamultis Ciba-Geigy, Sandoz und Hoffmann-La Roche, die Firma Lyonnaise Pharmaceutique (Lipha) aus Frankreich und Smith Kline aus den USA. Die restlichen BRD-Unternehmen sind von mittlerer Größe.

Unter den Marktführern von 1984 rangieren fünf Präparate aus dem Bereich der Herz-Kreislauf-Mittel, entsprechend deren großem Gewicht im heutigen Spektrum schwerer Erkrankungen (Platz 1, 4, 5, 7, 8). Nummer 2 (1984) ist ein Rheumamittel, 3 und 9 werden bei Magen-Darm-Krankheiten eingesetzt, 6 bei Diabetes, und 10 ist ein Psychopharmakon.

Es lohnt sich, den Spitzenreiter des Jahres 1984 näher zu betrachten. Adalat enthält den Arzneistoff Nifedipin und wird vor allem bei Herzinfarkt verschrieben. Exakt derselbe Wirkstoff wird in gleichen Packungsgrößen unter anderen Markennamen von noch zehn weiteren bundesdeutschen Herstellern angeboten, und zwar ebenfalls als Monopräparat, also nicht mit anderen Wirkstoffen kombiniert.[6] Doch nicht einmal unter die ersten 250 umsatzstärksten Medikamente gelangte ein einziges dieser Nifedipin-Präparate, obwohl die Tabletten fast alle nur halb so teuer waren wie die Bayer-Pillen.

100 Retard-Tabletten mit je 20 mg Nifedipin kosteten als »Adalat« (Bayer) 110,55 DM, aber z. B. als »Nifical« (Beiersdorf) nur 49,75 DM oder als »duranfin« (Durachemie) 49,85 DM, und auch als »Nife-Puren« (Klinge-Nattermann Puren) waren sie noch für 66,35 DM zu haben.[7]

Die Pharmaabteilung des Bayer-Konzerns kann zufrieden sein. Die Vermarktungsaufwendungen für ihren Umsatzschlager machen sich bezahlt. Der hohe Preis ist gegen alle Konkurrenten durchsetzbar. Tatsächlich verschrieben die Ärzte dieses Herzmittel 1985 fast anderthalbmal so oft wie im Jahr zuvor.

Beim Pharmariesen Hoechst liegt es nicht anders. Auch hier scheinen die Ärzte den Firmennamen zu verordnen, nicht den Arzneistoff: 92 Prozent aller Glibenclamid-Verordnungen zur Behandlung von Altersdiabetes tragen den Namen »Euglucon«, ein im April 1969 eingeführtes Präparat von Hoechst und Boehringer Mannheim; 120 Tabletten Euglucon N kosten 39,40 DM, 120 Tabletten des wirkstoffgleichen »Glibenclamid Rekur« 9,50 DM. Nebenbei: 13 weitere Hersteller bieten dieses Mittel zu ebenfalls niedriger liegenden Preisen an.

Selbst der Chemiegroßkonzern BASF, der das Pharmageschäft in viel geringerem Ausmaß – über seine Tochtergesellschaft Knoll – abwickelt, kann mit dem Vertrauen in seinen Namen gute Umsätze machen: 96 Prozent aller Verapamil-Rezepte lauten noch immer auf das Herzmittel »Isoptin« (Knoll), das bereits im Januar 1963 auf den Markt kam. In der Hitliste von 1984 hält es immerhin den 13. Platz mt 90 Millionen DM Umsatz.[8] 100 Dragees »Isoptin« kosten 27,70 DM, die gleiche Menge an wirkstoffgleichen Dragees »durasoptin« (Durachemie) nur 14,95 DM. Die acht anderen Hersteller desselben Produkts bieten es ebenfalls billiger an.[9]

Unter den 250 umsatzstärksten Medikamenten nicht vertreten zu sein, ist keine Schande: In der Bundesrepublik sind rund 70 000 industriell hergestellte, verschieden benannte Arzneimittel im Handel.[10] Wohlgemerkt 70 000 Arzneimittel, die es jeweils wiederum in unterschiedlichen Packungsgrößen, in unterschiedlichen Darreichungsformen (Tabletten, Tropfen, Kapseln, Dragees, Saft oder Salben) und in verschiedener Wirkstärke (z. B. 10 statt 5 mg Arzneistoff pro Tablette) gibt. Daß ein großer Teil der industriell gefertigten Arzneimittel überflüssig ist, wagt niemand mehr zu bestreiten. Selbst die pharmazeutische Industrie gibt zu, daß sich die Arzneimittelnachfrage zu 93 Prozent auf 2000 Medikamente konzentriert.[11] Andere Länder kommen mit weit weniger Mitteln als die Bundesepublik aus. In Frankreich werden 4500 Fertigarzneimittel angeboten, in den Niederlanden 2200 in Norwegen und in der DDR nur rund 2000.[12]

Daß die Patienten in unseren Nachbarländen medizinisch

schlechter betreut würden, läßt sich ernsthaft nicht behaupten. Wohl aber das Gegenteil. Der Leiter des Bremer Instituts für Präventivforschung und Sozialmedizin, E. Greiser, nennt die Bundesrepublik in dieser Hinsicht sogar das »Schlußlicht«: »Unsere Arzneimittel sind weder so wirksam noch so sicher wie die anderer Länder.«[13] Ein Hauptgrund: Durch die unglaubliche Medikamentenflut in unserem Land ist der Markt für den einzelnen Arzt längst unüberschaubar geworden. Die Patienten können nicht sicher sein, daß ihnen nur das jeweils wirksamste und am wenigsten schädliche Mittel verschrieben wird. Denn der Arzt erhält seine pharmazeutischen Kenntnisse nicht etwa von einer unabhängigen staatlichen Informationsstelle, sondern direkt von der privaten Pharmaindustrie. Ausgerechnet von dort sollen die wissenschaftlichen Ergebnisse der Arzneimittelforschung objektiv und kritisch an die Angehörigen der Heilberufe weitergegeben werden?

Wer von Kostendämpfung im Gesundheitswesen redet, sollte zunächst einmal auf die Preisbildung der Großen der Pharmabranche achten. Dort wäre Dämpfung am ehesten angebracht, und die Ersatzprodukte mit dem niedrigeren Preis sind vorhanden. Sonst bleibt es dabei, daß die überhöhten Arzneimittelpreise den Pharmakonzernen die Mittel verschaffen, mit denen diese den Vermarktungsaufwand finanzieren, um die Ärzte an ihre teuren Produkte zu binden. Und solange die Mediziner die teuren Konzernpillen verschreiben, fließt den Pharmagiganten wieder das nötige Geld für die aufwendige Vermarktung zu. So dreht sich das Pharmakarussell im Kreise.

Doch die Vergeudung ist bereits unterhalb der Ebene der Vermarkung und Preisgestaltung angesiedelt: Sie steckt in der Produktion selbst, und zwar in der Vielfachherstellung von einem und demselben Arzneimittel. Zugegeben, es gibt auch andere industrielle Branchen, in denen gleichartige Produkte von verschiedenen Firmen hergestellt werden, z. B. in der Waschmittel- oder der Zigarettenbranche. Doch das kann kein Argument dafür sein, daß es bei Arzneimitteln genauso zugehen muß. Wenn zehn oder gar zwanzig verschiedene Pharmaunternehmen in zehn oder zwanzig Fertigungsstätten gleichzeitig einen und denselben Wirkstoff zu gleich wirkenden Pillen verarbeiten, die sich voneinander durch nichts als den Namen auf der Packung und den Preis unterscheiden, kann das nicht die gesamtwirtschaftlich effektivste Lösung der Arzneimittelversorgung sein.

Pharmacocktail – die künstliche Produktvielfalt

Die Marketingabteilung eines bundesdeutschen Pharmaunternehmens stellt fest, daß der Umsatz für sein Grippemittel ausgereizt ist. Postwendend beschließt die Geschäftsleitung den Auftrag an die »Forschungsabteilung«: Man nehme die seit Jahren auf dem Markt befindliche Substanz, füge dieser noch einen zweiten, ebenfalls längst bekannten Wirkstoff hinzu – fertig ist das neue Produkt.[14]

Das am meisten selbstverordnete Heilmittel gegen Umsatzschwäche bei bundesdeutschen Pharmaherstellern heißt Kombinationspräparat. Zusätzlich zu dem Arzneistoff, dessen Wirksamkeit gegen bestimmte Krankheiten feststeht, werden dem Medikament weitere Wirkstoffe beigemengt. Bei Grippemitteln sind beispielsweise Zugaben von Vitamin C oder Coffein beliebt. Theoretisch kann durch Wirkstoffkombinationen eine unendlich große Zahl »neuer« Produkte entstehen. In der Tat: »Etwa 80% der auf dem bundesdeutschen Arzneimittelmarkt angebotenen Fertigarzneimittel sind fixe Kombinationen aus zwei oder mehreren Arzneistoffen.«[15]

Namhafte Mediziner und Pharmakologen bezeichnen diese Mischpräparate als Behandlung nach dem Maschinengewehrprinzip (»Von vielen Kugeln, bzw. Wirkstoffen, trifft eine bestimmt«); therapeutisch gesehen sind sie zumeist unsinnig. Ausgeheckt werden sie in den Forschungsabteilungen der Hersteller ohnehin nicht aus therapeutischen Gründen, sondern um das eigene Medikament durch die Beigabe anderer Wirkstoffe vom Arzneimittel der Konkurrenten abzugrenzen. Zumindest dem Arzt, der das »neue« Produkt verschreiben soll, soll glaubhaft versichert werden können, daß ihm nunmehr ein noch besseres zur Verfügung stehe. Zusammen mit der Überredungskunst des Pharmavertreters kann die Wirkstoffbeigabe tatsächlich die Absatzchancen der längst bekannten Arznei wieder verbessern.

In diesem Fall haben nicht die Pharmaforscher ein neues Heilmittel entdeckt, wofür die Verkaufsabteilung die geeigneten Absatzmöglichkeiten zu finden hat. Umgekehrt: Zwecks Verkaufsförderung ist ein Produkt geschaffen worden, das es vorher nicht gab, weil es nicht nötig war; das jetzt immer noch nicht nötig ist, aber unbedingt abgesetzt werden muß. Ein Einzelfall ist solche künstliche Produktvervielfältigung nicht. Rosenbrock berichtet: »Unter den 18 262 zwischen 1965 und 1973 beim Bundesgesundheitsamt ins amtliche Register neu eingetragenen Arzneimitteln befanden sich lediglich 309 im Wirkstoff neue Arzneimittel, das sind 1,7%.«[16]

Die Autoren des von privaten Phamainteressen unabhängigen Nachschlagewerks »Bittere Pillen«, die über 2000 Medikamente prüften und bei 60 Prozent aller Präparate die Empfehlung »abzuraten« oder »wenig zweckmäßig« gaben, bescheinigten vor allem den Kombinationspräparaten »mehr Nachteile als Vorteile«,[17] weil bei ihnen die einzelnen Wirkstoffe nicht unabhängig voneinander dosiert werden können.

In Ländern mit einer strengeren Zulassungspraxis bilden Kombinationspräparate dementsprechend eine seltene Ausnahme. Medizinisch sinnvoll sind grundsätzlich die Monopräparate, die ausschließlich einen der 2–3000 verschiedenen, nachweislich wirkungsvollen Arzneistoffe enthalten. Doch die Spielregeln der ganz besonders freien Marktwirtschaft in unserem Land erlauben es, daß die volkswirtschaftlich und gesundheitlich vertretbaren 2–3000 Substanzen nicht nur unter Zehntausenden verschiedenen Markennamen angeboten, sondern auch in Zehntausenden stofflichen Abwandlungen hergestellt und angepriesen werden. Auf diese Weise kommt die kaum faßbare Zahl von 70 000 verschieden benannten Arzneimitteln in der Bundesrepublik zustande.

Der seit Jahrzehnten anhand der Kleidermode oder der Modellwechsel bei Automobilen geführte Streit über den Sinn oder

Da wird alles wie wild durcheinander kombiniert: Belladonna, Cortisone, Digitalis, Antibiotika, Sulfonamide, Enzyme, Tranquilizer, Analgetika, bronchialerweiternde Mittel, ganz zu schweigen von den wirkungslosen Substanzen oder Substanzen mit zweifelhafter Wirkung, wie viele Vitamine, sogenannte koronarerweiternde Mittel, Roßkastanie, Weißdorn und vielen anderen.

Quelle: V. Friedrich/A. Hehn/R. Rosenbrock, Neunmal teurer als Gold – Die Arzneimittelversorgung in der Bundesrepublik, Reinbeck 1977

Unsinn von Produktveränderungen hat mit der künstlichen Abwandlung der Pharmaprodukte so gut wie nichts zu tun. Denn für rund 50 000 durch Kombination verschiedener Wirkstoffe entstandene Präparate liegt weder ein wirklicher Heilungs-Bedarf noch irgendein sonstwie geartetes Bedürfnis des Patienten vor. Bis auf wenige medizinisch zweckmäßige Kombimedikamente ist für die Aufblähung des Angebots an Mischpräparaten der Pharmaprofit das einzige Bedürfnis.

Wären Kombimedikamente nur die Ausnahme, nicht die Regel, könnten auch die Produktionskosten der Pharmahersteller drastisch sinken. Und das selbst dann, wenn die verbleibenden 2–3000 qualitativ gleichen Medikamente weiterhin von jeweils zehn oder zwanzig verschiedenen Herstellern verfertigt würden.

Es gibt längst Vorschläge, so zu verfahren und etwa die Medikamente statt unter Phantasiemarkennamen unter ihrer chemischen Bezeichnung zu verkaufen. Beispiel: Nifedipin statt Adalat oder Nifical; Glibenclamid statt Euglucon oder Duraglucon. Die Arzneimittelversorgung mittels direkter einzelner chemischer Wirkstoffe (in der Pharmasprache Generika oder Generics genannt) ist nicht nur gesundheitlich sinnvoller, sondern auch wirtschaftlich viel weniger aufwendig. Andernfalls bleibt es bei der für die Pharmabranche eigentümlichen Vergeudung aufgrund der Ausstattung ihrer Produkte mit überflüssigen Eigenschaften. Der Experte für das bundesdeutsche Gesundheitswesen Josef Scholmer drückt diese Vergeudung in Zahlen aus: »Bei einer Umstellung auf Generics könnte die Gesetzliche Krankenversicherung rd. 30% ihrer Ausgaben für Arzneimittel einsparen.«[18]

Die von Scholmer für möglich gehaltene Ausgabensenkung für Arzneimittel ist sicherlich zu hoch beziffert, wenn sie nur die wegfallenden Produktionskosten infolge vereinfachter Produktpalette meint. Realistisch, wenn nicht gar zu niedrig kalkuliert, ist die Zahl von 30 Prozent dagegen, wenn man auch die mit der verringerten Arzneimittelzahl absinkenden Vermarktungsausgaben berücksichtigt.

Die umschmeichelten Ärzte

Es liegt nahe, daß die in sonst keinem europäischen Land – auch nicht in den USA – anzutreffende künstliche Medikamentenschwemme ein besonders riesiges Vermarktungssystem braucht.

Die vom Bundesverband der Pharmazeutischen Industrie zugegebenen 800 Millionen DM Werbeaufwendungen decken die Vermarktungskosten bei weitem nicht ab. Darin enthalten sind zwar die etwa 400 Millionen DM für die Reklame, die sich an das allgemeine Publikum wendet. Sie soll Käufer zum Gang in die Apotheke ohne Rezept anregen. Die viel wichtigere Zielgruppe der Absatzstrategen der Pharmaindustrie ist aber die eng eingegrenzte Bevölkerungsgruppe der Ärzte, die mit dem Rezeptblock über den größten Teil des Medikamenteneinsatzes in unserem Land entscheidet.

- 13 000 Pharmaberater (Kostenaufwand jährlich rund 1,2 Milliarden DM) sind ständig im Einsatz, um die rund 64 000 niedergelassenen Ärzte von der Überlegenheit bestimmter Arzneimittel zu überzeugen.[20]
- Über 400 Millionen DM fließen jährlich in die Anzeigenwerbung der medizinischen Fachzeitschriften. Es versteht sich, daß in diesen von der Pharmaindustrie finanzierten Blättern

Die jüngste Variante haben sich Werbestrategen der Biberacher Pharmafirma Dr. Karl Thomae ausgedacht: Sie laden jeweils einen Kreis von »circa 16 bis 20 niedergelassenen Kinderärzten« zu einer »Beratungsklausur« über »Bronchitis-Therapie« für einen Tag in das rheinische »Hotel Schloß Auel« – Thomae trägt nicht nur Reisekosten, Verpflegung und Unterkunft, sondern honoriert die »Mitarbeit« auch noch mit 700 Mark pro Teilnehmer.

Quelle: Der Spiegel 9/85, S. 63

keine kritische Auseinandersetzung mit Medikamenten stattfindet.[21]

- Jeder niedergelassene Arzt erhielt schon im Jahre 1973 täglich 32 Werbeprospekte und Hauszeitschriften der Pharmaunternehmen zugesandt.[22] Die Kosten der Aussendungen dürften sich heute auf rund 400 Millionen DM pro Jahr belaufen.
- Zum Ärger der Apotheken, denen Geschäfte entgehen, zeigen sich die Pharmaunternehmen beim Verteilen von Arzneimittelmustern an die Ärzte recht großzügig. Der Apothekenverkaufswert dieser Gratismedikamente, deren kostenlose Abgabe die Pharmaindustrie durch Preisaufschläge auf die verkauften Produkte wieder ausgleicht, wird auf 2 Milliarden DM jährlich geschätzt.[23] Diese Summe ist als solche zwar keine gesamtwirtschaftliche Vergeudung, weil der Patient, der ein Ärztemuster benutzt, die Krankenkasse nicht belastet. Allerdings tragen gerade die Ärztemuster zur weiteren Aufblähung und Unübersichtlichkeit des Arzneimittelmarktes bei, denn die Patienten wollen in vielen Fällen (44 Prozent nach Emnid-Umfrage)[24] beim nächsten Arztbesuch eben dieses Arzneimittel verschrieben haben, das sie beim ersten Mal kostenlos erhielten. Über den Umfang der in Arztpraxen verdorbenen Ärztemuster, die weggeworfen werden, gibt es zwar Vermutungen, aber keine begründeten Schätzungen.

– Nicht unerwähnt bleiben sollen angebliche wissenschaftliche Ärztekongresse, zu denen oft renommierte Pharmakonzerne laden, und deren medizinischer Sinn hinter ausgiebigem Tourismus und Kaufhausbummel am Tagungsort – selbstverständlich auf Firmenkosten – kaum mehr zu erkennen ist.

Eine wegen der großen Produktvielfalt besonders aufwendige Arzneimittelherstellung muß in Verbindung mit einer dementsprechend aufwendigen Vermarktung zu besonders hohen Medikamentenpreisen führen. Eine Untersuchung für das Bundeswirtschaftsministerium kam 1974 zu dem Ergebnis, daß die untersuchten Arzneimittel in den Vergleichsländern durchschnittlich um fast 30 Prozent billiger waren als in der Bundesrepublik – in Frankreich um 40 Prozent, in Italien um 23 Prozent, in England um 46 Prozent.[25]

Warum konnten und können die Pharmaunternehmen gerade in unserem Land eine so teure Arzneimittelversorgung durchsetzen?

Vordergründig liegt es daran, daß den Ärzten die Preise der an Krankenversicherte verschriebenen Arzneimittel gleichgültig sein können. Was sich der Patient mit dem Rezept aus der Apotheke besorgt, wird von den Krankenkassen erstattet. Für den Arzt besteht keine Notwendigkeit, für den Patienten kein Interesse, billige Arzneien auszuwählen. Es ist sogar anzunehmen, daß sowohl Ärzte als auch Laien gewöhnlich das teurere Medikament für das bessere halten.

Eine solche Verschreibungspraxis ist aber nur möglich, weil die Krankenkassen, auch die gesetzlichen, bis heute keinen nennenswerten Einfluß auf die Preise und die verordneten Mengen der Arzneimittel haben. So können die chemisch-pharmazeutischen Unternehmen alle Kosten des aufgeblähten Arzneimittelmarkts problemlos auf die Krankenkassen überwälzen. Der Druck, mit niedrigen Preisen zu konkurrieren und sich auf eine vernunftbestimmte Arzneimittelvielfalt zu beschränken, besteht nicht. In der Pharmavergeudung drückt sich ein Übergewicht der pharmazeutischen Industrie (die größten Pharmahersteller sind Abteilungen der Großkonzerne der Chemie) gegenüber dem Interesse der Patienten aus, wie es in keinem vergleichbaren Land der Welt existiert und von keinem anderen Staat der Welt geduldet wird.

Die besondere Pharmavergeudung

Laut »Wirtschaftswoche« gibt »die Pharmaindustrie rund 30 Prozent ihres Umsatzes für Marketingmaßnahmen aus«.[26] Wenn unter »Marketing« nicht bloß die etwa 2,5 Milliarden DM für die Vermarktung (ohne Ärztemusterwerbung) verstanden werden, sondern auch die künstliche Produktabwandlung durch Wirkstoffkombinationen, die nur zwecks besserer Verkäuflichkeit vorgenommen wird, dann deckt sich die Zahl mit der von Scholmer genannten.

Es scheint, als ob sich in der Pharmabranche sämtliche Nachteile kapitalistischen Wirtschaftens zusammenballten und doppelt und dreifach so hoch auftürmen wie anderswo. Erstens wird, und das ist in vielen anderen Industriezweigen der Fall, ein Produkt gleichzeitig von einer Vielzahl von Unternehmen hergestellt und vertrieben. Dieser Vergeudungsstufe folgt eine zweite, die als eine ausgeprägte Besonderheit der Pharmaindustrie anzusehen ist: Der Absatzförderung zuliebe werden Produkte mit überflüssigen Eigenschaften versehen, indem statt therapeutisch sinnvoller Einzelwirkstoffe massenhaft unsinnige Arzneistoff-Mixturen fabriziert werden. Die dritte Vergeudungsstufe betrifft die Vermarktung, die deshalb so aufwendig ist, weil eine 70 000 Präparate umfassende Produktpalette besondere Verkaufsanstrengungen erforderlich macht.

Wäre Vernunft am Werk und unterläge die Arzneimittelversorgung in unserem Land nicht dem Privatprofit, sondern öffentlicher Regelung, dann wäre eine wirksame Medikamentenversorgung mit höchstens zwei Dritteln des gegenwärtigen gesamtwirtschaftlichen Aufwands zu haben.

In Zahlen: 1984 betrug der gesamte Apothekenumsatz einschließlich der Krankenhausapotheken über 21 Milliarden DM – ohne die 2,9 Milliarden DM Mehrwertsteuer.[27] Ein Drittel davon hätte eingespart werden können, das sind 7 Milliarden DM. So viel machte in diesem Jahr – und das gilt auch für 1985 – die besondere Vergeudung in der Arzneimittelbranche aus.

Schadensversicherung

Versicherungen hundertfach ...

325 verschiedene Unternehmen gab es 1984 in der Bundesrepublik, die unabhängig voneinander das Geschäft der Schadens- und Unfallversicherung betrieben. Von ihren Kunden, die sich finanziell gegen Autounfälle und Glasbruch, Blitz und Hagelschläge, Gasexplosionen und Gebäudeeinstürze, Feuer- und Wasserschäden schützen wollten, kassierten sie brutto insgesamt 47,3 Milliarden DM Beiträge. Davon verschlang der Versicherungsbetrieb 11,3 Milliarden DM;[1] das sind 24 Prozent.

Die Vermutung liegt nahe, daß der extrem hohe Verwaltungsaufwand in der Versicherungsbranche damit zu tun hat, daß das Gesamtgeschäft mehr als dreihundertfach in sich aufgespalten ist. Einen sachlich zwingenden Grund für die große Zahl von Unternehmen gibt es nicht. Denn die Versicherungsleistung des einen Unternehmens unterscheidet sich der Sache nach in nichts von der Versicherungsleistung der 324 anderen. Daran ändert auch die kunterbunte Vielfalt der Beitrags- und Tarifsysteme nichts, denn dies bedeutet nur, daß eine Versicherungsleistung bei den verschiedenen Unternehmen unterschiedlich viel kostet.

> Wußten Sie, daß täglich etwa 100 000 Versicherungsvertreter und Außendienstangestellte der Unternehmen etwa 5 Mio. Autokilometer fahren (überwiegend, um sich gegenseitig die Kunden abzujagen), und daß für diesen Kampf um die Bestände – jährlich fast 200 Mio. Liter Benzin und – einschließlich Zeit, Autokosten, usw. – 3 Milliarden DM aufgewendet werden, von denen mit Sicherheit 2 Milliarden DM sinnlos verschwendet sind?
>
> *Quelle: Redlich, Versicherungen unter der Lupe, Bonn 1981, S. 109.*

Die vier wichtigsten Posten im Rahmen der Verwaltungskosten bei Schadensversicherungen sind folgende:

- *Erstens* die hohen Abschlußkosten der Verträge. Policen werden durch Versicherungsvertreter im Außendienst abgeschlossen, und jedes einzelne der 325 Unternehmen unterhält getrennte Außenorganisationen für den Policenverkauf und die Schadensbearbeitung. Eine Abstimmung zwischen den Außendiensten mit ihren jeweils Hunderten von Vertretern findet nicht statt, so daß der Kundenkreis für alle grundsätzlich der gleiche ist, kreuz und quer über die ganze Bundesrepublik verstreut. Allein die Benzinkosten der Vertreter gehen in die Milliarden.
- *Zweitens* die Vielzahl der Innendienste. In der Hauptverwaltung und in den Filialen jedes einzelnen Unternehmens wird prinzipiell dieselbe Arbeit verrichtet wie in allen anderen Unternehmen der Branche. Die Tarifsysteme sehen bei jeder Versicherung zwar ein wenig anders aus. Doch ist das keine volkswirtschaftliche Notwendigkeit. Der Hauptgrund für diese allgemeine Unübersichtlichkeit der Tarifgestaltung sind Konkurrenzgründe; damit sich die Unternehmen wenigstens durch irgendeine Besonderheit voneinander unterscheiden. Daß daraus kein sinnvoller Leistungswettbewerb entsteht, sondern daß es um trickreichen »Kundenfang« geht,[2] liegt auf der Hand. Die Innendienste führen übrigens auch das Verkaufstraining für die Vertreter durch, die darauf getrimmt werden, möglichst viele neue Verträge für das eigene Unternehmen abzuschließen, notfalls durch Abwerbung der Kunden von anderen Versicherern.
- *Drittens* die komplizierte Anlage der Beitragsgelder. Kein Unternehmen deponiert seine überschüssigen Beitragseinnahmen, die nicht für Sachschäden ausgezahlt werden müssen, einfach bei einer Bank, sondern alle zeigen sich bestrebt, diese selbst gewinnbringend als Kapital anzulegen. Darlehen aller Art und Laufzeit werden vergeben, Grundstücke oder Schuldscheine erworben, Hypothekenforderungen und Namensschuldverschreibungen, Wertpapiere und Beteiligungen werden gekauft usw. Die Vielfalt und Kompliziertheit des Ka-

pitalmarkts in unserem Land führt dazu, daß die Versicherungen dafür einen entsprechend großen Stab hochspezialisierter Anlageexperten und Bankfachleute benötigen. Diese Personen tätigen keine Versicherungsgeschäfte im engeren Sinn, sondern reine Bankgeschäfte, die mit der eigenen Branche im Grunde nichts zu tun haben.

- *Viertens* die Rückdeckung. Sie ist ein teurer Verwaltungsposten, der über 2 Milliarden der 11,3 Milliarden DM Ausgaben aufzehrte.[4] Weil große Schadensrisiken die Finanzkraft eines einzelnen Versicherungsunternehmens überfordern, sichert es sich seinerseits für den Ernstfall bei anderen Schadensversicherungen ab. Das heißt, es gibt einen Teil der Kundenbeiträge an andere Unternehmen weiter und nimmt selbst Beitragsgelder anderer Unternehmen (Erstversicherer genannt) bei sich in Rückdeckung. Das einzelne Unternehmen braucht dann, falls die Katastrophe eintritt, nicht den gesamten Schaden allein zu begleichen, und entgeht dem Konkurs. Die Kehrseite der Medaille besteht darin, daß das betreffende »vor«- bzw. »erst«-versichernde Unternehmen, falls der Schaden ausbleibt, weniger verdient. Etwa ein Drittel der insgesamt eingenommenen 47,3 Milliarden DM Bruttobeiträge wurden entweder in gegenseitiger Rückdeckung untereinander weiterverteilt oder den 29 speziellen Rückversicherungsunternehmen zugeführt, was einen zusätzlichen Verwaltungsaufwand von 1,6 bzw. 0,4 Milliarden DM erforderlich machte.

. . . oder unter einem Dach

Die Verwaltungsvergeudung im Versicherungswesen hat vor einigen Jahren ein Insider unter die Lupe genommen. B. Redlich, der viele Jahre als Versicherungsvertreter Erfahrungen sammelte, stellte eine staatliche Einheitsversicherung dagegen, die alle 325 Hauptverwaltungen unter einem Dach zusammenfaßt und dadurch erheblich sparsamer wirtschaften kann. Dies gelte sowohl für den Innendienst als auch für die Außenorganisation.

Versicherungsvertreter müßten dann, so Redlich, weniger aufs »Policendrücken« angewiesen sein, wenn ihnen – und sonst keinem – ein bestimmtes Wohngebiet als fester Beraterbezirk reserviert würde. Vereinfacht würde die Verwaltung der Beitragsüberschüsse, wenn die Versicherungen damit nicht mehr auf dem Kapitalmarkt spekulieren gingen, sondern wenn alles freie Geld auf einer – einheitlichen – Staatsbank deponiert würde, die dafür – wie für jede andere Spareinlage auch – Zinsen ausschüttet. Bankgeschäfte, meint Redlich, sollten Bankgeschäfte bleiben.

Um Redlichs Gegenmodell zu ergänzen: Die unter einem einzigen Dach zusammengefaßten 325 Versicherungen hätten eine derartig gewaltige Finanzkraft, daß auch die gegenseitige Rückdeckung zwischen ihnen (samt Rückversicherungsunternehmen) überflüssig würde. Damit entfiele nicht nur ein sehr aufwendiger Verwaltungsposten der Branche, sondern zugleich der absurdeste. Denn die Doppelverwaltung von Geldbeträgen, das Hin- und Herschieben desselben Geldes, entspringt unmittelbar und ausschließlich der Zersplitterung des Gewerbes in unzählige getrennte Unternehmen. Nebenbei: Die neue große und einheitliche Schadensversicherung der (neuen) Bundesrepublik könnte sich aufgrund ihrer enormen Finanzkraft viel wagnisfreudiger verhalten.

Für unsere Betrachtung stellt sich die Frage, wieviel sich durch zusammengefaßtes gegenüber zersplittertem Eigentum in der Branche der Schadensversicherung einsparen ließe? Um das messen zu können, brauchen wir eine reale »Schadensversicherung unter einem Dach«, die es bei uns jedoch nicht gibt. Allerdings gibt es sie in der DDR, in Gestalt der »Staatlichen Sach- und Haftpflichtversicherung«. Sie ist ein Einheitsunternehmen – ohne die Vielzahl der Innendienste, ohne Konkurrenz der Vertreter auf Kundenfang, ohne komplizierte Kapitalmarktgeschäfte, ohne die gegenseitige Rückdeckung bei großen Versicherungsrisiken.

Eine Gegenüberstellung zwischen der Bundesrepublik und der DDR ist aufgrund beschränkten Datenmaterials nur für das Jahr 1978 möglich.[5] Das Ergebnis überrascht wohl nicht: Während damals in der bundesdeutschen Versicherungsbranche 25,2 Prozent der Bruttobeiträge in den Versicherungsbetrieb flossen, waren es bei der Sach- und Haftpflichtversicherung der DDR nur ganze 8 Prozent.[6] Wenn sich auch die Zusammensetzung der jährlichen Schäden in der DDR und in der Bundesrepublik voneinander unterscheidet, so daß der Vergleich nur mit Einschränkungen zur Kenntnis zu nehmen ist, so ist der Kostenvorteil einheitlichen Eigentums und einheitlicher Versicherungsverwaltung (DDR) gegenüber dem zersplitterten Versicherungswesen (BRD) doch enorm. Mit Gewißheit können wir allerdings behaupten, daß die Schadensversicherung in unserem Land, befände sie sich unter einem einzigen Dach, höchstens die Hälfte der heutigen Verwaltungskosten benötigen würde. Statt 11,3 Milliarden DM für den Versicherungsbetrieb hätten 5 Milliarden DM genügt.

Die Vergeudung im wohl umständlichsten Geschäftszweig des Dienstleistungssektors unseres Landes, in der Branche der Schadensversicherungen, betrug 1984 über 6 Milliarden DM; 1985 war sie – nach vorläufigen Zahlen – nicht geringer.

Der Angriffskrieg

Der Tag, an dem die fremden Truppen gingen . . .

Um sich das Ausmaß des von Rüstung und Militär jährlich angerichteten Schadens an unserer Gesellschaft zu verdeutlichen, versetzen wir uns in eine sozialistische Bundesrepublik des Jahres 1985:

Exakt am 31. Dezember 1984 verließ der letzte ausländische Soldat unser Land. Am längsten blieben die Amerikaner. Die Waffen und ihre Trägersysteme nahmen die abziehenden Soldaten mit nach Hause. Im Laufe von fünf Jahren wurden sie in ihre Ursprungsländer, vor allem in die USA und nach Großbritannien, Zug um Zug zurückverlegt. 400 000 ausländische Soldaten gab es nun in unserem Land weniger – und man vermißte sie nicht. Denn sie belegten nicht mehr deutsche Kasernen und Wohnungen, knallten nicht mehr auf Übungsplätzen herum, richteten in der freien Natur und der Landwirtschaft keine Manöverschäden mehr an, belästigten die Wohnbevölkerung nicht mehr durch den Lärm ihrer Tiefflüge. Große Truppenübungsplätze wurden in Naturparks umgestaltet, Munitions- und Kampfgaslager wurden entgiftet.

Als der Deutsche Bundestag Ende der siebziger Jahre den Doppelbeschluß über die Atomwaffenfreiheit des Landes und den gleichzeitigen Austritt aus der NATO gefaßt hatte, waren unsere östlichen Nachbarstaaten noch mißtrauisch gewesen, während die Regierungen der westlichen NATO-Länder mit »Befremden«, »Bestürzung«, »Tiefer Besorgnis« und ähnlichen diplomatischen Mißfallenskundgebungen reagierten. Aber mit den Beschlüssen wurde Ernst gemacht: Den Atommächten USA und Großbritannien wurde bis Ende 1984 die Frist gesetzt, sämtliche 4000 in der Bundesrepublik lagernden Atomsprengköpfe abzuziehen. Grollend kamen diese Staaten dem Wunsch der Regierung nach und entfernten sämtliche atomaren

Waffen wie Kurz- und Mittelstreckenraketen sowie die Artilleriegeschütze vom Territorium der BRD, was allerdings auch eine militärische Notwendigkeit wurde, seit sich die Bundeswehr geweigert hatte, die atomaren Trägersysteme der ausländischen Mächte zu warten, zu bewachen und bereitzuhalten. Die neue Bundesregierung bestand fest entschlossen darauf, daß von deutschem Boden niemals ein Atomschlag gegen ein anderes Land geführt werden dürfe, weil dies die eigene Selbstvernichtung durch einen Gegenschlag bedeute.

Im gleichen Maß wie die USA zog auch die UdSSR alle Nuklearwaffen aus der DDR und der CSSR ab. Die Atomwaffenfreie Zone Mitteleuropa war Wirkllchkeit geworden.

Ebensoviel Kopfzerbrechen wie der Beschluß über die Atomwaffenfreiheit deutschen Bodens löste im Pentagon der Beschluß über den stufenweisen NATO-Ausstieg der Bundesrepublik aus. In dieser Frage waren die Reaktionen sogar noch heftiger. Die US-Militärs in den NATO-Zentren äußerten »blankes Entsetzen«, die US-Regierung sandte eine diplomatische Protestnote nach der anderen nach Bonn und wies darin auf die »unverantwortliche Preisgabe des freien Westens an die teuflischen Mächte des Ostens« hin. In den US-Medien wurde sogar unverhohlen über eine militärische Besetzung der Bundesrepublik diskutiert. Allerdings mußte man auch in Amerika die veränderte Stimmung in der Bevölkerung der Bundesrepublik zur Kenntnis nehmen: Bevölkerung und Regierung waren sich hier so einig wie selten zuvor: »Wir brauchen kein militärisches Bündnis, das unser Land in Kriege gegen andere Länder treiben will. Wir wollen in Frieden leben und die anderen in Frieden lassen. Darum brauchen wir auch die NATO nicht.«

Bis Ende 1984 wurden das Territorium der Bundesrepublik und die Bundeswehr aus der NATO ausgegliedert. Keine Teilstreitkraft war mehr dem Brüsseler Hauptquartier unterstellt, sondern einzig dem neuen Bonner Verteidigungsministerium. Bundeswehrsoldaten waren übrigens gleich nach jenem Austrittsbeschluß aus fremden Ländern zurückgeordert worden. Ausgebildet und geübt wurde nur noch im eigenen Land. In der NATO begann ein Zerfallsprozeß. Verständlich: Ausgerechnet die nach den USA stärkste Militärmacht des Westens scherte aus dem Bündnis aus. Das war für NATO-Strategen schmerzhaft, denn gerade die Bundeswehr, gedeckt durch zum Ersteinsatz bereite US-Atomwaffen, sollte den Hauptangriff in die »Tiefe des gegnerischen Raumes« führen. Die US-Doktrin, die westeuropäischen NATO-Streitkräfte mit der Bundeswehr an der Spitze in die Vernichtungsschlacht mit Osteuropa zu schicken und das eigene Land, die USA, möglichst schadlos zu halten, war nicht mehr aufrechtzuerhalten.

Zwar erwies sich die schlimmste Befürchtung des Pentagon als grundlos, daß die sozialistische Bundesrepublik nun gar dem Warschauer Pakt beitreten würde. Aber US- und NATO-Spitzen sahen das Ende ihrer »freien Welt« nahe, als eine Erklärung aus Bonn bekannt wurde: »Mit unserem NATO-Austritt wollen wir der Spaltung in zwei feindliche Militärblöcke ein Ende bereiten und fordern sowohl die restliche NATO als auch den Warschauer Vertrag auf, sich vollständig aufzulösen.«

Als in Moskau wenig später das Ende des Warschauer Vertrags beschlossen wurde, sahen sich die Militärs in Brüssel und Washington in die Enge getrieben. In den USA setzten sich die Realisten gegen die »Falken« duch. »Suchen wir nach einer Einigung mit den sozialistischen Ländern«, lautete ihre Forderung, »zumal die militärische Einsatzbereitschaft in einigen anderen NATO-Staaten immer mehr zu wünschen übrig läßt.« Damit spielten sie auf den ungeheuren Aufschwung der Friedenskräfte in Westeuropa seit den politischen Machtveränderungen in der Bundesrepublik an. Und so kam es, daß sich die US-Regierung und die Regierung der UdSSR mit dem Ziel, einen Vertrag über nukleare und konventionelle Abrüstung auszuarbeiten, an die Verhandlungstische in Genf und in Wien setzten.

In der Bundesrepublik kam mittlerweile eine neuartige Militärdebatte in Gang. Sie drehte sich um die Frage: Wozu brauchen wir überhaupt noch eine Bundeswehr?

Eine Gruppe trat für die vollständige Auflösung der Bundeswehr ein. Sie führte dafür ins Feld, daß »der Militarismus aus dem Imperialismus hervorgeht, weshalb unsere neue sozialistische Ordnung alles beiseitewerfen muß, was mit Rüstung und Militär zu tun hat«. Die Vertreter dieser Meinung waren allerdings in der Minderheit, genauso wie das entgegengesetzte Extrem nur von wenigen geteilt wurde. Es lautete: »Wir brauchen eine Bundeswehr in zumindest gleicher Mannschaftsstärke – also 500 000 – und Bewaffnung wie früher, da wir zwar keine militärischen Auseinandersetzungen mit den anderen sozialistischen Ländern befürchten, aber mit unseren früheren NATO-Partnern. Sie werden sich den Verlust des bundesdeutschen Aufmarschgebietes gegen den Sozialismus ebensowenig gefallen lassen wie unser Ausscheren aus der kapitalistischen Wirtschaftsordnung.«

Letztlich setzte sich in der Debatte um die künftige Landesverteidigung eine Position durch, die die veränderte internationale Lage seit der Etablierung der Atomwaffenfreien Zone Mitteleuropa und dem NATO-Austritt der Bundesrepublik sowie die dadurch ausgelösten Entspannungsprozesse zwischen Kapitalismus und Sozialismus in Rechnung stellte. Die Bundeswehr wurde in eine Defensivarmee umgewandelt und konnte einen großen Teil ihrer Soldaten für sinnvollere Aufgaben freistellen und die Waffensysteme im gleichen Maß verringern. Auf diese Weise entstand die neue Bundeswehr, ausschließlich ausgerüstet zum militärischen Schutz der neuen sozialistischen Ordnung in einer international entspannten Weltlage.

Und wie schon beim Abzug der ausländischen Truppen wurden erneut Kasernen frei, Truppenübungsplätze in Naturschutzgebiete umgestaltet, Fluglärm und Manöverschäden verringert . . .

Kein Gegenbild: Verstrickt in die Atomkriegsplanung

Die Wirklichkeit sah im Jahr 1985 allerdings ganz anders aus als in unserem menschenfreundlichen Szenario:

Kein anderes Land ist so dicht mit Atomwaffen bestückt wie die Bundesrepublik. Nirgendwo ist die auf engstem Raum konzentrierte atomare Sprengkraft größer. In keinem Land befinden sich so viele Atomwaffenlager auf gleicher Flächengröße. Und das, obwohl die Bundesregierung auf eigene Atomwaffen vertraglich verzichtet hat.[1]

Von den etwa 6000 amerikanischen Atomsprengkörpern in Westeuropa lagern über 4000 auf dem Territorium unseres Landes. Im Kriegsfall sollen sie in der DDR, in Polen, in der ČSSR detonieren. Bekanntlich sind die gefährlichsten unter ihnen – weil besonders weit und zielgenau fliegend – die Sprengköpfe für die 108 Pershing II-Mittelstreckenraketen. Erst kürzlich gegen den Willen der Bevölkerung stationiert, reichen sie sogar bis weit in die UdSSR hinein, und können Moskau erreichen. Die NATO – ein reines Verteidigungsbündnis! Man muß wohl eine Panzerplatte vor dem Kopf haben, um das zu glauben.

Die 4000 Atomsprengköpfe in unserem Land gehören nicht der Bundeswehr, sondern den Amerikanern (mit Ausnahme der etwa 100 Atombomber der britischen Luftwaffe, die auf norddeutschen Flugplätzen stationiert sind). Sie lagern in rund 220 Standorten und Depots – vor der Öffentlichkeit geheimgehalten, erkundet höchstens von findigen und äußerst hartnäckigen »Spähern« der Friedensbewegung.[2] Über den Einsatz von Atomsprengköpfen entscheidet nicht die Bundesregierung, sondern die NATO-Führung. Oder im Klartext: die Regierung der Vereinigten Staaten von Amerika.

Das heißt keineswegs, daß die Bundeswehr aus jeglicher Atomkriegsführung herausgehalten würde. Im Gegenteil: Die angeblich bloß konventionell ausgerüstete Bundeswehr mischt bei der Sicherung der atomaren NATO-Strategie kräftig mit, denn sie unterhält in eigener Regie die für Atomwaffen notwendigen Trägervorrichtungen, ohne die fast die Hälfte der 4000 Atomsprengköpfe liegen bleiben müßte. Atombomben brauchen »nuklearfähige« Kampfflugzeuge. Atomraketensprengköpfe brauchen »nuklearfähige« Raketen und Abschußrampen. Atomgranaten brauchen »nukleartaugliche« Geschütze. Und wenn auch die letzte Hoheit über den Einsatz der Sprengköpfe nicht bei der Bundeswehr liegt, so ist diese bei der Unterhaltung der nuklearen Trägersysteme in gleicher Weise beteiligt wie die US-Army oder US-Air-Force.

Diese Verstrickung in die atomare Kriegsplanung der NATO ist bei sämtlichen Arten der in der BRD stationierten Atomwaffen gegeben:

- Kampfflugzeuge mit atomarer Bewaffnung werden auf neun Militärflugplätzen von Amerikanern und Bundeswehrsoldaten gemeinsam in »Schnelleinsatzbereitschaft« startbereit gehalten;
- die nuklearfähigen Flugzeuge der Luftwaffe (Starfighter, F 4 Phantom, Tornado) sind schon jetzt der NATO unterstellt;
- die 72 ausschließlich nuklear bestückten Pershing I A-Raketen (Reichweite 785 Kilometer) der Bundeswehr werden von zwei Geschwadern der Luftwaffe (je 1900 Mann) gehalten; dazu gehören jeweils noch 250 US-Soldaten, welche die Atomsprengköpfe »bewachen«;
- die 216 Nike-Raketen der Luftwaffe (Einschlagsort: DDR-Grenzgebiet) sind sowohl konventionell als auch nuklear zu bestücken – angeblich jede dritte dieser Raketen ist mit einem nuklearen Sprengkopf ausgerüstet, der unter US-Bewachung steht;
- von den 500 ausschließlich nuklear bestückten LANCE-Raketen (bis 100 Kilometer Reichweite) verfügt das Heer der Bundeswehr (Schwere Raketenartilleriebataillons) über 200 Stück;
- die Panzer- und Feldhaubitzen des Heeres können sowohl konventionelle Munition als auch Atomgranaten abfeuern (40 Kilometer Reichweite);
- Pioniereinheiten der Bundeswehr sind mit »kleinen« Atomminen für militärische Sprengungen aller Art ausgestattet.[3]

Die Bundeswehr beschränkt sich keineswegs auf die Bewachung der Atomwaffen und Trägersysteme der Amerikaner. Und auch die Bundesregierung stellt den atomar ausgestatteten US-Truppen nicht bloß Land, Depots, Straßen, Kasernen, Flugplätze, unterirdische Leitbunker, Fernmeldesysteme usw. zur Verfügung – obwohl dies wahrlich genug Verzahnung mit der nuklearen US-Strategie bedeuten würde. Die Bundeswehr unterhält ganz offiziell eigene Trägersysteme wie Mittelstreckenbomber, Raketen, Geschütze, die der NATO-Kriegsplanung gemäß alle mit Atomwaffen bestückt werden können. Bestimmte Einheiten der Bundeswehr, nämlich 23 Bataillone des Heeres sowie die Jagdbombergeschwader, Flugabwehrregimenter und Flugkörpergeschwader der Luftwaffe, sind im Kriegsfall direkt für den Kampf mit Atomwaffen vorgesehen. Selbst wenn die Trägersysteme in Friedenszeiten »nur« mit konventioneller Munition ausgestattet würden, müssen sie doch von den Staaten, auf die sie gerichtet sind, als ständige Lebensbedrohung empfunden werden. Dies umso mehr, als die NATO – im Gegensatz zum Warschauer Vertrag – den Ersteinsatz von Atomwaffen ausdrücklich als Bestandteil ihrer Strategie der stufenweisen Kriegsführung einplant.[4] Indem die Bundesregierung sowohl durch Duldung amerikanischer Atomwaffen auf ihrem Boden, als auch durch den Besitz eigener Trägervorrichtungen für den Atomwaffeneinsatz nicht nur ihre Nachbarstaaten bedroht, sondern von dort im Kriegsfall einen atomaren Gegenschlag geradezu herausfordert, nimmt sie die Verwüstung des eigenen Landes zu einer radioaktiven Mondlandschaft in Kauf.

Für den Fall des nuklearen (Gegen-)Schlags auf die Bundesrepublik hält die Bundesregierung für die Soldaten einiges »ABC-Schutzmaterial« bereit – gegen radioaktive, biologische und chemische Kampfmittel (Anschaffungskosten 1985: 112 Millionen DM). Und für die Zivilbevölkerung gibt es ein kleines Bunkerbauprogramm (Baukosten für Schutzräume 1985: 106 Millionen DM) sowie die sogenannten Hilfskrankenhäuser (Kosten 1985: 46 Millionen DM). Für die Unterhaltung der Bunker und Hilfskrankenhäuser müssen noch einmal zirka 40 Millionen DM von Ländern und Kommunen aufgewendet werden.[5] Alle diese sogenannten Schutzmaßnahmen müssen als völlig unsinnig bewertet werden, ja als unverantwortlich, weil sie, wie es im »Manifest des Bundes Deutscher Architekten gegen den Bau von Schutzbunkern gegen Atomangriffe« von 1983 zutreffend heißt, »den Willen der Menschen zur Verhinderung der atomaren Katastrophe (. . .) schwächen durch das Vorgaukeln der Hoffnung, das Überleben des Atomkrieges sei in Schutzbunkern möglich«. Die Architekten wollen an dieser Selbsttäuschung nicht »mitschuldig« werden und fordern die Einstellung des Baus von Schutzräumen gegen Atomangriffe.[6] Die insgesamt 310 Millionen DM für den Schutz vor dem Atomkrieg sind zum Fenster hinausgeworfenes Geld.

Die Bundesrepublik ist ganz und gar keine atomwaffenfreie Zone. Und doch wäre gerade das ein großer Schritt in Richtung auf mehr Sicherheit für unser Territorium. Eine atomwaffenfreie Bundesrepublik wäre allerdings noch nicht durch den Abtransport der amerikanischen (und britischen) Atomwaffen erreicht; die Bundeswehr müßte auch alle nuklearen Trägersysteme verschrotten. Damit entfielen – neben den unsinnigen Ausgaben für sinnlose Schutzmittel – auch die enormen Kosten für die Beschaffung und Erhaltung jener Trägermittel. (Diese Kosten werden nicht hier angeführt, sondern sind bei den Ausrüstungsausgaben der Bundeswehr einbezogen.)

Es dürfte allerdings klar sein, daß ein Abbau aller Atomwaffen und entsprechender Trägersysteme in unserem Land solange undenkbar bleibt, solange sich die BRD nicht von der nuklearen NATO-Kriegsplanung abgekoppelt hat. Die Atomwaffen bleiben hier, solange die ausländischen Atommächte hier stationiert sind und die Bundeswehr im NATO-Rahmen aufs engste mit ihnen verflochten ist.

Mit NATO-Waffen vollgestopft

In der NATO-Sprache heißt die Bundesrepublik kurz und bündig »Schlachtfeld« oder »Kampfzone«. Von allen NATO-Staaten hat die Bundesrepublik die dichteste Konzentration von Streitkräften, Waffen und Militäreinrichtungen. Allein an einsatzbereiten Soldaten sind hier mehr als 900 000 zusammengezogen. Unser Land ist das wichtigste Aufmarschgebiet der NATO gegen die östlichen Nachbarstaaten – ein Heerlager für den Kriegsfall. Nach der NATO-Doktrin (»Vorwärtsverteidigung«) soll der militärische Kampf möglichst in der »Tiefe des gegnerischen Raumes« stattfinden. Aber falls der feindliche (Gegen-)Schlag nicht verhindert werden kann, wird die Schlacht auf bundesdeutschem Boden ausgetragen.

Tabelle 16
Stärke der in der Bundesrepublik stationierten Streitkräfte

Streitkräfte	Soldaten	Familienangehörige der Stationierungsstreitkräfte	Zivilbeschäftigte aus Herkunftsland	Zivilbeschäftigte Deutsche
Bundeswehr	495 000	–	–	176 000
USA	248 800	215 000	17 700	60 300
Großbritannien	71 200	90 900	2 400	25 400
Frankreich	48 600	32 000	9 000	6 400
Belgien	30 100	28 000	1 600	2 000
Niederlande	7 900	6 000	130	–
Kanada	5 300	9 000	1 200	1 000
insgesamt	906 900	380 900	32 030	271 100

Quelle: Bartels 1984, S. 82; aktualisiert nach Weißbuch 1985.

Die NATO-Pläne sehen dann eine »stufenweise Kriegführung« (flexible Reaktion) vor, die vom Einsatz konventioneller Waffen bis zum begrenzten und allgemeinen Erst-Atomschlag reicht. Daß dann weder von der DDR noch von der Bundesrepublik viel mehr als verbrannte und strahlende Erde übrigbliebe, ist einer der Gründe dafür, daß bei manchen bundesdeutschen Militärs die etwa 2000 hier gelagerten Atomsprengköpfe von kurzer Reichweite wenig beliebt sind. Gewünscht werden weniger Atomwaffen, die im eigenen Territorium explodieren könnten, dafür mehr Nuklearreaketen mittlerer Reichweite, wie etwa die Pershing II-Raketen, die ausschließlich für den Einsatz im »feindlichen« Land gedacht sind.

Was die permanente Kriegsandrohung gegenüber den sozialistischen Staaten uns jährlich kostet, läßt sich nicht allein in DM ausdrücken. Das liegt zunächst daran, daß US-Amerikaner, Briten, Franzosen, Belgier, Niederländer und Kanadier den Aufenthalt ihrer Truppen in der Bundesrepublik weitgehend selbst finanzieren. Laut Pentagon kostet der Unterhalt der 360 000 US-Soldaten in Westeuropa jährlich 57 Milliarden Dollar, wovon 70 Prozent auf die Stationierungskosten in der Bundesrepublik entfallen.[7] 1,2 Milliarden DM gibt die US-Army jährlich allein für Renovierungsarbeiten an Gebäuden aus.[8] Man sollte die »Opferbereitschaft« unserer NATO-Partner allerdings nicht allzuhoch einschätzen, denn dahinter steckt nichts als Egoismus: Keines der genannten Länder möchte selbst als Schlachtfeld dienen und nimmt deshalb die Einladung der Bundesregierung nur zu gern an. (In der Tat handelt es sich beim NATO-Truppenstatut nicht nur um »Besatzerrechte«, sondern auch um eine freiwillige Einschränkung der nationalen Souveränität der Bundesregierung.)

Vom bundesdeutschen Gastrecht machen am ausgiebigsten die US-Amerikaner Gebrauch. Die Bundesregierung ist nicht kleinlich gegenüber ihren Gästen. Kostenlos stellt sie den ausländischen NATO-Truppen der sechs Länder 40 000 militärische Einrichtungen und Übungsplätze zur Verfügung – also Kasernen, Straßen, Depots, Flugplätze, Schießanlagen, Manövergelände, Abschußvorrichtungen; außerdem – ebenfalls gratis – 92 000 Wohnungen für Soldaten mit Familien.[9] Allein die Landnahme durch ausländische Truppen übersteigt, zusammengefaßt, bei weitem die Fläche des Saarlands. Auf die Leistungen als Stationierungs- und Übungsland ist das Bundesverteidigungsministerium besonders stolz: »In keinem anderen Land der NATO (wird) mehr geübt als in der Bundesrepublik. . . . Zwei Drittel des Luftraums der Bundesrepublik Deutschland sind Tieffluggebiet.«[10] Der Jubel kennt fast keine Grenzen: »Die deutschen Bürger erleben, wie das Bündnis Verteidigungsfähigkeit demonstriert.«[11]

Die »deutschen Bürger«, die die Tiefflüge und die unzähligen Manöver »erleben«, seien sie nun von ausländischen Streitkräften oder der Bundeswehr veranstaltet, dürften sich hauptsächlich über den Fluglärm und die Manöverschäden ärgern. Daß die Auseinandersetzungen zwischen Militärs und der Bevölkerung gerade deswegen wachsen,[12] ist dem Verteidigungsministerium allerdings nicht entgangen. Seine »Lösung«: Das ganze Land wird zum Tieffluggebiet erklärt, damit der Lärm gerechter auf die Bundesbürger verteilt werden kann.

Die finanziellen Kosten, die der Bundesrepublik aus ihrer NATO-Mitgliedschaft erwachsen, setzen sich aus zwei verschiedenartigen Posten zusammen. Es gibt die *direkten* Ausgaben, die in Beiträgen zum militärischen und »zivilen« NATO-Haushalt bestehen, in Kosten für den Betrieb und Bau von Liegenschaften ausländischer Streitkäfte, im Ausgleich für Manöverschäden, die ausländische Truppen in unserem Land verursachen, in den zusätzlichen Personalkosten für Offiziere der Bundeswehr, die in NATO-Stäbe entsandt werden, in Mehrkosten durch Ausbildung und Übungen der Bundeswehr in anderen NATO-Ländern (die Bundesrepublik ist nicht nur Gastgeber, sondern ihre Soldaten halten sich zunehmend auch in anderen NATO-Staaten auf), sowie in einigen kleineren Ausgaben für NATO-Propaganda und ähnliches. Diese direkten NATO-Ausgaben der Bundesrepublik haben wir – sicher unvollständig – ermittelt und sind für 1985 auf einen Betrag von über 3,5 Milliarden DM gekommen.[13]

Außer den direkten NATO-Ausgaben entstehen weit höhere Kosten durch den Umstand, daß die Bundeswehr – als Bestandteil der NATO – Waffen und (atomare) Trägersysteme unterhält, die zur offensiven Bedrohung der sozialistischen Nachbarländer dienen. Derartige Kosten für NATO-gerechte Bewaffnung lassen sich nicht von den Gesamtkosten der Ausrüstung der Bundeswehr trennen; wir behandeln die Waffenkosten der Bundeswehr im nächsten Abschnitt, ohne zwischen NATO-bedingten und anderen zu unterscheiden.

Wenn auch der Form nach keine NATO-Vereinbarung, sondern ein zweiseitiges Abkommen zwischen der Bundesrepublik und den USA, so gehört das sogenannte WHNS-Programm faktisch zur NATO-Kriegsführung. Beim »Wartime Host Nation Support«, abgekürzt WHNS, handelt es sich um die amerikanische Absicht, im Krisen- und Kriegsfall binnen zehn Tagen zu den fünf in der Bundesrepublik stationierten US-Divisionen weitere sechs Divisionen einzufliegen. Das erforderliche Kriegsgerät soll in bundesdeutschen Depots lagern und in Friedenszeiten von 1050 Soldaten der Bundeswehr und 760 zivilen Mitarbeitern gesichert werden.[14] Nicht nur bundesdeutsche Zivilflugplätze, sondern auch Hunderte von Kilometern Autobahn sind bereits dafür präpariert, daß im Verstärkungsfall die amerikanischen Transportflugzeuge im ganzen Bundesgebiet landen können. Die Bundesregierung hat sich in diesem Abkommen verpflichtet, die eingeflogenen US-Verbände mit 93 000 mobilgemachten Reservesoldaten militärisch zu unterstützen.

Die Überrüstung der Bundeswehr

Erst mit der Ausgliederung aus der NATO eröffnet sich der Bundeswehr die Möglichkeit, ihre aggressive Rolle als Speerspitze gegen den Sozialismus aufzugeben und sich auf ihre eigentliche Aufgabe zu beschränken: die Abwehr möglicher Angriffe gegen das Territorium der Bundesrepublik. Die Umstellung der Bundeswehr auf Defensive würde die Bewaffnung und den Personalumfang der Streitkräfte grundlegend verändern.

Zuallererst bedeutete eine solche Umstellung den Verzicht auf neue Angriffssysteme. Demnach würden keine derjenigen großen Trägersysteme mehr angeschafft, auf die Heer, Luftwaffe und Marine ihre Fähigkeit, in die »Tiefe des gegnerischen Raumes«[15] einzudringen, hauptsächlich stützen wollen. Das sind zu Lande vor allem die insgesamt 1800 vorgesehenen Kampfpanzer Leopard 2 (Stückpreis 4,2 Millionen DM); zur Luft die auf 322 Stück geplanten Mittelstreckenbomber vom Typ »Tornado« (Stückpreis zirka 100 Millionen DM) mit ihrer »hohen Eindringfähigkeit« und der in der Entwicklung befindliche Jäger 90; und zu Wasser die Hochseefregatten der Klasse 122 (8 Stück zu je 470 Millionen DM). Der Kaufstopp bei diesen Waffensystemen schließt selbstverständlich jede weitere Forschung und Erprobung bei ihnen aus. Die Einsparung durch die Einstellung dieser aggressivsten Rüstungsvorhaben hätte 1985 6,25 Milliarden DM freigesetzt.

Doch auch ohne diese teure Einführung modernster – zum großen Teil als Atomwaffenträger tauglichen – Offensivsysteme bliebe die Bundeswehr eine aggressive Armee. Auch weiterhin

Tabelle 17
Ausgaben für Beschaffung und Erforschung von neuen Offensivsystemen für die Bundeswehr 1985 in Mrd. DM

Beschaffung von Kampffahrzeugen (v. a. Panzer Leopard 2)	2,10
Beschaffung von Schiffen u. Marinegerät (v. a. Fregatte 122)	0,84
Beschaffung von MRCA-Tornado	2,81
Forschung für Tornado und JF-90	0,50
Summe:	6,25

Quelle: Bundeshaushaltsplan 1986, Einzelplan 14 (Entwurf)

Es soll keineswegs der Eindruck entstehen, als ob der Bundeswehr die Aggressionsbereitschaft lediglich von den USA aufgezwungen wäre. Die USA haben zwar zum Ausbau der Bundeswehr zur NATO-Speerspitze viel beigetragen.[16] Aber der Militarismus in unserem Land ist zum allergrößten Teil hausgemacht. Er ist untrennbar verbunden mit dem Aufstieg der Bundesrepublik zu einem führenden imperialistischen Land: sozusagen weltweit sollen die »legitimen deutschen Interessen«, die sich – bei Licht betrachtet – in der Regel als ganz ordinäre Profitinteressen deutscher Konzerne entpuppen, wieder wirksam abgesichert und durchgesetzt werden. Und wenn in den Anfangsjahren der Wiederbewaffnung das militärische Material vor allem in den USA gekauft wurde, so gibt es mittlerweile einen umfangreichen Rüstungssektor in unserer Industrie, der seinen Einfluß auf den Staat weidlich nutzt, um einträgliche Privatgeschäfte mit der – gesamtwirtschaftlich rein parasitären – Rüstungsproduktion zu machen.

wäre das Feldheer durch seine großen Panzerverbände »am besten für weitreichende Angriffsoperationen in offenem Gelände geeignet« (Brigadegeneral F. Uhle-Wettler 1980). Auch weiterhin beschränkte sich die Marine nicht auf Küstenschutz, sondern operierte mit ihren Hochsee-Flottenverbänden in Ost- und Nordsee sowie im europäischen Nordmeer. Auch weiterhin unterhielte die Luftwaffe starke Luftangriffsdivisionen mit Flugzeugen (Starfighter, Phantom, Alpha-Jet) und Flugkörpern (Pershing I), die fast alle nicht nur konventionell, sondern auch atomar bestückt werden können. Mit einem Wort: Für friedliche Nachbarstaaten bliebe die Bundeswehr weiterhin eine Bedrohung.

Welche Ausrüstung und wieviel Soldaten braucht eine ausschließlich defensive Bundeswehr?

Unter dem Stichwort »Alternative Sicherheitspolitik« wird in den letzten Jahren in unserem Land darüber eine breite Debatte unter Sicherheitsexperten verschiedener politischer Richtungen geführt.[17] Die dabei entwickelten echten und unechten Verteidigungsmodelle beziehen sich ausnahmslos auf die Abwehr von möglichen Angriffen des Warschauer Vertrages, während bei Überlegungen zur Verteidigung einer sozialistischen Bundesrepublik aus naheliegenden Gründen die andere Himmelsrichtung in Betracht gezogen werden müßte. Dennoch wurde in der Expertendebatte die Überrüstung der heutigen (in die NATO-Kriegsführung eingegliederten) Bundeswehr gegenüber ihrem reinem Verteidigungsauftrag deutlich.

Vier Punkte ergeben sich aus dieser Diskussion:

- *Erstens.* Einen wirksamen nationalen Schutz vor atomaren Angriffen gibt es nicht. Die einzige Alternative zu einer derartigen Illusion ist eine staatliche Friedenspolitik, die den allgemeinen Entspannungs- und Abrüstungsprozeß in West und Ost beschleunigt.
- *Zweitens.* Ein konventioneller, also nicht-atomarer Angriff auf die Bundesrepublik ist solange nicht ausgeschlossen, wie es auf der Welt Staaten gibt, die zum Ersteinsatz militärischer Gewalt gegen andere Länder neigen, um wirtschaftliche oder politische Interessen durchzusetzen.

– *Drittens.* Die Bundesrepublik kann auch einen Krieg mit modernen konventionellen Waffen nicht überstehen. Deshalb gilt auch in der Frage nicht-atomarer Kriegsgefahr der Vorrang einer auf generelle Abrüstung und allgemeine Friedenssicherung zielenden Politik *vor* militärischen Sicherheitsvorkehrungen.
– *Viertens.* Eine konsequent auf Verteidigung des eigenen Landes eingestellte Bundeswehr kommt mit einer weit geringeren Personalstärke und weit geringerer – und zugleich anderer – Ausrüstung aus, als dies bei der gegenwärtigen Bundeswehr der Fall ist. In der Bewaffnung darf die Bundeswehr gar nicht mehr zur Offensive befähigt sein;[18] sie müßte sich auf moderne Panzer- und Flugabwehr beschränken, wobei der Umfang der militärischen Ausstattung gegenüber dem heutigen

Die Zwischenfrage ist erlaubt, warum wir uns nicht an der Verteidigungsstrategie der heute schon bestehenden sozialistischen Staaten orientieren. Dies deshalb nicht, weil deren militärischer Schutz durch die Aufstellung einer dem hochgerüsteten NATO-Block gleichwertigen Gegenmacht geprägt ist, wozu es unter den bestehenden weltpolitischen Bedingungen unseres Erachtens keine andere Alternative geben kann. Für diese Lösung sprechen die schlimmen Erfahrungen der Sowjetunion. Für eine sozialistische Bundesrepublik steht die Militärfrage anders, schon allein deswegen, weil dieser neue Staat in geradem Gegensatz zu seinem kapitalistischen Vorgänger den aggressiven NATO-Block nicht zusätzlich stärken, sondern durch seinen Austritt schwächen und durch aktive Friedenspolitik zu seiner gänzlichen Auflösung beitragen würde. Täte er dies nicht, verdiente er die Bezeichnung »sozialistisch« nicht. Wenn er es aber tut, dann – aber erst dann – stünden auch heutige Form und heutiger Umfang der Gegenrüstung der sozialistischen Staaten grundsätzlich zur Disposition.

Rüstungspotential erheblich schrumpfen kann. Was die Zahl der noch notwendigen Soldaten betrifft, so hielt Ex-General Bastian Anfang der achtziger Jahre für derartige Abwehrzwecke eine Mannschaftsstärke von 150 000 für ausreichend.[19] Selbst wenn wir für die nationale Sicherheit der Bundesrepublik eine 200 000 starke Bundeswehr annehmen, so wäre dies gegenüber den heute fast 500 000 Aktiven eine Verringerung von 60 Prozent.

Wenn wir von den bundesdeutschen Rüstungsausgaben des Jahres 1985 die 3,5 Milliarden DM direkten NATO-Kosten und die 6,25 Milliarden DM teuren neuen Groß-Angriffssysteme abziehen, bleibt immer noch die stolze Summe von 23,3 Milliarden DM für die militärische Ausrüstung der heutigen Streitkräfte übrig. Und das ohne die Personalausgaben, die zusätzlich über 20 Milliarden DM ausmachen.

Wenn wir davon ausgehen, daß die aktuelle Überrüstung des Bundeswehrpersonals im Verhältnis von der *bestehenden* (500 000 Mann) zu der für reine Abwehraufgaben *notwendigen* Mannschaftsstärke (200 000 Mann) zum Ausdruck kommt, und somit eine Überrüstung, gemessen an einem rein defensiven Auftrag, von 2,5 zu 1 besteht, dann kann man bei der *Ausrüstung* der Bundeswehr ein ähnliches Zahlenverhältnis unterstellen. Ohne sich auf Einzelheiten darüber einzulassen, wie eine ausschließlich auf den Schutz des Bundesgebiets zugeschnittene Ausrüstung der Luft- und Bodenabwehr konkret aussehen müßte (dazu ist gegenwärtig noch niemand in der Lage), setzen wir das Übermaß bei der Ausrüstung der heutigen Bundeswehr ebenfalls mit 2,5 zu 1 an. Anders gesagt: Die Kosten der militärischen Ausrüstung einer defensiven Bundeswehr sinken auf 40 Prozent des früheren Standes.

1985 wären auf diese Weise von den 23,35 Milliarden rund 14 Milliarden DM für sinnvollere Aufgaben freigeworden; zusammen mit der Ersparnis durch den Kaufverzicht bei neuen Groß-Angriffssystemen in Höhe von 6,25 Milliarden sind das – ohne die NATO-Einsparungen des Bundeshaushalts – über 20 Milliarden DM weniger an militärischer Vergeudung. Rechnen wir die 0,3 Milliarden Einsparung bei nutzlosen Atomkriegsschutz-

Tabelle 18
Ausrüstung der Bundeswehr 1985 in Mrd. DM – ohne Kosten der NATO und großen Offensivsysteme

Sächliche Betriebsausgaben	5,19
Erhaltung und Beschaffung militär. Materials für Heer, Luftwaffe, Marine	12,02
Wehrforschung und Erprobung	3,75
Sonstige Militärausgaben	2,39
Summe:	23,35

Die Zahlen vor den jeweiligen Posten bezeichnen den jeweiligen Einzelplan des Bundeshaushalts und seinen Unterplan.

Sächliche Betriebsausgaben (ohne NATO) in Mio. DM
14 01 Ministerialverwaltung 41; Baumaßnahmen 272; 14 02 Transporte usw. 160,1; 14 03 Truppenübungen, Ausbildung 400; 14 04 Datenverarbeitung usw. 186; 14 05 Bildungswesen 140; 14 06 Seelsorge 5; 14 07 Disziplinargericht 0,5; 14 08 Arzneien usw. 66; 14 10 Verpflegung 472; 14 11 Dienstkleidung 26; 14 12 Grundstücke, Gebäude, Räume 2060 (ohne NATO); 14 14 Fernmeldegebühren 326; 14 17 Betriebsstoff 915; 14 18 Schiffahrtsgebühren 11,4; 14 19 Charterkosten 55; 14 21 Wehrtechnik u. Beschaffung 55; 14 23 Sozialversicherung 2,1.

Summe: 5193 Mio.

Erhaltung und Beschaffung militärischen Materials (ohne NATO) für Heer, Luftwaffe und Marine (ohne große Angriffssysteme)
14 08 Sanitätsgerät 147; 14 10 Vorräte 106; 14 11 Uniformen 426; 14 12 Baumaßnahmen 1712; 14 13 Pionierwesen 96; 14 14 Fernmeldematerial 1135; 14 15 Kampffahrzeug-Zubehör, Munition, Depots usw. (Feldzeugwesen) 5925; 14 17 Quartiermeistermaterial 122; 14 18 Erhaltung von Schiffen 530; 14 19 Erhaltung von Flugkörpern und Flugzeugen 1243; Beschaffung von Flugkörpern u. Flugzeugen 500; Alpha Jet 80.

Summe: 12 022 Mio.

Wehrforschung (ohne große Angriffssysteme) in Mio DM
14 20 Entwicklung und Erprobung usw. 1999; außerdem die in anderen Haushaltsplänen enthaltenen Ausgaben für Rüstungsforschung: geschätzt auf 1750 (Rilling 1985, S. 34)

Summe: 3749 Mio.

Sonstige Militärausgaben 1985 in Mio DM
In EP 14 u. 08: Zuweisungen, Zuschüsse und Investitionen – ohne Sozialversicherung, Unterbringungsbauten, Wehrforschung und NATO-Bewilligungen, aber einschließlich ausgewiesener Zahlungen für militärische Leistungen der Bundesländer: 931,2. Weitere Einzelpläne: 02 03 Wehrbeauftragter des Bundestags – sächl. Verwaltungsausgaben 0,6; 07 15 Militäranteil am Bundesverwaltungsgericht (10%) 2,1; 12 15 Militäranteil an der Bundesanstalt für Flugsicherung (20%) 90; 12 16 Militäranteil am Luftfahrt-Bundesamt (20%) 2; 25 02 Wohnraum für die Bundeswehr (50%) 15. Dazu kommen Ausgaben der Länder und Gemeinden (incl. NATO): Militärische Belastungen für Länderfinanzbehörden ca. 800; Länderausgaben für Straßenbau im militärischen Interesse ca. 350; kommunaler Straßenbau im militärischen Interesse ca. 200. (Nach Dähne 1985 b)

Summe: 2391 Mio.

mitteln dazu und die 3,5 Milliarden DM direkter Kosten für die NATO, so läßt sich feststellen: Eine sozialistische Bundesrepublik hätte ihren militärischen Schutz im Jahre 1985 mit 24 Milliarden DM weniger erreicht, als die kapitalistische Bundesrepublik für Rüstung ausgab.
Doch wir sind noch nicht am Ende. Noch ist in unsere Rechnung nicht eingegangen, wie sich die Verringerung des militärischen und zivilen Personals auswirken würde.

Wohin mit dem überflüssigen Militärpersonal?

Bei einer Ausgabenkürzung für die materielle Ausrüstung der Bundeswehr um 24 Milliarden DM wird dieser Betrag für andere, nämlich nützliche Gebrauchszwecke frei. In genau derselben Höhe können nunmehr Waren und Dienstleistungen bezahlt werden, die nicht für die Zerstörung von Mensch und Natur einkalkuliert werden, sondern unseren Wohlstand und unser Wohlbefinden steigern können.

Technisch ist z. B. eine Umstellung bisheriger Rüstungsbetriebe auf friedliche, zivile Projekte gar nicht so kompliziert. Das haben Bremer Wissenschaftler anhand des Tornado, des Leopard 2 und der Fregatten 112 nachgewiesen, an deren Stelle Umweltschutztechniken, moderne Nahverkehrssysteme, Meerestechniken produziert werden könnten.[20] Arbeitskräfte, die vorher militärische Rüstungsgüter und Dienstleistungen im Wert von 24 Milliarden DM lieferten, stellen dann zivile Produkte und Dienstleistungen im gleichen Wertbetrag her. In diesem Sinne wird unser Land um 24 Milliarden DM jährlich reicher, verschwindet eine Vergeudung menschlicher Arbeitsleistungen im Wert von 24 Milliarden DM.

Anders liegt die Sache bei den Personalkosten des Militärs. Wird die Zahl der Soldaten der Bundeswehr von 495 000 auf 200 000 verringert und die Zahl der Zivilbediensteten des Militärs von 176 000 auf 71 000, dann fallen Zahlungen für insgesamt 400 000 Personen weg. Das sind 12,1 Milliarden DM Ersparnis bei den militärischen Personalkosten.

Nun müssen wir uns allerdings davor hüten, diese 12,1 Milliarden DM Personalkosten gleichzusetzen mit der Personalvergeudung durch unsere überdimensionierte Bundeswehr. Denn wir können nicht einfach wie bei den Rüstungsausgaben die freigewordenen Ausgaben für andere Zwecke verwenden. Wenn es auch stimmt, daß die Staatskasse infolge der Streichung von 400 000 militärisch Bediensteten aus der Sold- und Gehaltsliste der Bundeswehr jetzt über 12,1 Milliarden DM mehr verfügt, so ist die Gesellschaft der Bundesrepublik als ganze dadurch nicht um 12,1 Milliarden reicher geworden. Gesamtgesellschaftlich betrachtet hat sich nichts verändert. Der Staat besitzt nämlich zwar 12,1 Milliarden DM zusätzlich, das ehemalige militärische Personal dagegen hat exakt 12,1 Milliarden DM weniger in der Tasche. Auf der einen Seite eine um 12,1 Milliarden DM erweiterte Staatskasse, auf der anderen Seite 400 000 Menschen ohne jedes Einkommen.

Man kann sich das auch so vorstellen: Wenn die 400 000 »Ehemaligen« keine neue Einkommensquelle finden, muß der Staat genau wie vorher ihren Lebensunterhalt bezahlen. Wie vorher, als diese Leute noch aktiv waren, nimmt er vom Steuerzahler Geld und verteilt es auf das Militärpersonal – das »Militärpersonal a. D.« – um. Auf diese Weise würden die jährlich gewonnenen 12,1 Milliarden DM durch die Unterhaltszahlungen für die »notleidenden ehemaligen Bundeswehrangehörigen« wahrscheinlich in gleicher Höhe wieder aufgezehrt.

Lohnt sich demnach eine Verringerung der Militär- und Zivilbediensteten der Bundeswehr gesamtwirtschaftlich gar nicht?

Richtig ist zwar, daß unter unseren bisherigen Bedingungen die Steuerzahler weiterhin für das gesamte Militärpersonal, ob aktiv oder ausgeschieden, aufkommen müßten. Aber wir haben die entscheidende Bedingung nicht berücksichtigt. Die 400 000 hatten während ihrer Dienstzeit mit Altersrentnern zwar gemeinsam, daß sie nicht von eigener gegenwärtiger Arbeit lebten, sondern von Arbeit, die in anderen Wirtschaftsbereichen vor sich ging. Von Rentnern unterscheidet sich das freigesetzte Bundeswehrpersonal aber gerade dadurch, daß es noch vollständig arbeitsfähig ist. (Wegen der gesundheitlichen Sonderanforderungen an Soldaten dürften diese ehemaligen Bundeswehrleute sogar überdurchschnittlich leistungsfähig sein.) Das gesamte Personal, das die Bundeswehr jetzt nicht mehr für militärische Zwecke bei sich bindet, steht somit für Arbeitsplätze in der zivilen Wirtschaft zur Verfügung.

400 000 Arbeitskräfte wurden bisher jährlich von gesellschaftlich nützlicher Arbeit ferngehalten und mußten Tätigkeiten erledigen, die, gemessen am Auftrag rein defensiver Landesverteidigung, überflüssig waren. Darin besteht aber die eigentliche Personalvergeudung durch die Bundeswehr der kapitalistischen Bundesrepublik: Nicht in dem Betrag, den die überflüssigen Soldaten samt Zivilbediensteten den Steuerzahler jährlich kosten. Sondern in dem Betrag, den jene Menschen aus dem Grunde *nicht* produzieren, daß sie von eigener Wertschöpfung mittels nützlicher Arbeit in der Wirtschaft abgehalten werden.

Statistisch betrachtet trug ein einzelner Erwerbstätiger im Jahre 1985 zur inländischen Wertschöpfung durchschnittlich 63 000 DM bei.[21] 400 000 zusätzliche Erwerbstätige hätten demnach 400 000 mal so viel, also 25,2 Milliarden DM geschaffen.[22] Durch die zusätzliche Arbeit von 400 000 Menschen, die früher vom Steuerzahler unterhalten wurden, welche die – ökonomisch ausgedrückt – unproduktive Militärarbeit bezahlten, wird die Gesellschaft nunmehr um 25,2 Milliarden DM reicher. Anders gesagt: Die überflüssige Fesselung von 400 000 arbeitsfähigen Personen an die Bundeswehr verursachte 1985 einen wirtschaftlichen Ausfall von 25,2 Milliarden DM.

Diese Summe ist die wirkliche Personalvergeudung durch die gegenwärtige Bundeswehr. Wie wir sehen, liegt sie viel höher als die 12,1 Milliarden DM überflüssigen Personalkosten, was damit zu tun hat, daß die menschliche Arbeitskraft die Fähigkeit besitzt, mehr Werte zu schaffen, als sie selbst verbraucht. Die Gesellschaft wird durch die Einbeziehung von früheren Soldaten und militärischem Zivilpersonal in den nützlichen Arbeitsprozeß um 25,2 Milliarden DM reicher.

Die gesamte militärische Vergeudung ist aber noch größer, wenn wir zusätzlich zu dem – bisher betrachteten – militärischen und zivilen Personal der Bundeswehr auch noch das deutsche Zivilpersonal bei den ausländischen Streitkräften in unserem Land berücksichtigen. Laut Tabelle 16 waren bei den bei uns stationierten Truppen der USA, Großbritanniens, Frankreichs, Belgiens und Kanadas insgesamt 95 100 Deutsche beschäftigt. Sie wurden zwar im Unterschied zum Zivilpersonal der Bundeswehr aus ausländischen Geldmitteln bezahlt. Das ändert jedoch absolut nichts an dem Umstand, daß sie von gesellschaftlich nützlicher Arbeit ausgeschlossen sind. Unterstellen wir den Abzug aller fremden Truppen für das Jahr 1985, dann hätten jene fast 100 000 Menschen der nationalen Arbeit unseres Landes zusätzlich zur Verfügung gestanden und nützliche Leistungen im Wert von 6 Milliarden DM erwirtschaften können.

Wir bezeichnen die Vergeudung durch das Fernhalten von Menschen vom gesellschaftlich nützlichen Arbeitsprozeß als »indirekte Vergeudung«, um sie von der direkten Ausgabenverschleuderung für unsinnige Zwecke abzugrenzen. Zu den direkt vergeudeten Beträgen durch das Militär in Höhe von 24,1 Milliarden DM für die Ausrüstung mit Waffen usw. kommt eine indirekte Vergeudung in Höhe von 25,2 Milliarden DM entgangener Wertschöpfung durch das überflüssige Personal bei der deutschen Bundeswehr sowie 6 Milliarden DM durch deutsches Zivilpersonal bei ausländischen Streitkräften. Die gefährlichste Vergeudung in unserem Land, die militärische, ist zusammen auf über 55 Milliarden DM zu beziffern.

Anmerkung zur direkten Personalvergeudung

Die 400 000 überflüssigen Personen bei der Bundeswehr (einschließlich Zivilisten) verursachen nicht nur eine indirekte Vergeudung durch Produktionsausfall in nützlichen Arbeitsbereichen. Ihre 12,1 Milliarden DM Personalkosten sind als solche selbstverständlich auch eine direkte Vergeudung. Diese 12,1 Milliarden DM belasteten 1985 die sonstige Wirtschaft, welche die Mittel in Form von Steuermitteln aufzubringen hatte. Diese Belastung entfällt, sobald jene bisher für die Bundeswehr Beschäftigten aus nützlicher Arbeit selbst ihren Lebensunterhalt bestreiten. 12,1 Milliarden DM hätten in diesem Fall 1985 von der übrigen Wirtschaft an Steuermitteln gar nicht erst geschaffen werden müssen. Die Gesamtwirtschaft hätte dann zwar 12,1 Milliarden DM weniger zur Verfügung gehabt. Worauf es ankommt, ist aber, daß das Fehlen jenes Betrages den wirklichen Wohlstand der Bundesrepublik um keinen Pfennig vermindert hätte, weil er bislang ohnehin in einen reinen Vergeudungsbereich abgeführt wurde.

Beim deutschen Zivilpersonal (95 100 Menschen) bei den ausländischen Streitkräften liegt die Sache anders. Seine Arbeit schädigt die Bundesrepublik nur indirekt durch Ausfall möglicher nützlicher Tätigkeit. Direkte Personalkosten verursachen diese Menschen der Bundesrepublik nicht, so daß durch ihre Verlagerung auf nützliche Arbeit zwar die Amerikaner, Briten usw. Lohngelder einsparen, nicht aber wir.

Innere Feinde

Zehntausend Schnüffler könnten gehen

Wenn wir das optimistische Szenario einer sozialistischen Bundesrepublik in einer friedlichen und entspannten Weltlage beibehalten, brauchen wir uns nicht lange mit dem Personal des Geheimdienstes für Auslandsspionage zu befassen. Die 6500 Mitarbeiter und Agenten des Bundesnachrichtendienstes werden mangels Aufgaben entlassen und umgeschult. Denn es wird keiner mehr gebraucht, um die sozialistischen und anderen Länder von innen und außen auszuhorchen, oder um jährlich 1,6 Millionen Briefe zu öffnen[1] oder anrüchige Waffenlieferungen an afghanische »Freiheitskämpfer« (Gegenleistung an den BND: Opium) oder südafrikanische Rassisten abzuwickeln.[2]

Auch der Geheimdienst für das Inland, der sich ausgerechnet »Verfassungsschutz« nennt, hätte in einer anderen Bundesrepublik keinen Platz. Seine rund 4000 Beamten und über 30 000 haupt- und nebenberuflichen Agenten und V-Leute[3] sind so einseitig auf Demokratenbespitzelung hin ausgebildet, daß es für ihre Fachkenntnisse keine Verwendung mehr gäbe. Eine ganz andere Frage ist, welche Organisation und wie viele Menschen in der neuen Gesellschaftsordnung darüber wachen müssen, daß sich die Verlierer der sozialen Umwälzung nicht mit illegalen Mitteln ihre Privilegien zurückholen. Fest steht allerdings, daß die Angehörigen des sogenannten Verfassungsschutzes das zu diesem Zweck am allerwenigsten geeignete Personal sind.

Durch die Auflösung der Geheimdienste würden mindestens 10 000 Personen frei; außerdem noch einmal rund 500 Millionen DM jährlich für Sachmittel.[4] Auf die Geheimdienste gehen wir im Rahmen dieser Untersuchung nicht weiter ein, sondern wenden uns jetzt dem personalintensivsten zentralen Gewaltapparat »nach innen« zu, nämlich den beiden staatlichen Polizeitruppen Bundesgrenzschutz und Bereitschaftspolizei.

Zwei Armeen nach innen: BGS und Bepo

In Fladungen, einem Ort im Unterfränkischen mit 1092 Einwohnern, östlich der Rhön gelegen, werden 60 Bewaffnete vermutet, die vorwiegend mit sowjetischen Maschinenpistolen vom Typ Kalaschnikow ausgerüstet sind und von »ausgebildeten Berufsrevolutionären« geführt werden.

Wie ist dieses Dorf unter Einsatz schwerer Waffen von den »Revolutionären« zu säubern – so lautete 1970 die Prüfungsaufgabe für Offiziere des Bundesgrenzschutzes (BGS) bei einem Lehrgang. Zwei Offiziere fielen durch. Diese beiden Kandidaten wollten die Aktion nämlich abbrechen lassen, weil sie weder mit Grenzschutz noch mit polizeilichen Grundsätzen etwas zu tun habe. Auf die Musterlösung kamen sie nicht; diese sah vor, das Dorf durch zweistündigen Dauerbeschuß von den »Roten« zu befreien, wobei Rücksicht auf die Bevölkerung nicht nötig sei.[5]

Die durchgefallenen Offiziere hatten den Namen »Grenzschutz« für bare Münze genommen. Das war ihr Fehler, denn von Anfang an (1951) wurde diese in Kasernen untergebrachte Truppenpolizei als Ersatzarmee gegründet – gegen den äußeren und inneren Feind gleichzeitig. Ähnliches gilt für die seit 1950 von Bund und Ländern gemeinsam finanzierten, ebenfalls in geschlossenen Gemeinschaftsunterkünften gehaltenen Truppen der Bereitschaftspolizei (Bepo). Beide Verbände umfassen heute etwa 25 000 Mann.[6] Der BGS war allerdings schon immer mit militärischem Gerät besser ausgestattet als die Bepo, verfügte über Handgranaten, Schnellfeuerkanonen, Panzerwagen, Kampfhubschrauber usw., während es die Bepo gewöhnlich »nur« bis zu automatischen Gewehren und Maschinengewehren brachte.[7] Deshalb zählt der BGS nach NATO-Kriterien zusätzlich zur Bundeswehr zu den bewaffneten Streitkräften unseres Landes, während die Bepo in den Bonner Planungen für den »Ernstfall« mehr die Rolle einer möglichen Militärreserve spielt. Daß aber nicht nur der BGS, sondern auch die Bepo eine schlagkräftige Truppe ist, hat sie in jüngster Zeit immer wieder schlagend bewiesen – in Brokdorf, in Gorleben, an der Startbahn-West oder beim Einsatz gegen die Hunderttausend, die zum Bau der atomaren Wiederaufbereitungsanlage in Wackersdorf ihr wohlbegründetes Nein sagten.

Mit der Gründung der Bundeswehr (1956) – das hätten die beiden durchgefallenen Offiziere eigentlich wissen müssen –, wurden BGS und Bepo frei von Aufgaben gegen den »äußeren Feind« und konnten sich auf »außergewöhnliche innere Situationen« konzentrieren. Die Feindbilder wurden der »bewaffnete Aufständische« und sonstige aufrührerische Elemente, die, natürlich vom Osten gesteuert, unserer Wohlstandsgesellschaft an den Kragen wollten. Als 1968 die CDU/SPD-Regierung diesen Gegner, durch die Notstandsgesetze, ebenfalls den Kameraden von der Bundeswehr anvertraute, wurden BGS und Bepo keineswegs überflüssig, sondern, im Gegenteil von diesem Zeitpunkt erst recht zahlenmäßig ausgebaut, neu ausgerüstet und umorganisiert. Warum?

Die Studentenproteste und die Septemberstreiks der Metallarbeiter (1969) zeigten eine für die Bundesrepublik neue Entwicklung; Ökologiebewegung, Bürgerinitiativen und Friedensbewegung folgten. Ursprünglich aufs Niederschießen eines von außen gelenkten Bürgerkriegs eingestellt, sah sich die Polizeiführung einer buntscheckigen Protestbewegung gegenüber, die sich allein aus unserer bundesdeutschen Gesellschaft heraus entwickelt hatte. Der polizeiliche »Vordenker« Benda erkannte bald: »Schließlich muß die Ausrüstung des Bundesgrenzschutzes auch auf Auseinandersetzungen mit Störern eingestellt sein, die nicht mit Schußwaffen ausgestattet sind, sondern mit Pflastersteinen und Tomaten.«[8] Handgranaten taugen gegen die Besetzer von Fabriken, die der Eigentümer unversehrt zurückhaben will, ebensowenig wie im Einsatz auf AKW-Bauplätzen, auf denen teures Gerät herumsteht. Und sicher spielte auch diese Überlegung eine Rolle, als es galt, die Bürgerkriegstruppen neuzubewaffnen: Einen so großen und weiter zunehmenden Teil der eigenen Bevölkerung kann man unmöglich einfach über den Haufen schießen.

Was ist bei der Polizeireform der siebziger Jahre herausgekommen?

Granatwerfer, Schützenpanzerwagen und schwere Kampfpanzer wurden verschrottet;[9] Wasserwerfer, Lichtmast-Kraftwagen, Sperrgerät, schnelle Transportautos und -hubschrauber wurden angeschafft. BGS und Bepo erhielten Schutzhelme mit Visier und Plexiglasschilder, schwer entzündliche Kampfanzüge und Maschinenpistolen, Gasmasken und Tränengaswaffen. Der Todesschuß wurde zwar nicht ausgeschlossen – er wurde sogar von eigenen Sonderkommandos à la GSG 9 für den gezielten Einsatz bis zur Perfektion trainiert –, aber das Ziel der Polizeieinsätze bei großen Menschenmengen lautete nicht: totale Vernichtung. Hauptzweck wurden Abschreckung und Einschüchterung – unterhalb der Todesschwelle, wobei der Tod einzelner als »Unfall« immer wieder in Kauf genommen wurde.[10] Wenn auf Demonstranten Hunderte von in Windeseile den Transporthubschraubern entstiegene Beamte zuschreiten, die alle geradeso furchteinflößend aussehen wie Eishockeytorhüter, dann ist diese Wirkung ganz und gar beabsichtigt. »Sie können«, schrieb die FAZ, »in ihrer martialisch wirkenden Uniformierung ... selbst den gewalttätigsten Demonstranten noch Lebensangst einjagen.«[11]

Beim bloßen Angstmachen bleibt es nicht. Die Großeinsätze der letzten zehn Jahre ließen die breite Grauzone staatlicher Gewalt zwischen dem Einsatz normaler Revierwachtmeister und einem Vernichtungsangriff des Militärs sichtbar werden:

- Behinderungen, Massenkontrollen und Datenerfassung auf den Zufahrtswegen, Videoüberwachung vor, während und nach einer Kundgebung;
- willkürliche Verhaftungen einzelner durch polizeiliche Greiftrupps, oft als Zivilisten getarnt;
- Einsatz von CN- und von Atemnot und Angstgefühl erzeugendem CS-Giftgas, entweder direkt versprüht, als Granate verschossen oder den Stößen der Wasserwerfer beigemischt;
- direkte Schlagstockeinsätze gegen ungeschützte Demonstranten, als Ersatz für den Gebrauch der Schußwaffe.

Fazit: Seit mit den Notstandsgesetzen von 1968 die Bundeswehr als letztes Mittel gegen innere Feinde der Gesellschaftsordnung bereitsteht, haben die beiden großen kasernierten Truppenpoli-

Die Suche nach polizeitypischen Waffen unterhalb der Todesschwelle geht weiter. Im einzelnen sind geplant:

- eine chemische Flüssigkeit für Wasserwerfer, die sich nach dem Versprühen auf der Straße in Kügelchen verwandelt und damit jegliche Vorwärtsbewegung unterbindet;[12]
- eine Luftstoßkanone mit einem Meter Durchmesser, die von einem Lastwagen aus auf Demonstranten gerichtet werden soll;
- »Schallenergien oberhalb der Schmerzwelle« aus einer Reihe fest installierter Lautsprecher;
- Lichtblitz-Effekte mit »optischen Einsatzmitteln«, ähnlich den »Blendschock-Granaten«, die von der Spezialtruppe GSG 9 des BGS bei der Geiselbefreiung in Mogadischu 1977 eingesetzt worden waren.[13]

zeien, Bundesgrenzschutz und Bereitschaftspolizei, ihre Einsatzmittel weitgehend unter die »Todesschwelle« verlegt. Damit wurden sie aber keineswegs entkräftet, sondern den neuen Formen innerer Auseinandersetzungen wirksamer angepaßt. Angesiedelt im Bewaffnungsraum zwischen hochgerüsteter Bundeswehr und Alltagspolizei mit Dienstpistole am Koppel, ist es ihre Hauptaufgabe, demokratische Regungen und Massenbewegungen aller Art gewaltsam zu unterdrücken.

Noch nie wurde z. B. bekannt, daß jene halbmilitärischen Verbände einer vom Unternehmer ausgesperrten Belegschaft den Weg in den Betrieb freigemacht hätten. Ebensowenig haben bisher BGS und Bepo der Friedensbewegung vorgeschlagen, in gemeinsamer Aktion die für unser Land lebensbedrohenden US-Atomraketen zu verschrotten. Noch nie standen die bewaffneten Sicherheitskräfte verängstigten Anwohnern bei, um Kernkraftwerke zu verhindern oder Wälder vor dem Abholzen zu retten. Im Gegenteil: Wer in solcher Weise den Verfassungsgrundsatz »Alle Macht geht vom Volke aus« laut hörbar inter-

Bayern kauft Gummischrot

MÜNCHEN, 2. Juli (dpa). Als erstes Bundesland kann Bayern bei Polizeieinsätzen künftig auch auf Gummischrotpatronen zurückgreifen. Innenminister Karl Hillermeier (CSU) bestätigte am Mittwoch vor Journalisten im Landtag, daß der Freistaat Gummischrot und Abschußgeräte, wie sie vor Jahren bei den Schweizer Jugendkrawallen eingesetzt wurden, kaufen wird.
Einige der Geräte seien schon vorhanden. Ihr Einsatz hänge von polizeitaktischen Gesichtspunkten ab. Er sei bisher noch nicht erfolgt. Der von Bayern immer wieder angekündigte Alleingang bei der Verwendung der umstrittenen Distanzmittel »kann stattfinden«, sagte Hillermeier. Die Schweizer Geschosse können auf kürzere Distanz eingesetzt werden als die bei MBB in Entwicklung befindlichen, für die ein Abstand von etwa 60 Metern vorgesehen ist.
Insgesamt will der Freistaat vorerst knapp 100 000 Mark für Gummipatronen und Abschußgeräte ausgeben. Dies geht aus einer dem SPD-Haushaltsexperten Max von Heckel vorliegenden »Bedarfszusammenstellung« hervor. Danach erhält die Polizei in Bayern auch für etwa 1,4 Millionen Mark fast 20 000 neue CS- und CN-Reizstoffgranaten. »Damit kann man die halbe Oberpfalz ausräuchern«, kritisierte Heckel.

Quelle: FR, 3. 7. 86

pretiert, muß damit rechnen, daß seine Daten in den Speicher eines polizeilichen Überwachungscomputers wandern.

Kampfverbände wie Bundesgrenzschutz und Bereitschaftspolizei nehmen in unserer Gesellschaft einen festen Platz ein. Sie haben private Profitziele einer kleinen, aber umso mächtigeren Minderheit notfalls mit Gewalt gegen den Rest der Bevölkerung durchzusetzen. Dafür werden sie bezahlt und geschult. Eine Gesellschaft, in der der große »Rest der Bevölkerung« selbst bestimmt und entscheidet, braucht derartige Schlägertrupps nicht. Warum sollte sie Projekte mit Gewalt durchsetzen lassen, die sie selbst gar nicht will bzw. die ihr Überleben in Frage stellen?

Jeweils 25 000 Beamte sind im Polizeivollzug beim Bundesgrenzschutz und bei der Bereitschaftspolizei der Länder eingesetzt, so lauten die Angaben bzw. Schätzungen über die Stärke der Polizeitruppen für das Jahr 1985.[19] Die Personalkosten machten etwa 1,6 Milliarden DM aus, für die Ausrüstung lassen sich in den Haushaltsplänen rund 350 Millionen DM aufspüren.

BKA: Wer hat Angst vorm Massenspeicher?

Kriminalpolizeiliche Aufklärung und politische Bürgerüberwachung sind wohl bei keiner anderen Behörde so eng ineinander verwoben wie beim Bundeskriminalamt (BKA).

Laut Verfassung darf es eine bundeszentrale Kriminalpolizei gar nicht geben – denn Polizei ist Ländersache. Doch das BKA mit seinen 3600 Planstellen und 110 Millionen DM Sachausgaben (Bundeshaushaltsplan 1986, Kap. 0610) ist praktisch eine übergeordnete Bundeskriminalpolizei, mit eigenem Recht zur Ermittlung, Festnahme, erkennungsdienstlicher Behandlung, Schußwaffengebrauch usw. Die Terroristenhysterie der siebziger Jahre war der Vorwand für die Errichtung des gigantischen polizeilichen Informationssystems auf EDV-Basis (INPOL). Schon 1975 umfaßte der Datenspeicher des BKA 2,1 Millionen Kriminalakten, die Zehnfingerabdruckblätter von 1,8 Millionen und die Lichtbilder von 1,5 Millionen Personen.[15] Heute sind in den diversen Dateien des BKA mehrere Millionen Personen gespeichert.[16] Die Zahl von 6 Millionen Bundesbürgern, die in polizeilichen und geheimdienstlichen Datenbanken gespeichert sind, ist sicher nicht zu hoch gegriffen.[17]

Direkten Anschluß an die BKA-Datenbanken haben 2500 Terminals im ganzen Land. Das heißt z. B., daß von 300 Grenzübergängen aus die Kontrollbeamten per Datensichtgerät in Sekundenschnelle alles Gespeicherte über eine beliebige Person abfragen können. Es genügt, den Namen der betreffenden Person oder auch nur das Autokennzeichen einzugeben – denn selbstverständlich hat das BKA auch Zugriff auf die Datei des Kraftfahrzeugbundesamtes in Flensburg.

Rasterfahnung – nie bemerkt?

Polizeiliche Annahme vorneweg: Terroristen haben kein Bankkonto und zahlen deshalb ihre Stromrechnung anders als Normalbürger. Aufgrund dieser Polizeivermutung wurde eine bundesweite Rasterfahnung in Gang gesetzt: Die Beamten des BKA besorgten sich von sämtlichen Energieversorgungsunternehmen unseres Landes die Kundendaten. Bis auf die Hamburger Elektrizitätswerke verweigerte kein einziger Stromlieferant die Herausgabe – und die Hamburger wurden dazu per Beschlagnahme-Anordnung des Bundesgerichtshofs gezwungen. Aus diesem riesigen Datenbestand wurden diejenigen Personen ausgesondert, die ihre Rechnungen bar bezahlten oder durch andere Personen bezahlen ließen. Die Daten dieser »Ausgerasterten« wurden dann mit den Datenbändern der Meldebehörden, des Kraftfahrzeugbundesamtes, der Kindergeldbezieher und anderem mehr verglichen. Am Ende blieb ein »Bodensatz« von Personen übrig, die nicht gemeldet waren, auf die kein Fahrzeug zugelassen war, die kein Kindergeld bezogen und die ihre Stromrechnung bar oder durch andere bezahlten. Nach Meinung der Polizei alles höchst verdächtige Leute. Allerdings immer noch viel zu viele. Dieser düstere Personenkreis wurde deshalb durch konventionelle Ermittlungsmethoden weiter »abgeklärt«, das heißt, die Kripo fragte Bekannte und Nachbarn aus, forschte auf der Arbeits-

stelle nach. Einzelne der ausgesiebten Personen wurden beobachtet, bei manchen wurde sogar die Wohnung durchsucht. Es ist nicht bekannt, ob bei dieser Großfahndung Ende der siebziger Jahre, die mit der Überprüfung von sämtlichen 24 Millionen Stromzahlern begann, ein einziger Terrorist gefunden wurde.
Nebenbei, falls einer der Leser schon einmal in der B-Ebene des Frankfurter Hauptbahnhofs eine überregionale Zeitung gekauft haben sollte, sind seine Gesichtszüge möglicherweise inzwischen in der Bilderdatenbank des BKA gespeichert. Denn Terroristen kaufen bekanntlich überregionale Zeitungen. Folglich wurden in der B-Ebene Kameras installiert, um diesen zwielichtigen Personenkreis ohne Interesse für den Lokalteil optisch festzuhalten.[18] Zur Beruhigung: Die Bildbanken beim BKA sind technisch noch unvollkommen. Erst wenn die Bundespost überall BIGFON gelegt hat, soll es mit der Speicherqualität besser werden. BIGFON heißt übrigens »breitbändiges integriertes Glasfaserortsnetz«, zu deutsch: Verkabelung.

Warum auch nicht, mag man fragen, wenn doch mittels moderner Technik Schwerverbrecher, Rauschgifthändler und terroristische Bombenleger schneller gefaßt werden können? Gewiß, es gibt eine Spezialdatei Rauschgift und eine Datei Terrorismus. Aber damit kommt man längst nicht auf »mehrere Millionen gespeicherte Personen«. Die Zusammenhänge werden deutlich, wenn man die Sonderdatei »Lage I« berücksichtigt. Sie wurde anläßlich der Demonstration gegen die Stationierung von Pershing II und Cruise Missiles im Herbst 1983 angelegt. Wer einmal beim Plakatekleben für eine Friedensdemonstration von einer Polizeistreife überrascht wurde, wer sein Auto, ohne es zu wissen, in der Nähe einer Wohnung geparkt hat, in der Gespräche über Anti-AKW-Aktionen geführt und abgehört wurden, der mag, vielleicht zusammen mit seinem gesamten Bekanntenkreis, ebenso »eingespeichert« sein wie der Rauschgiftthändler, der fünf tote Fixer auf dem Gewissen hat. Im Datenspeicher sind alle gleich.

Ob er gespeichert ist oder nicht, erfährt der einzelne Bürger nicht, denn das wird geheimgehalten. Was bleibt, ist die einschüchternde Wirkung, die von der Möglichkeit der totalen Erfassung ausgeht. Und genau das ist gewollt.

Wer umfassende Demokratie will und unsere Verfassung ernst nimmt, der braucht kein »Bundesamt für politische Kriminalität«, was das Bundeskriminalamt zu neunzig Prozent seiner Tätigkeit ist. Seine 3600 Planstellen plus 110 Millionen DM Sachausgaben sind in einer demokratischen Bundesrepublik fehl am Platze.

Die sozialistische Bundesrepublik des Jahres 1985 wäre ohne die gegenwärtigen zentralen Gewaltapparate ausgekommen. Das heißt: ohne die über 10 000 Personen bei Geheimdiensten, ohne die 50 000 bei den inneren Polizeitruppen und ohne die fast 4000 beim Bundeskriminalamt. Das sind 64 000 Menschen, die dann nicht Steuermittel verzehrt hätten, sondern (bei einer jährlichen Wertschöpfungsfähigkeit pro Kopf von 63 000 Mark) nützliche Arbeit im Wert von 4 Milliarden DM geleistet hätten. Die drei zentralen Unterdrückungsapparate verschlangen außerdem Sachausgaben in Höhe von insgesamt fast 1 Milliarde DM. Gesamtvergeudung: 5 Milliarden DM.

Anmerkung zur direkten Personalvergeudung

Wie das Bundeswehrpersonal belastet auch das Personal der zentralen Gewaltapparate »nach innen« die Gesamtwirtschaft *direkt* mit Kosten. Der Unterhalt jener 64 000 Menschen im Staatsappaat wurde 1985 aus Steuermitteln in Höhe von rund 2,7 Milliarden DM (Hochrechnung aufgrund verschiedener Haushaltsplanposten) geleistet. Der Verzicht auf die Finanzierung jenes Vergeudungspersonals hätte es der Wirtschaft unseres Landes erlaubt, 2,7 Milliarden DM weniger an Werten zu schaffen, ohne daß die Bundesrepublik ökonomische Wohlstandseinbußen erlitten hätte.

Der große Schutz

Ermittlung, Urteil, Strafvollzug

Die Gesellschaft der Bundesrepublik Deutschland bietet wenig Ideale. Eines der verbreitesten ist zweifellos er mit Konsumgütern vollgestopfte und somit zufriedene Bürger – ein durchaus armseliges Lebensziel, gemessen an weitergehenden Vorstellungen von persönlichem Glück. Jenem Leitbild entsprechend gilt der Einzelne gerade soviel, wie er an Konsumgütern besitzt und seinen Nachbarn und Kollegen vorweisen kann. Die Losung »Haste was, biste was« bringt diese verbreitete Auffassung über den Wert des Menschen zum Ausdruck. Demgemäß herrscht ein allgemeiner Druck auf jeden einzelnen, an der bunten Warenwelt teilzuhaben. Selbstverständlich besteht dieser Konsumdruck auch gegenüber der großen Schar der Zu-Kurz-Gekommenen, die sich auf eigene Weise aus diesem Dilemma heraushelfen müssen. Bedenken, sich die begehrten Waren ohne eigenes Portemonnaie zu beschaffen, treten in den Hintergrund. Und die Schar der Zu-Kurz-Gekommenen wächst von Krise zu Krise. Auf deutsch: Es wird gestohlen wie noch nie.

Die seit vielen Jahren ununterbrochen anschwellende Kriminalitätsrate geht hauptsächlich auf das Konto von Diebstählen. Zusammen mit vergleichbaren Delikten gegen das Eigentum anderer Menschen wie Betrug, Urkundenfälschung, Hehlerei, Sachbeschädigung macht die sogenannte Eigentumskriminalität etwa 90 Prozent aller Straftaten in unserem Land aus – Verkehrsstraftaten ausgeschlossen.

Tabelle 19, die rund 80 Prozent aller in der DDR bzw. in der BRD verübten Straftaten (ohne Verkehrsdelikte) erfaßt, zeigt, daß bei den Straftaten gegen das Eigentum die Bundesrepublik ihren sozialistischen Nachbarstaat um etwa das Zehnfache übertrifft. Die Vermutung ist begründet, daß es am unterschiedlichen Gesellschaftssystem liegt, daß die Eigentumskriminalität zwischen beiden deutschen Staaten so weit auseinandergeht.

Tabelle 19
Bekanntgewordene Straftaten auf jeweils 100 000 Einwohner 1984 in der Bundesrepublik und in der DDR (ohne Verkehrsdelikte)

	BRD	DDR	Faktor BRD/DDR
Straftaten gegen das Eigentum:			
Raub und Erpressung	46	5	9,2
Diebstahl und Unterschlagung	4300	302	14,2
Betrug	571	46	12,4
Begünstigung und Hehlerei	49	16	3,1
Urkundenfälschung	60	6	10,0
Straftaten gegen die Person:			
Mord und Totschlag	5	1	5,0
Körperverletzung	311	65	4,8
Vergewaltigung	10	4	2,5
Sexueller Mißbrauch von Kindern	17	6	2,8
Gesamtzahl aller Straftaten	4 132 783	107 591	

Quelle: Polizeiliche Kriminalstatistik für das Jahr 1984, in: Innere Sicherheit, Informationen des Bundesministers des Innern, 4/85. Statistisches Jahrbuch 1985 der DDR.

Im Bereich der Straftaten gegen die Person ist der Unterschied zwischen beiden deutschen Staaten zwar nicht ganz so gewaltig, aber immer noch enorm. Fünfmal höher als in der DDR liegt die Ziffer in unserem Land – insbesondere bei Mord und Totschlag sowie bei Körperverletzungen. Das verdeutlicht, daß der Umgang der Menschen miteinander in unserem Land von mehr Gewalttätigkeit geprägt ist als in der DDR. Dazu braucht man kein Kriminalexperte zu sein.

Um die Kriminalität zu bekämpfen, hat jeder Staat besondere Organe der Strafverfolgung – Polizei, Gerichte, Gefängnisse. Kriminalität, und darum geht es uns hier, beschäftigt zunächst einmal die Polizei. Von den rund 135 000 Beamten bei der Polizei der Länder sind etwa 60 000 ständig mit Straftaten der Bevölkerung befaßt. Das sind die 25 000 zivilen Kriminalpolizisten, die vor allem für die Ermittlung in schwereren Fällen zuständig sind. Außerdem sind es die »normalen«, uniformierten Vollzugsbeamten der Schutzpolizei, die die Strafanzeigen zu Protokoll nehmen, auf Notrufalarm in die Funkwagen eilen oder auf gerichtliche Anordnung hin (z. T. auch ohne!) Hausdurchsuchungen, Festnahmen, Beschlagnahmungen durchführen usw. Nach Berechnungen wird die uniformierte Schutzpolizei im Innendienst wie auf der Streife durch die Kriminalität (ohne Verkehrsstraftaten) zu 25 bis 30 Prozent ihrer 110 000 Beamten belastet.[1]

Die Polizei steht am Anfang der Verfolgung einer Straftat. Nach erfolgreicher polizeilicher Aufklärung, das heißt, wenn ein Tatverdächtiger dem Staatsanwalt präsentiert werden kann, entscheidet sich, ob ein Gerichtsverfahren eröffnet werden muß oder nicht. Jährlich fallen mehr als 1 Millionen Strafverfahren (ohne Verkehrsstrafsachen) neu an, aus denen sich etwa 470 000 Verurteilungen ergeben.[2] Mit der Abwicklung der Strafprozesse sind 30 000 Personen bei den Gerichten (Richter, Staatsanwälte, Justizverwaltung) befaßt und noch einmal ebenso viele auf Seiten der Rechtsanwälte, die als Verteidiger der Angeklagten auftreten. (Vom Personal bei Rechtsschutzversicherungen sehen wir hier ab.)

Die Aburteilung ist die vorletzte Station der Strafverfolgung. Die letzte ist die Strafe selber. Hauptsächlich werden Geldstrafen ausgesprochen, aber pro Jahr werden auch über 100 000 Freiheitsstrafen verhängt.[3] Dafür stehen in der Bundesrepublik insgesamt 167 Gefängnisse (Justizvollzugsanstalten) zur Verfügung, die jahresdurchschnittlich mit 50 000 Strafgefangenen belegt sind.[4] Für die Betreuung der Häftlinge sind noch einmal 10 000 Beamte da, hauptsächlich als Wachpersonen, zu einem geringeren Teil als Bewährungshelfer. Angemerkt sei noch, daß fast 60 Prozent der Gefangenen wegen Eigentumsstrafen sitzen.[5]

Polizei, Gerichte, Gefängnisse – der Staat der Bundesrepublik läßt sich Ruhe und Ordnung, insbesondere die Eigentumsordnung, eine Menge kosten. In Zahlen ausgedrückt: Um der »klassischen« Kriminalität (gegen Personen und Eigentum, ohne Verkehrsstraftaten und sogenannte Staatsschutzdelikte) Herr zu werden, sind fast 60 000 Polizisten ständig im Einsatz, dazu 30 000 Personen bei Gerichten, noch einmal 30 000 bei den Anwälten und 10 000 im direkten Strafvollzug der Gefängnisse; alles in allem rund 130 000 Personen.

Wir gehen davon aus, daß der hohe Aufwand der Strafverfolgung durch den großen Umfang der Kriminalität bedingt ist. Wie die Zahlen aus der DDR belegen, kann eine hochentwickelte Gesellschaft mit viel weniger Straftaten auskommen, vorausgesetzt, sie hat ein anderes Gesellschaftssystem. Wenn wir für die Bundesrepublik nur die Hälfte ihrer heutigen Kriminalität zugrunde legen, womit wir noch weit über DDR-Maß bleiben, kann der personelle Aufwand bei der Strafverfolgung ebenfalls halbiert werden. 65 000 Menschen würden für andere Aufgaben frei. Das Berufsbild des Kriminalkommissars mag infolge unzähliger Kriminalromane und -filme zwar hochgeachtet sein. Aber nicht die Gesellschaft erscheint mir angenehmer, welche mithilfe superflotter Kommissare und computergestützter Verfolgungsmethoden ihre Verbrecher am schnellsten hinter Schloß und Riegel bringt, sondern jene, die so eingerichtet ist, daß die Mehrzahl der Straftaten erst gar nicht begangen wird.

Chips und Tresore gegen Langfinger

Wenn die Rentnerin B. zum Einkaufen geht, hat sie an der Tür ihrer Etagenwohnung eine Menge zu tun: Nacheinander verriegelt sie sorgfältig drei Sicherheitsschlösser. Außerdem schaltet sie die Alarmanlage ein, die – so verspricht der Hersteller – einen Dieb mit einem Geräusch »wie ein startendes Düsenflugzeug in 350 Meter Höhe« in die Flucht jagen soll.

Die jungen Leute im Stockwerk tiefer haben zwar keine Türsicherung, aber seit ihnen beide Fahrräder geklaut wurden, schleppen sie auf dem Gepäckträger der beiden neuen Räder gewaltige Stahlketten mit, weil die Versicherung sonst bei Diebstahl nicht bezahlt. Und seitdem das Autoradio samt Recorder aus ihrem VW verschwunden ist, haben sie eine Alarmsirene unter der Hupe angebracht. Ein Bekannter hat sich sogar ein Autoradio zugelegt, das er beim Parken herauszieht und in der Handtasche mitnimmt.

Die Chance, die einmal entwendeten Gegenstände wiederzubekommen, ist ziemlich gering. So beträgt die Aufklärungsquote 1985 bei Wohnungseinbruch 32,1, bei Diebstahl aus Kraftfahrzeugen 18,1 und bei Fahrraddiebstählen ganze 12,5 Prozent.[6]

So blüht das Geschäft mit der Sicherheitstechnik in der Bundesrepublik. Immer mehr Bürger legen Wert auf eine Sicherung ihrer Wohnungen und Häuser, packen wertvolle Sachen in Heimtresore. Immer mehr Kaufhäuser lassen ihre Regale und Verkaufstische elektronisch überwachen, Bekleidungsfachgeschäfte versehen ihre Ware mit Sicherheitsetiketten, die nur an

Vorsorgeermittlung in der Schalterhalle

»Weiter ist wichtig, daß Testbilder möglich sind. Sowohl für die Probeaufnahmen als auch für die Anfertigung von Einzelbildern verdächtiger Kunden im alltäglichen Geschäftsablauf. Durch solche, von aufmerksamen Mitarbeitern präventiv geschossenen Fotos konnten einige Überfälle aufgeklärt werden. Denn nach wie vor pflegen die Bankräuber das Objekt auszukundschaften. Sie tun dies, indem sie die Bank unter einem Vorwand betreten, z. B. zum Geldwechseln, oder sich in der Schalterhalle an die Arbeitstische setzen, dort vorhandene Formulare ausfüllen und nach kürzerer Zeit das Institut wieder verlassen. Geschultes Personal hat ein Auge auf diese Tätigkeiten und kann vorsorglich Bilder von verdächtigen Personen anfertigen. Aus Tatfotos dann läßt sich unter Umständen im Abgleich mit den Vorsorgefotos der unmaskierte Täter ermitteln.«

Quelle: Sicherheits-Berater vom 15. 4. 85, S. 117

der Kasse mit einem Spezialschlüssel abgetrennt werden können – ansonsten wird beim Verlassen des Geschäfts ein Alarm ausgelöst. Es gibt kaum mehr eine Bankfiliale, in der der Kassierer sich nicht hinter kugelsicherem Glas verschanzt hält und die Schalterhalle nicht einem geheimen Filmstudio mit versteckten Kameras gleicht. (Die sichtbaren und auffälligen Kameras sind nur Attrappen, um den Bankräuber abzulenken).

Die Hersteller von Alarmanlagen, Tränengas-Sprays und kugelsicheren Türen haben Hochkonjunktur. »Die Welt ist nicht gefährlicher geworden. Die Leute haben nur mehr Angst«, erklärte Peter Weise, General-Manager einer Sicherheitsfirma unlängst in Essen diesen Trend. Aber das stimmt nicht: Die bekanntgewordenen Diebstähle nahmen von 1973 bis 1985 um das Anderthalbfache zu (exakt um 157 Prozent).[7]

Seit einigen Jahren findet in der Ruhrmetropole Essen die größte Sicherheitsmesse der Welt statt: »Security«. Auf dieser Ausstellung ist vom Sicherheitsschloß über den schweißgerätebeständigen Tresor bis hin zum Bombenräumer, Zentralverriegeler oder Bewegungsmelder alles zu sehen, was den Besitz scheinbar sicherer macht.

Scheinbar – denn auch die Diebe haben offenbar dazugelernt. Als die ersten vollelektronischen Alarmanlagen und geheimen Filmkameras in Banken installiert wurden, nahm zwar die Zahl der Banküberfälle zunächst deutlich ab. Gleichzeitig wurde jedoch nach Polizeiangaben eine Zunahme der Überfälle auf Kassenboten um 20 Prozent (1984) beobachtet. Und das, obwohl bereits 1979 etwa 360 gepanzerte Spezialfahrzeuge gewerblicher Geldtransporteure durch bundesdeutsche Städte fuhren.[8]

Insgesamt erbeuteten Diebe und Räuber 1984 Werte für 2,7 Milliarden Mark.[9] Kein Wunder also, daß »das Bedürfnis der Bürger, ihre Habe zu schützen, ständig und rapide wächst«, erläuterte der Kölner Polizeipräsident Jürgen Hosse. Denn die Polizei ist mit Eigentumsdelikten längst überfordert. So ist die sicherheitstechnische Industrie, wie sie sich offiziell nennt, trotz Wirtschaftskrise und Konjunkturflaute ein Wachstumsbereich. Zwischen 5 und 15 Prozent liegen derzeit die Zuwachsraten des Sicherheitsmarktes, der 1985 ein Umsatzvolumen von 4

Milliarden DM (geschätzt) verzeichnete – deutlich mehr, als der Geldwert des Diebesguts vom gleichen Jahr betrug.

Die Elektronik beginnt sich auch im Sicherheitsbereich durchzusetzen. Da gibt es Alarmanlagen, die mit einem Minimalaufwand an Installation bis zu vier Dutzend Melder abfragen. Da gibt es Videogeräte, die die Helligkeitswerte aller Bildpunkte eines Raums speichern und mit den eingegebenen Werten vergleichen. Ändert sich eine bestimmte Zahl von Punkten, leuchtet die Alarmlampe.

Für den Durchschnittsbürger sind solche Anlagen, die Hunderttausende von DM kosten, kaum erschwinglich. Die meisten »sicherheitsbewußten« Bürger geben sich deshalb mit dem althergebrachten »Weitwinkel-Türspion« und dem Zylinderschloß plus Sperrkette zufrieden. Doch auch im privaten Bereich werden Alarmanlagen immer beliebter. Für weniger als 100 DM sind diese Kleingeräte inzwischen schon zu haben, die mit lautstarkem Geheul Diebe verschrecken und Nachbarn alarmieren sollen.

Häufig aber lassen sich die hochempfindlichen Geräte narren: Von den 3650 privaten Alarmierungen in Köln im Jahre 1984, so berichtet die Polizei, waren ganze 70 »echt«. In allen anderen Fällen hatten Insekten, Vorhänge oder Temperaturschwankungen den Alarm ausgelöst.

3 Milliarden der insgesamt 4 Milliarden DM für Sicherheitstechnik (so hoch lag die Summe nach vorläufigen Schätzungen auch 1985) sind als überflüssig zu veranschlagen – überflüssig in dem Sinn, daß sie in einer Bundesrepublik, die das kapitalistische Privateigentum hinter sich gelassen hat, nicht mehr anfielen.

Privat-Sheriffs in Unternehmerdiensten

»Hinter der Bereitschaftspolizei stand die Truppe des Kernkraftwerksbetreibers, und diese ›private‹ Einheit war ähnlich ausgerüstet! Auch sie griff zu, warf Gasgranaten, die sonst nur die Polizisten haben, auch sie glaubte ein volles Polizeirecht zu genießen.«[10] So heißt es in einem Bericht über den gemeinsamen Einsatz von staatlicher Polizei und privaten Atomkraft-Sheriffs, die am 30. Oktober 1976 »siegreich« das Baugelände von Brokdorf von gewaltfreien Platzbesetzern räumten. Damals umfaßten die privaten Einheiten der AKW-Betreiber schon »mindestens 3200 Mann«.[11] Die Privatarmee bundesdeutscher Atomkraftwerke und anderer nuklearer Anlagen gegen mögliche Störer und Saboteure ist seitdem bestimmt nicht kleiner geworden.

Betrieblicher Werkschutz und private Sicherheitsfirmen kontrollieren rund um die Uhr Produktionsanlagen und Maschinen in den Fabriken. Das ist zweifellos notwendig, und zwar umso mehr, je komplizierter und folglich störanfälliger die modernen industriellen Technologien werden. (Eine andere Frage ist es, ob derart riskante Techniken wie die nuklearen überhaupt notwendig sind.) Eine wichtige Aufgabe der betrieblichen Werkschützer und der bei 542 Sicherheitsunternehmen (1980) angestellten privaten Wachmänner besteht zweifellos in Kontrollgängen, bei denen nicht abschaltbare chemische Anlagen oder EDV-Geräte überprüft werden, in der Regelung des Fahrzeugverkehrs auf dem Werksgelände oder in der Bewachung der Ein- und Ausgänge an den Werkstoren.

Tabelle 20
Wach- und Sicherheitsunternehmen 1980 in der Bundesrepublik

Zahl der Unternehmen:	542
Zahl der Beschäftigten:	61 677
Umsatz in Mrd. DM:	1,14
Werkschutz in der Bundesrepublik	
Personal (geschätzt):	50–60 000 Personen

Quelle: Wirtschaftsschutz und Sicherheitstechnik 4/83, S. 131. Zitiert bei Busch u. a., S. 43. Zum Werkschutz gleiche Schätzungen bei Busch u. a. sowie bei Blau.

Wer allerdings glaubt, daß für diese technischen Sicherheitsaufgaben ein riesiger Überwachungsapparat mit mehr als 110 000

Personen erforderlich ist, der vergißt, daß gewerbliche Anlagen und Gebäude in unserem Land nicht einfach Produktionsmittel sind, sondern Kapital. Und das heißt, sie gehören privaten Eigentümern und nicht denjenigen, die damit arbeiten. Die Angst der privaten Eigentümer um ihre Betriebe ist die tiefere Wurzel für die gewaltige Aufblähung der Schutzdienste.

Die erwähnte Privatarmee in Brokdorf hatte keine kerntechnische Anlage auf innere Störanfälligkeit zu kontrollieren, sondern den Widerstand der Bürgerinitiativen niederzuprügeln. Wer die einschlägigen Standardhandbücher über zeitgemäßen Werkschutz durchblättert, dem fallen auch bald einige merkwürdige Überschriften auf: »Abwehr subversiver Einflüsse im Betrieb«; »Sicherung des Arbeitsfriedens«; »Schutz der Geschäfts- und Betriebsgeheimnisse vor Verrat«; »Eigentumssicherung vor Diebstahl und Sabotage«. Und es gibt sogar Anweisungen über den Umgang mit Schußwaffen und mit Tränengas, keineswegs gegen Diebe, die von außen über das Werkstor geklettert sind, sondern gegen »Unruhestifter auf dem Werksgelände selbst«.[12]

Die Zeiten, in denen sich Rentner bei »Wach- und Schließgesellschaften« durch nächtliche Streifengänge mit dem Schäferhund ein Zubrot zur Altersversorgung verdienten, scheinen hinter uns zu liegen. Betrieblicher Werkschutz und private Be- und Überwachungsfirmen stellen immer mehr junge, hochbelastbare Männer mit Spezialausbildung ein, die mit modernster elektronischer Technik allen möglichen »Sicherheitsrisiken« für die Kapitaleigner zu Leibe rücken. Und als größtes Sicherheits-

> Wie hoch auch immer die Kosten sein mögen, alle Arbeiter müssen ständig von energischen und erfahrenen Männern überwacht werden, die für jeden Saboteur, Faulenzer oder Spion, den sie entlarven, eine Prämie erhalten.
>
> *Quelle: Sicherheitsvorschriften der Firma Krupp von 1872.*

risiko für »ihren« Betrieb betrachten private Unternehmer immer noch – wie vor hundert Jahren – die eigene Belegschaft.

Wer Angst vor »subversiven Einflüssen innerhalb der Mitarbeiter« hat, wer um den »Arbeitsfrieden« bangt, den gewerkschaftliche »Unruhestifter und Drahtzieher« durch »maßlose Forderungen« infragestellen, wer Unternehmensgeheimnisse vor der Spionage der Konkurrenz schützen will, der muß letztlich die lückenlose Überwachung der gesamten Belegschaft anstreben. Wie sonst lassen sich mögliche »Diebe«, »Geheimnisverräter« und Störer des »Arbeitsfriedens« ermitteln?

Die privaten Sicherheitsarmeen von heute müssen sich daher – vor allem in den Großbetrieben der Konzerne – nicht bloß aufs Prügeln und notfalls aufs Schießen verstehen. Sie müssen Videokameras bedienen, Telefone abhören (beliebt sind die Leitungen des Betriebsratsbüros), in EDV-Technik bewandert sein und – zumal sie selbst geheimdienstartig vorgehen – über gute Kontakte zum Verfassungsschutz und zu anderen staatlichen Geheimdiensten verfügen, mit denen man den Datenaustausch pflegt.

Daß es das alles gibt und daß durch Personalinformationssysteme Mitarbeiter bespitzelt und aktive Gewerkschafter ausgeschnüffelt werden, wird von Unternehmerseite natürlich bestritten. Nach Aussage des EDV-Experten Sherwood, Präsident einer Managementberatung für Informationstechnologie in Fribourg/Schweiz, handelt es sich aber um die Praxis: »Ich als Fachmann«, so erklärte er schon 1975, »muß aber sagen, daß solche Informationen manchmal gespeichert werden. Verlangt dann ein Mitarbeiter, seine Personalakte zu sehen, druckt der Schnelldrucker der EDV-Anlage all das nicht aus, was nicht bekannt werden soll.«[13]

In einer Wirtschaftsordnung, in der die Fabriken denen gehören, die dort arbeiten, müssen selbstverständlich weiterhin technische Sicherheitskontrollen rund um die Uhr durchgeführt werden. Ob das die Belegschaft selbst übernimmt, ob solche Aufgaben außerhalb der Arbeitszeit Rentnern übertragen werden, ändert nichts daran, daß die Überwachung komplizierter Produktionsprozesse notwendig ist. Aber in einer sozialistischen Wirtschaftsordnung würde die Angst der privaten Eigentümer vor denjenigen, deren Arbeit sie sich aneignen, wegfallen. Und die Belegschaft brauchte keinen Überwachungsapparat, der sie bespitzelt und einschüchtert. Was den Diebstahl aus dem eigenen Betrieb angeht, so wird die bewußte Selbstdiziplin der Arbeiter und Angestellten die Kontrolleure am Werkstor allmählich überflüssig machen.

Über die Hälfte des Werkschutzes und der privaten Sicherheitsfirmen dürfte, nach Schätzungen, gerade solche Tätigkeiten betreiben, die man als »nichttechnische« bezeichnen muß und die nur aus der kapitalistischen Eigentumsordnung hervorgehen. Der Wegfall der Belegschaftsüberwachung setzt etwa 60 000 Menschen frei.

Der Schutz von Eigentum und Eigentumsordnung gegen wirkliche, mögliche und eingebildete Verbrecher ist in unserem Land gewaltig aufgebläht. Eine sozialistische Bundesrepublik hätte 1985 die Hälfte des Personals der Strafverfolgung eingespart (65 000 Menschen) und außerdem 60 000 Personen, die heute mit Belegschaftsüberwachung befaßt sind. Diese 125 000 Personen hätten statt dessen nützliche Arbeit im Wert von fast 8 Milliarden DM schaffen können. Zusätzlich zu diesen 8 Milliarden indirekter Vergeudung hätten 3 Milliarden DM direkter Vergeudung infolge überflüssiger Sicherheitstechnik gestrichen werden können – insgesamt also 11 Milliarden DM.

Anmerkung zur direkten Personalvergeudung

Auch beim Eigentumsschutz gibt es nicht nur eine indirekte Personalvergeudung durch entgangene nützliche Arbeit zu berücksichtigen, sondern auch eine direkte Kostenbelastung der Gesamtwirtschaft durch jene überflüssigen staatlichen und privaten »Beschützer«. Ohne den Zwang, 65 000 Personen im Zusammenhang mit der Strafverfolgung zu finanzieren (rund 2,8 Milliarden DM) und 60 000 Belegschaftsüberwacher zu bezahlen (Personalkosten rund 2,2 Milliarden DM), hätte unser Land ohne Wohlstandsverlust 5 Milliarden DM einsparen können.

Im Steuerdschungel

Das ungeliebte Finanzamt

Der Staat der Bundesrepublik hat allen Grund, verbittert zu sein. Die Bereitschaft, Steuern zu zahlen, ist ausgerechnet bei denen am geringsten, denen er am meisten unter die Arme greift: bei den Unternehmen der Privatwirtschaft. Über mangelnde Steueraufrichtigkeit bei den am meisten Begünstigten klagte der Bundesgerichtshof (zuständig für die Aufsicht über Einnahmen und Ausgaben des Bundes) in Frankfurt. Seine Stichproben hätten ergeben, daß die Zinseinkünfte aus Kapitalanlagen nur zu einem Viertel den Finanzämtern gemeldet – also zu drei Vierteln verschwiegen werden.[1] Der Einsatz von 9000 Betriebsprüfern der Finanzämter im Außendienst lohnt sich allemal. Beim Durchforsten der Buchführung ausgewählter Unternehmen stießen sie 1983 auf 8 Milliarden DM zu wenig gezahler Steuern.[2] Wie hoch die Dunkelziffer liegt, weiß niemand. Angst vor Betriebsprüfungen braucht die Unternehmen indes nicht zu plagen. Für Mittelbetriebe sind sie durchschnittlich alle neun, für Großbetriebe alle fünf Jahre zu erwarten (und vorher rechtzeitig anzukündigen). Wer erwischt wird, muß mit Strafverfahren nicht rechnen – schlimmstenfalls mit Nachzahlung. Jene aufgestöberten 8 Milliarden DM wurden nachgezahlt, und damit war die Sache erledigt. Dieser Betrag – einschließlich einer weiteren Milliarde, welche die Steuer- und Zollfahndung einkassierte –, ist die amtlich bekanntgewordene Steuerhinterziehung – ein Bruchteil der tatsächlichen.

Wenn nun schon die Unternehmer, wenn es ans Bezahlen geht, ihren eigenen Staat am liebsten vergessen, wie sollte man dann von den 22,2 Millionen abhängig Beschäftigten eine positive Einstellung zum Steuerzahlen erwarten? Bücher wie »1000 legale Steuertricks« gehören zu den Bestsellern, wobei allerdings klar ist, daß Unternehmer und gutverdienende Freiberufler, die ihre Steuererklärung selbst »gestalten« dürfen – mit

Hilfe gewitzter Steuerberater – die legalen und weniger legalen Steuerentlastungen durchweg besser nutzen können als Arbeiter und Angestellte, deren Lohnsteuer bei der Lohn- und Gehaltszahlung direkt ans Finanzamt überwiesen wird. Davon holt auch der raffinierteste Lohnsteuerjahresausgleich nicht mehr allzuviel zurück.

Die verbreitete Steuerunwilligkeit ist verständlich. Oberstes Ziel jedes Unternehmens ist der Gewinn, und es ist nun einmal so, daß eine DM mehr Steuern eine DM weniger Gewinn bedeutet.

Die Großunternehmen der Bundesrepublik unterhalten daher in ihren Finanzabteilungen gewaltige Stäbe von Steuersachverständigen, die bei jeder Unternehmensentscheidung mehrfach prüfen, ob dabei nicht irgendwo ein Steuervorteil herausspringen könnte. Die Unternehmer nutzen auch weidlich das in selbständigen Praxen angesammelte Fachwissen pfiffiger Steuerberater und Steuerbevollmächtigter, um soviel Vermögen und Einkommen wie irgend möglich vor dem Zugriff des Finanzamts zu retten. Immerhin stehen 185 000 Staatsbeschäftigte[3] bei Bundes-, Landes- und Gemeindefinanzbehörden bereit, für den Staatsappaat per Zwangsabgabe Steuer Geldmittel aus dem Wirtschaftsprozeß herauszuziehen. Sie kamen 1985 auf etwa 430 Milliarden DM.[4]

Zum Schutz vor dem Behördengriff in die Tasche von Unternehmen und Bürgern hat sich eine stattliche »Steuerabwehr« formiert: 44 500 selbständige Steuerberatungspraxen und 2500 Steuerberatungsgesellschaften mit zusammen 250 000 Beschäftigten gibt es heute bei uns.[5] Das sind mehr Personen, als der »anderen Seite«, der staatlichen Steuererhebung, zur Verfügung stehen. Dazu kommen noch einmal 100 000 Personen – 50 000 Steuerexperten plus ebensoviele Bürokräfte –, die innerhalb der Unternehmen Steuerfragen zum Vorteil ihrer Arbeitgeber bearbeiten.[6] Rund ein Viertel dieses Personenkreises ist dann wieder notwendig, um trotz bzw. wegen der Fälschungen usw. noch die Übersicht darüber zu behalten, wie der Geschäftsverlauf real aussieht.

Für die Unternehmen scheint sich die Steuerabwehr auszuzahlen. Der Anteil der Körperschaftsteuer, das ist die Steuer auf die Unternehmensgewinne, ist seit Gründung der Bundesrepublik, gemessen am jährlichen Gesamtsteueraufkommen, gesunken. Dagegen hat sich der Anteil der Lohnsteuer im gleichen Zeitraum verdreifacht.[7] Die Lohnsteuer bildet inzwischen über ein Drittel sämtlicher Steuereinnahmen, die Körperschaftsteuer gerade noch 7 Prozent.[8] Man hat wenig Grund, die Behauptung linker Kritiker als übertrieben abzutun, daß »den Kapitalisten der Bundesrepublik eine weitgehende Abwälzung der Besteuerung auf die Arbeiterklasse« gelungen sei.

Gewiß ist diese Entwicklung nicht auf die Tricks von Steuerexperten in Unternehmensdiensten zurückzuführen. Hinter den Steuerunterschieden stehen Machtunterschiede. Man tut dem Stand der Steuerberater unrecht, wenn man deren Aufgabe ganz mit bewußter Steuerhinterziehung gleichsetzt. Selbstverständlich nutzen sie die Steuergesetze zum Vorteil ihrer Mandanten aus. Welcher Laie kennt sich schon im Dschungel von 90 Gesetzen und 100 Rechtsverordnungen, 5000 Finanzurteilen und jährlich 1000 Richtlinien, Verfügungen, Erlassen aus? Die Kompliziertheit des Steuersystems ist einer der Gründe für die Aufblähung der steuerlichen Ratgeber. Ansonsten ist deren Hauptgeschäft die Buchführung. Sie übernehmen für kleinere und mittlere Unternehmen das komplette Abrechnungswesen, bearbeiten Verträge mit Lieferanten und Kunden. Sie entlasten die Unternehmer – gegen Bezahlung, versteht sich – davon, selbst die Geschäftsbilanzen und Jahresabschlüsse zusammenstellen zu müssen. Die großen Steuerberater betätigen sich als direkte Unternehmensberater bei allen finanziellen Entscheidungen.

Die Steuerabwehr zugunsten der Unternehmer – ob von Finanzexperten innerhalb oder außerhalb des Betriebs praktiziert – schießt jedoch in vielen Fällen über das gesetzlich bewilligte Maß hinaus. Die staatlichen Steuerforderungen werden nicht immer legal zurückgewiesen. Es wird »verkürzt«, sei es durch Verschweigen von Einnahmen oder durch den Ansatz überhöhter Betriebsausgaben. »Früher stellten Kriminelle Falschgeld her«, zitiert der »Spiegel« und fährt fort: »heutzutage stellt er

Briefkastengewinne in der Steueroase

In der Schweiz gibt es etwa 20 000, in Liechtenstein ebensoviele – übrigens mehr, als der Kleinstaat Einwohner hat.
Gemeint sind die sogenannten Briefkastenfirmen; also Firmen, die in diesen Ländern der mäßigen Steuersätze bloß zum Schein bestehen. Ein paar Finanzspezialisten genügen, um bis zu hundert solcher Phantasiegesellschaften auf einmal zu verwalten, die ausländischen Unternehmern (natürlich nicht nur bundesdeutschen) gehören.

Briefkastenfirmen sind »Zwischenfirmen«:
An ihre Liechtensteiner Vertriebsgesellschaft in Vaduz verkauft eine bundesdeutsche Produktionsfirma – nennen wir sie »Maschinenbau GmbH« – die im Ruhrgebiet hergestellten Produkte. Die Preise dafür werden so niedrig angesetzt, daß der Firma in Essen nur ein ganz bescheidener Gewinn verbleibt, wodurch die Steuern aus diesem Verkaufsgeschäft gegen Null gehen. Die Vertriebsgesellschaft in Vaduz übernimmt es dann, die Erzeugnisse zu normalen Preisen außerhalb Liechtensteins zu verkaufen. Die von ihr dabei erzielten Gewinne bleiben in Liechtenstein und werden dort mit den viel niedrigeren Sätzen des Landes versteuert. Sehr zur Freude der Gesellschafter, denen das (bundesdeutscher Besteuerung entzogene) Geld gehört.
Das Finanzamt in der Bundesrepublik dagegen geht leer aus. Und das, obwohl der Empfänger der Maschinen aus Essen sogar in der Bundesrepublik sitzen kann, möglicherweise in derselben Stadt. Denn die Transporte der Waren gehen ohnehin nicht über Liechtenstein. Dort werden höchstens die Rechnungen geschrieben und die Zahlungen kassiert.
»Beliebt ist auch die Methode, solchen ausländischen

Scheinfirmen die Patente für die in der Bundesrepublik entwickelten Produkte und Verfahren zu übereignen und ihnen dann hohe Lizenzgebühren zu überweisen. Diese Gebühren vermindern dann ebenfalls den inländischen Gewinn der Firma. Abrunden läßt sich das Ganze dann noch dadurch, daß die in solchen Briefkastenfirmen sich sammelnden Gewinne dem deutschen Betrieb wieder als Fremdkapital zugeführt werden. Die Zinsen oder Gewinnanteile für dieses ›Fremdkapital‹, für das absichtlich hohe Kreditkosten vereinbart werden, fließen natürlich wieder in die sichere Steueroase zurück.«[9]

Der »Spiegel« zitierte 1976 einen Steuerfahnder, der schätzte, daß allein 8 Milliarden DM pro Jahr in derartigen ausländischen Briefkästen verschwinden.[10] Es ist kaum anzunehmen, daß sich dieser Betrag in den vergangenen zehn Jahren vermindert hat.

Auf die Frage, ob diese Summen vergeudet werden, gibt es zwei verschiedene Antworten: Die Staatskasse, der die Milliarden entgehen, dürfte sie als vergeudet bezeichnen. Die bundesdeutschen Unternehmer werden das Gegenteil behaupten, weil sie über zusätzliche Finanzmittel verfügen.

In der Tat, da die meisten Briefkastengewinne in der einen oder anderen Form wieder in die Bundesrepublik zurückfließen, entstehen, volkswirtschaftlich betrachtet, durch Briefkastengeschäfte keine großen Verluste. So absurd dieser faule Zauber mit den Briefkastenfirmen auch ist, für die Gesellschaft der Bundesrepublik sind nur die Gelder vergeudet, die im Ausland verbleiben – den persönlichen Luxusbedürfnissen irgendeines Privatmenschen zunutze, der sie in seiner Schweizer oder Liechtensteiner Villa ausgibt oder in Monaco, Panama, auf den Bahamas, den Cayman-Inseln oder der Antilleninsel Curaçao. 2 Milliarden DM dürften das jährlich sein.

nur eine fingierte Rechnung aus und kassiert beim Finanzamt.«[11] Wie weit die Unternehmer insgesamt den Staat tatsächlich bewußt hinters Licht führen, um welche Summe sie jährlich ihre Steuerschuld illegal vermindern, darüber gibt es nur Vermutungen, an denen wir uns nicht mit neuen Spekulationen beteiligen wollen. Die Schätzungen sind so ungenau, daß sie von 10 bis 150 Milliarden DM jährlich reichen, wobei das Bundeskriminalamt mit seiner Schätzung den Vogel abschießt.

Fest steht allerdings, daß nicht jede Steuerhinterziehung die Volkswirtschaft schädigt. Im Unterschied zum Bundeskriminalamt, das jede Steuerzurückhaltung als »wirtschaftlichen Schaden« einordnet, sollte man beachten, daß es gesamtwirtschaftlich erst einmal völlig gleichgültig ist, ob ein Geldbetrag in die Staatskasse fließt oder in der Unternehmenskasse verbleibt. Kassiert es der Staat, um damit die NATO oder Kindergärten zu finanzieren? Behält es der Unternehmer, um damit sinnvolle Produkte herzustellen oder seine fünfte Luxusjacht auf den Bahamas zu kaufen? Um diese Fragen geht es, wenn von volkswirtschaftlicher Vergeudung oder gesellschaftlichem Schaden gesprochen wird. Nicht *wer* das Geld ausgibt, entscheidet darüber, ob es vergeudet wird. Entscheidend ist, ob das Geld nützlichen oder unnützen, gar gefährlichen Verwendungszwecken zugeführt wird.

Wenn demnach auch nicht jede Steuerhinterziehung an und für sich schon volkswirtschaftlich von Schaden ist, so steht doch eines in jedem Fall fest: Solange der Staat ein von der Wirtschaft grundsätzlich abgehobener, von ihr getrennter Apparat ist – und das ist in der Bundesrepublik der Fall –, solange gibt es einen Interessengegensatz zwischen beiden Bereichen. Solange die Verwaltung von Wirtschaft und Staat nicht in ein und derselben gemeinsamen Hand liegt, begünstigt das nicht Steueraufrichtigkeit, sondern Steuerhinterziehung, und zugleich eine allgemeine Aufblähung des Steuersystems: nämlich nicht nur eine überdimensionierte Steuerabwehr in Unternehmerdiensten, sondern auch erheblichen Zusatzaufwand bei den staatlichen Einnahmebehörden, die zu verstärkter Kontrolle und Überprüfung greifen.

Die Parasiten der steuerlichen Grauzone

1963 machte der Westberliner Radiogroßhändler Karl-Heinz Pepper eine Erfindung. Herr Pepper erfand die »Verlustzuweisungs-Gesellschaft«, auch Abschreibungsfirma genannt. Um das sogenannte Europacenter zu finanzieren oder besser, um dabei entstehende Verluste an steuermüde Kapitalgeber leiten zu können, klügelte er die Unternehmensform der GmbH & Co. KG aus. Sie war zwar im Gesetz nicht vorgesehen, aber auch nicht verboten.

Pepper hatte mit seiner Initiative Erfolg. Vor allem aus der Bundesrepublik flossen große Teile des Einkommens von Besserverdienenden in seine Gesellschaft. Was versprach ihnen dieser Pionier der bald darauf rasant aufblühenden Abschreibungsbranche? Er versprach den Anlegern dasselbe wie alle anderen gleichartigen Firmen nach ihm, nämlich Verluste. Und zwar sehr hohe. Wer 100 000 DM in die Gesellschaft einbezahlte, durfte mit der Zuweisung eines Abschreibungsverlustes während der Bauzeit in Höhe von 200 000 und mehr DM rechnen. Wenn der Anleger 200 000 DM Verlust von seinen sonstigen Einkünften auf seiner Steuererklärung absetzte, sparte er – bei einem Steuersatz von 50 Prozent – genau 100 000 DM Steuern. Und darin besteht der Witz der Sache: Sein Immobilienvermögen in Westberlin hat er voll und ganz aus Steuermitteln aufgebracht.

Wie so hohe, weit über den angelegten Betrag hinausgehende Verluste überhaupt zustandekommen, das interessiert die normalen Anleger kaum, denen es in erster Linie darum geht, ihr Einkommen vor der Steuerbehörde zu bewahren. Gesagt sei nur soviel: Verlustzuweisungen sind bei privaten Anlagen möglich, die der Staat steuerlich besonders begünstigt. Die staatliche Großzügigkeit besteht darin, daß er dem Anleger erhöhte Abschreibungen erlaubt. Abschreibungen sind Kosten oder Verluste aus Wertminderungen. Erhöhte Abschreibungen sind solche, die weit über die wirkliche Wertminderung einer Kapitalanlage (z. B. eines Bürohochhauses) hinausgehen, so daß dem Anleger – rein rechnerisch – weit erhöhte Kosten entstehen, die auf sein sonstiges Einkommen drücken – und Steuern sparen. Weil der Staat der Bundesrepublik Kapital in das wirtschaftsschwache Westberlin lenken wollte, gestattete er, dort für jede Investition nicht nur etwa 10 Prozent Abschreibung vorzunehmen, sondern schon im ersten Jahr sage und schreibe 75 Prozent. Kein Wunder also, daß der Erfinder der Abschreibungsgesellschaft ein Westberliner war.

Wenn ein Bauwerk in Westberlin 100 Millionen DM kostet, die zu 30 Millionen von steuerunwilligen Anlegern und zu 70 Millionen aus Bankkrediten aufgebracht werden, so kann die Gesellschaft (GmbH & Co. KG) 75 Prozent der gesamten 100 Millionen DM Baukosten als Abschreibungsverlust den Kapitalanlegern zuweisen. Für ihre 30 Millionen DM Einlage können sie dann bei ihrem Finanzamt über das Doppelte, nämlich 75 Millionen DM als einkommensenkende Verluste geltend machen. Wer sich mit 30 000 DM beteiligt hat, darf 75 000 als Verlust berechnen, wer 100 000 eingezahlt hat, bekommt 250 000 DM Verlust zugewiesen. Hat er z. B. 400 000 DM Jahreseinkommen, braucht er jetzt nur für 150 000 DM Steuern zu zahlen.

Sobald ein auf solche Weise finanziertes Projekt fertig ist, ist das Risiko für die Anleger gleich Null. Wirft es Gewinne über die laufend zu zahlenden Bankzinsen (für die 70 Million Kredite) ab, so kann man sie einstreichen. Macht das Projekt – was die Regel ist – Verluste oder gar Pleite, dann ist es halb so schlimm. Schließlich wäre das angelegte Geld, das inzwischen ganz verschwunden sein kann, sowieso »verloren« gewesen, wenn das Finanzamt es kassiert hätte.

Tausende von Verlustzuweisungsgesellschaften folgten auf das erste Westberliner Projekt. Mit rechnerischen Verlusten Steuern sparen, das ist der Köder, mit dem alle Makler des grauen Kapitalmarkts seit Peppers Zeiten Kapital fischen gehen. Überall ist die Steuersparbranche sofort zur Stelle, wo der Staat hohe Steuervergünstigungen gewährt. Die Ergebnisse dieser merkwürdigen Investitionstätigkeit sind erwartungsgemäß gleichfalls sehr merkwürdig:

– Solange der Staat Entwicklungshilfe steuerlich förderte,

wurde aus Mitteln bundesdeutscher Steuerverweigerer die Mittelmeerküste Spaniens samt vorgelagerter Inseln mit häßlichen Wohnsilos und Hotelbauten zubetoniert.

- Solange der Staat Investitionen im »Zonenrandgebiet« begünstigte, vermauerten die Abschreibungsgesellschaften die Ostseeküste mit genauso furchtbaren und ungemütlichen Freizeitmaschinen.
- Solange der Staat die ausgezehrte Westberliner Wirtschaft durch Abschreibungshilfen auf die Beine bringen wollte, wurde die Stadt mit überflüssigen Bürohochhäusern, Geschäftszentren und Monsterruinen vollgestellt, die oft nur zu einem Bruchteil der Baukosten und manchmal nur mit Höchsteinsatz von Schmiergeld für Politiker einen Käufer fanden.
- Solange der Staat den Bau von Seeschiffen durch Sonderabschreibungen unterstützt – er tut das immer noch –, laufen Schiffe vom Stapel, um in fernen Häfen vor sich hinzurosten, weil sie nirgendwo Fracht bekommen.

Und wenn auch der Staat in den siebziger Jahren die landschaftsverschandelnde Touristikförderung gestrichen hat, so entdeckte die Branche doch gleich neue Pfründe: Weil Filme schon im Herstellungsjahr voll abgeschrieben werden können, wurden Spielfilme gedreht, von denen nur vertrauensselige Geldanleger glaubten, daß sie nach der Verlustzuweisung auch noch einen Gewinn einspielen würden, aus dem man die Bankzinsen zahlen könnte. Die Lager füllten sich mit Pornostreifen, die sich nicht einmal der frustrierteste Sexualfall der Betrachtung zuführen wollte.

Nach der Energiekrise wurden plötzlich Bohrungen nach Öl, Uran und Erdgas in Nordamerika ein Hit der Anlagebranche. Wer sich allerdings an solchen Gesellschaften beteiligte, die wohlklingende Namen wie »Ardeco« oder »Energiefonds Nummer sieben« trugen, hätte sein Geld besser im Garten vergraben. Die flotten Geldsammler nahmen die Beträge zwar mit nach Kanada oder in die USA. Doch damit war die Sache normalerweise auch schon erledigt.

Anfang der achtziger Jahre versuchte der Staat, etwas Ordnung in den »grauen« Kapitalmarkt zu bringen, wie das steuersparende Investieren an Banken und Börse vorbei bezeichnet wird. Verlustzuweisungen aus Abschreibungen über 100 Prozent des Anlagebetrags wurden von den Finanzämtern nicht mehr anerkannt, mit zwei Ausnahmen: wenn sie aus einer Wohnungsbauanlage in Westberlin oder aus dem Schiffbau stammten. Die direkte Folge war natürlich ein Boom von Kapitalanlagen im sozialen Wohnungsbau in Westberlin – bis heute noch eine der gewinnträchtigsten Anlagen überhaupt.

Die Steuersparbranche war aber mittlerweile vom reinen Abschreibungsprojekt weggekommen. Sie hatte weitere Quellen der Verlustzuweisungen entdeckt, zusätzlich zu den Sonderabschreibungen. Nur noch 60 Prozent oder 2,5 Milliarden des von ihr eingesammelten Geldes wurden 1981 in herkömmliche Abschreibungsfirmen und -fonds gesteckt (Rohstoffsuche, Schiffbau, Filme und Schallplatten, sozialer Wohnungsbau in Westberlin usw.). Weitere 2 Milliarden DM wurden für andere Steuersparmodelle aufgewendet, wovon das sogenannte Bauherrenmodell am meisten verschlang:[12] Bauherrn beteiligen sich am Bau von Wohnungen in Form einer Bauherrengemeinschaft und streben Steuerverluste hauptsächlich in Form hoher Werbungskosten an. Diese verschafft ihnen eine Firma aus der Steuersparbranche, von der die Initiative zum Bau ausgeht, die das Bauen betreut und – darauf kommt es ihr an – erkleckliche Provisionen und Gebühren kassiert, noch bevor der erste Bagger anrückt. Für die Bauherrn wird diese Geldanlage, wie alle anderen steuersparenden Anlagen auch, erst nach der Fertigstellung problematisch. Die Wohnungen sind in der Regel viel zu teuer gebaut und am wirklichen Bedarf vorbeigeplant worden. Darum reichen Mieteinnahmen plus Steuererleichterungen gewöhnlich nicht, um die Zinsen für den Wohnungsbaukredit an die Bank zu zahlen. Bis dahin aber haben die Anlageberater ihr Schäfchen ins Trockene gebracht. Manchmal hat die Firma auch schon Konkurs angemeldet, und der Firmengründer hat eine neue gegründet. Auf jeden Fall beharrt die Bank auf ihren Zinsen, auch wenn die Wohnung leersteht.

Über 20 Jahre schon – seit jener Westberliner Radiohändler

entdeckte, wie man die Steuerunwilligkeit von Spitzenverdienern für die eigene Bereicherung ausnutzen kann –, ziehen sie erfolgreich durch bundesdeutsche Lande, um Geld zu sammeln: Zur Zeit wird ihre Zahl auf 1000 Fond- und Firmengründer und etwa 5000 Anteileverkäufer, die sich selber »freie Anlageberater« nennen, geschätzt.[13] Nach Pepper »gelang es der inzwischen schon legendären Investors Overseas Services (IOS) unter Bernie Cornfeld in nur wenigen Jahren, mit mehr als 8000 hastig geschulten Anlageberatern insgesamt 4 Milliarden DM – an den Banken und Versicherungen vorbei – in ihre Investmentfonds umzuleiten. Die IOS ging spektakulär unter. Hunderttausende von Sparern verloren viel Geld, doch der Berufsstand des ›freien‹ Anlageberaters war geboren. Mit ihnen konnte sich der ›freie‹ Kapitalmarkt etablieren, auf dem sich seither über 300 000 Anleger mit mehr als 40 Milliarden DM Zeichnungskapital engagiert haben.« Das teilt Europas größte Wirtschaftsauskunftei Schimmelpfeng mit.[14]

Die Liste des von den selbsternannten Genies des »grauen« Kapitalmarkts angerichteten wirtschaftlichen Schadens ist umfangreich. Jährlich werden zwischen 3 bis 5 Milliarden DM von diesen wahren Parasiten der Grauzone steuerunwilligen Spitzenverdienern abgeschwatzt, wovon der eine Teil für unnütze oder äußerst zweifelhafte Projekte verpulvert und der andere Teil in die eigene Tasche gesteckt wird. Bis zu 30 Prozent der eingesammelten Beträge behalten die Anlageberater für sich.[15] Ihre Firmennamen mögen noch so vertrauenserweckend klingen – Argenta, Consulta, Ärzte Treuhand, Germania, Instag AG, Kann, Treuag usw. –, ihr Geschäft ist in 99 von 100 Fällen ein trübes. Dabei kann man ihnen kaum verübeln, wenn sie ihre Anleger übers Ohr hauen. Denn beide – der steuerzurückhaltende Anleger und der Anlageberater – spekulieren auf dasselbe: auf Geld, das ihnen nicht gehört.

Die Aneignung fremden Geldes ist an sich die Tätigkeit des Bankräubers. Aber auch die Banken selbst beschäftigen sich damit, denn sie sind Geschäftspartner des »grauen Kapitalmarkts«, die sich stets vornehm zurückzuhalten wissen, obwohl ohne sie kein einziges derartiges Projekt in Gang käme.

Ohne Bankkredit gibt es keine Verlustzuweisung, ohne Bankkredit wird kein Gewerbezentrum gebaut, ohne Bankkredit entsteht keine Wohnung nach dem Bauherrenmodell. Bei jeder steuersparenden Kapitalanlage wird ein Bankkredit in dreifacher Anlagenhöhe erforderlich.[16] Banken spielen immer mit, und die Zinsen für ihre Kredite sind unantastbar, egal wie schmutzig die Quelle ist, aus der sie bezahlt werden. Stellt sich die Frage, ob der graue Kapitalmarkt doch weißer ist, als man gewöhnlich annimmt. Oder ist es vielleicht umgekehrt? Hat eine seriöse Bank, ja hat der normale Kapitalismus selbst gar nicht eine so »weiße Weste«, wie das in der Öffentlichkeit ansonsten den Anschein hat?

Die Wirtschaftsauskunftei Schimmelpfeng hat es sich zur Aufgabe gemacht, für einen sauberen Kapitalismus zu sorgen. Sie will die »grauen und unsoliden« Firmen scharf von den »weißen und soliden« abgrenzen, um die »wirtschaftskriminellen Auswüchse« aus dieser Wirtschaftsordnung zu beseitigen. Die Wirtschaftsauskunftei mag ehrenwert handeln oder nicht. Ihr Kampf ist auf jeden Fall vergeblich, denn die »Grauzone« ist nur eine Seite des ganz gewöhnlichen Kapitalismus.

Steuerverwalten geht einfacher

Dem zeit- und kräfteraubenden steuerlichen Versteck- und Suchspiel wird der Boden entzogen, sobald die Verwaltung des Staates und der Wirtschaft in ein und derselben Hand, der öffentlichen nämlich, liegt. Dann läuft Steuerhinterziehung auf einen sinnlosen Betrug an sich selbst hinaus.

Da auch dann der Staat seine Mittel nicht selbst produzieren kann, sondern sie aus der Wirtschaft holen muß, wird es natürlich auch dann noch eine Besteuerung geben. Muß es aber ein so komplizierter und undurchsichtiger Steuerdschungel wie jetzt sein? Tatsächlich läuft die Steuererhebung wohl nur in sehr wenigen Ländern der Welt ebenso umständlich wie in der Bundesrepublik.

– Jeder der 22,2 Millionen abhängig Beschäftigten entrichtet seine eigene Lohn- bzw. Einkommensteuer, die an seiner Arbeitsstelle berechnet und ans Finanzamt abgeführt wird – 1985 zusammen fast 150 Milliarden DM.

– Die indirekte Besteuerung der Endverbraucher durch die Umsatzsteuer (die auf die Verkaufspreise aufgeschlagen wird) bringt einen großen Verrechnungsballast mit sich. Jeder einzelne der milliardenfachen Umsätze zwischen Unternehmen untereinander und zwischen Unternehmen und Endkäufer muß steuerlich zwei Mal berechnet werden – einmal als Kauf und einmal als Verkauf. Die Umsatzsteuer, oft auch Mehrwertsteuer genannt, brachte dem Staat 1985 etwa 110 Milliarden DM.
– 2,3 Millionen Unternehmer – Einzelkaufleute, Landwirte, Freiberufler usw. – zahlen »veranlagte Einkommensteuer«; 1985 knapp 29 Milliarden DM.
– Die gewerblichen Unternehmen zahlen hauptsächlich Körperschaftsteuer und Gewerbesteuer – zusammen knapp 60 Milliarden DM.[17]

Neben diesen Hauptsteuern gibt es noch Dutzende weitere, die auf Kapitalerträge, Vermögen, Haus- und Grundbesitz, Erbschaften, Börsenumsätze, auf den Verbrauch von Waren wie Tabak, Kaffee, Mineralöl, auf das Halten eines Kraftfahrzeugs – aber auch auf das Halten eines Hundes, auf eine Schankerlaubnis, auf Vergnügung (!), auf Pferderennen und Zahlenlotto oder auf den Genuß von gewöhnlichem Salz erhoben werden.[18]

Ohne Kapitalismus könnte das Steuersystem sehr einfach sein: Drei Viertel aller Seuern bringen bei uns die abhängig Erwerbstätigen auf, den Hauptteil, nämlich 60 Prozent des Gesamsteuerbetrags, durch die direkte Lohnsteuer oder indirekt beim Einkaufen, wenn sie die in den Warenpreisen enthaltenen Umsatzsteuern bezahlen. Mit der Abwicklung der Lohn- und der Umsatzsteuer ist zugleich ein großer Verwaltungsaufwand verbunden, der hauptsächlich bei den Unternehmen, aber auch bei den Finanzbehörden anfällt.

Obwohl es das Einfachste und Naheliegendste wäre, wenn der Staat seine Mittel ausschließlich und direkt an ihrer Quelle, nämlich in den Betrieben abzweigen würde, wird bei uns nicht dieser gerade Weg eingeschlagen, sondern ein komplizierter Umweg. Wo der Staat die Wirtschaft verwaltet – bei öffentlichem Gemeineigentum – versteht es sich von selbst, daß er sich nicht erst aus den Bevölkerungseinkommen versorgt, nachdem diese aus den Betrieben geflossen sind. Nicht die vielen Millionen Einzeleinkommen der Massen werden direkt und indirekt besteuert, sondern – weit weniger aufwendig, weil zahlenmäßig viel geringer – die Betriebe selbst, und zwar bevor sie die Löhne und Gehälter auszahlen. In der DDR etwa werden 95 Prozent des Gesamtsteueraufkommens durch drei Steuerarten aus dem Betriebsgewinn erhoben.[19] Eine indirekte Steuer in Form der allgemeinen Umsatzsteuer gibt es nicht. Aus geschichtlichen Gründen ist die Lohnsteuer zwar noch nicht ganz abgeschafft, aber mit 3,8 Prozent Anteil am Gesamtsteueraufkommen spielt sie eine völlig untergeordnete Rolle, die weiterhin zurückgeht.

Direkte und indirekte Steuern

»Wenn man . . . zwischen zwei Steuersystemen zu wählen hat, empfehlen wir die *völlige Abschaffung der indirekten Steuern* und ihre *allgemeine Ersetzung durch direkte Steuern;* . . . weil indirekte Steuern dem einzelnen verbergen, was er an den Staat zahlt, während eine direkte Steuer unverhüllt und einfach ist und auch vom Ungebildetsten verstanden werden kann. Die direkte Steuer regt deshalb jeden dazu an, die Regierung zu kontrollieren, während die indirekte Steuer jede Tendenz zur Selbstverwaltung zerstört.«

Quelle: Karl Marx, Instruktionen für die Delegierten des Zentralrats, 1867, in: MEW, Bd. 16, S. 198

Auch in der Bundesrepublik entstehen alle Geldmittel in den Betrieben. Auch in der Bundesrepublik werden dort einerseits Überschüsse erwirtschaftet und andererseits Einkommen an die Bevölkerung verteilt. Auf den ersten Blick macht es zwar keinen Unterschied, wo der Staat seine Finanzmittel einzieht. Denn obwohl es den Unternehmern in unserem Land gelungen ist, das Finanzamt zum großen Teil von den Betrieben fernzuhalten und ihm statt dessen die Löhne und Gehälter der Beschäftigen »anzubieten«, heißt das keineswegs eine höhere oder niedrigere Steuereinnahme des Staates. Daß sich die Steuern zum einen Teil aus betrieblichen Gewinnen und zum anderen – größeren – Teil aus Bevölkerungseinkommen zusammensetzen, ändert an der einkassierten Gesamtsumme in Höhe von 430 Milliarden DM nichts.

Aber wenn es auch die Gesamthöhe der Steuern nicht betrifft, ob sie direkt und ausschließlich an ihrem Entstehungsort in den Unternehmen eingezogen werden oder erst, nachdem sie sich in Masseneinkommen verwandelt haben, so ist es für den Verwaltungsaufwand sehr wohl erheblich, wie viele Steuerzahler und Steuerquellen insgesamt bearbeitet werden müssen. Die Bearbeitungszeit bei der Verwaltung hängt keineswegs von der Höhe der Steuersumme ab, sondern von der Anzahl der Steuerfälle, so daß es einleuchtet, daß der Aufwand viel größer ist, wenn außer den Unternehmen auch noch die Einkommen von mehr als 22 Millionen abhängig Beschäftigten besteuert werden. Zumal wenn diese nicht nur direkt zur Kasse gebeten werden, sondern auch noch indirekt, was eine umständliche Umsatzsteuerverwaltung nach sich zieht.

Man kann einwenden, daß die Finanzkraft der Unternehmen überfordert wäre, wenn sie ganz allein Steuern aufbringen müßten. Das wäre richtig, wenn sich sonst nichts ändern würde. Wenn aber die abhängig Erwerbstätigen nicht mehr besteuert werden, dann können entsprechend mehr Mittel für die Besteuerung im Unternehmen verbleiben. Im Klartext: An die Arbeiter und Angestellten braucht natürlich kein Geld ausgezahlt zu werden, das sie ohnehin wieder – ohne direkte Gegenleistung – hergeben müssen.

Noch ein Einwand gegen die Steuervereinfachung: Durch den Verzicht auf die Einkommensteuer der abhängig Beschäftigten, insbesondere der Angestellten, verliert der Staat ein Instrument, mit dessen Hilfe er die bestehenden hohen Einkommensunterschiede einigermaßen ausgleichen könnte. Das stimmt; solange es eine starke Einkommensungerechtigkeit gibt, kann und muß eine starke Progressivsteuer ihr entgegenwirken. Aber besser als jede nachträgliche Korrektur an unverdienten Einkommensunterschieden ist es sicherlich, wenn alle Beschäftigten von vorneherein entsprechend ihrer Arbeitsleistung vergütet werden. Gerade das ist ein Grundsatz des Sozialismus.

Die Auswertung einer uns vorliegenden internen Personalberechnung für die Steuerverwaltung im Land Nordrhein-Westfalen ergibt, daß der größte Arbeitsanfall (über 50 Prozent) durch die direkte Besteuerung der Unternehmen und Unternehmer entsteht. Allerdings lassen sich 20 Prozent der Stellen bei den Behörden der Lohnsteuer und knapp 5 Prozent der Umsatzsteuer unmittelbar zuordnen. Mit Betriebsprüfung und Steuerfahndung waren am Stichtag 30. Mai 1983 rund 16 Prozent beschäftigt.[20]

Hochgerechnet auf sämtliche 115 000 Beschäftigte bei bundesdeutschen Landesfinanzbehörden sind das 23 000 bei der grundsätzlich überflüssigen Verwaltung der Lohnsteuer und knapp 6000 bei der – genauso überflüssigen – Umsatzsteuererhebung. Außerdem 18 000 bei der Betriebsprüfung und Steuerfahndung, die wegen des Interessengegensatzes zwischen Staat und unternehmerischer Privatwirtschaft notwendig sind.

Die Aufblähung unseres Steuersystems besteht aber nicht nur in der Tätigkeit dieser 47 000 Personen, die eine veränderte Bundesrepublik entbehren und für sinnvollere Zwecke einsetzen könnte. Dazu zählt auch der entsprechende Verwaltungsaufwand auf der »Gegenseite« – bei den besteuerten Unternehmen, der mindestens ebenso umfangreich ist. Die Lohnsteuerberechnung und -zahlung, die monatliche Berechnung und Überweisung der Differenz zwischen von Kunden eingenommener und an Lieferanten gezahlter Umsatzsteuer – das dürfte allein weit über 50 000 Personen auf der Seite der Unternehmer beschäftigen, wobei es keine Rolle spielt, ob diese Arbeiten im Unternehmen durchgeführt werden oder in die Praxen von Steuerberatern verlagert sind.

Selbst diese 100 000, deren Arbeit in einem System der ausschließlich direkten Unternehmensbesteuerung, bei öffentlichem Eigentum an den mittleren und großen Betrieben, gar nicht anfällt, stellen nicht das ganze Übermaß bundesdeutscher Steuerverwaltung dar. Denn wir haben weder die etwa 70 000 Beschäftigten bei den Finanzbehörden des Bundes (Zoll) und der Gemeinden nach der Art ihrer Tätigkeit »durchgekämmt«, noch haben wir der recht komplizierten Direktbesteuerung der Unternehmen ein einfacheres Modell gegenübergestellt. Ganz sicher stießen wir noch auf erheblichen bürokratischen Überschuß in diesen Bereichen.

Doch auch die berechneten 100 000 Menschen könnten, freigesetzt vom Steuerverwalten, durch Einsatz in der Wirtschaft deren Wertschöpfung spürbar vermehren. Anstatt in der Wirtschaft geschaffene Werte zu verzehren, hätten jene 100 000, wenn sie 1985 dort erwerbstätig gewesen wären, einen zusätzlichen Wert von 6,3 Milliarden DM erarbeiten können. Dieser Wertausfall ist die eigentliche Vergeudung, die der gegenwärtige Steuerverwaltungsapparat in der Bundesrepublik erzeugt. Dabei handelt es sich um eine Untergrenze.

Die in Zahlen meßbare Vergeudung des Steuersystems besteht erstens in dem um 100 000 Personen aufgeblähten Verwaltungsaufwand, der eine zusätzliche Wertschöpfung in der Bundesrepublik in Höhe von 6,3 Milliarden DM im Jahre 1985 verhindert hat, und zweitens in den Bereicherungsmachenschaften von skrupellosen Finanzgauklern, die sich die verbreitete Steuerunwilligkeit persönlich zunutze machen. Sie entziehen der Gesamtwirtschaft jährlich etwa 4 Milliarden DM, teils für ihren privaten Verbrauch, teils für gesellschaftlich unsinnige Projekte. Darüber hinaus geht der Bundesrepublik durch die Steuerflucht jährlich ein Betrag in Höhe von – geschätzt – 2 Milliarden DM unwiederbringlich verloren. Die Gesamtsumme der steuerlichen Vergeudung beträgt demnach 12,3 Milliarden DM.

Anmerkung zur direkten Personalvergeudung

Die direkte Kostenbelastung durch das Steuerpersonal ist fast so hoch wie der indirekte Schaden. Um die 100 000 Steuerexperten im Staatsdienst und in Unternehmerdiensten zu bezahlen, mußten 1985 rund 6,2 Milliarden DM aufgebracht werden. Diese relativ hohe Summe ergibt sich daraus, daß die Steuerberater in selbständigen Praxen im Unterschied zu staatlichen Finanzbeamten nicht nur ihre Personalkosten bezahlt bekommen, sondern Entgelte für ihre Beratungsdienste kassieren. Die Kosten für staatliche Steuerfachleute werden zwar nur mit 2,2 Milliarden DM beziffert (Hochrechnung aufgrund EP 08 04 des Bundeshaushaltsplans), die 50 000 überflüssigen privaten Steuerberater belasten dagegen die Gesamtwirtschaft mit mindestens 4 Milliarden DM direkter Ausgaben für Vergeudungsdienste.

Auf Zinsjagd

Ein umständliches Banksystem

Alle Geldinstitute zusammen haben 1985 aus Zinsen für Kredite und aus Provisionen für Bankdienstleistungen einen Gewinn von 35 Milliarden DM erzielt.[1] Diese stolze Summe spricht nicht dafür, daß sich die Banken bei uns mit der Rolle von »bescheidenen Vermittlern« im Wirtschaftsleben zufriedengeben. Keineswegs ist das Banksystem eine Behörde, die an die übrigen Wirtschaftsunternehmen uneigennützig Kredite vergibt und ihnen andere finanzielle Dienste leistet, bestenfalls entschädigt durch eine kostendeckende Verwaltungsgebühr. Vielmehr wollen Banken, wie andere kapitalistische Unternehmen auch, sich selbst bereichern. Ihre größte Bereicherungsquelle ist der Zins aus dem Geldverleih.

Geldverleih gegen Zinsen, die sogenannte Kreditvergabe, ist als solche keine Eigenart des Kapitalismus. In jeder entwickelten Wirtschaft, die auf Geld beruht – auch im Sozialismus –, werden irgendwo immer wieder für kurze Zeit Geldmittel frei; und andererseits sind für den reibungslosen Zahlungsablauf in Wirtschaft, Staat und Bevölkerung immer wieder zusätzliche Geldmittel an anderer Stelle erforderlich. Das Banksystem ist der Ort, wo zum gesamtwirtschaftlichen Vorteil einheitlich das gerade ungenutzte Geld gesammelt und an andere verteilt wird, die es gerade brauchen. Es nimmt ständig Spar- und sonstige Einlagen, gegen Zins, bei sich auf und reicht das Geld, gegen höheren Zins, als Kredit an seine Kunden weiter. Die Differenz zwischen gezahltem und eingenommenem Zins (Zinsspanne) ist sein Gewinn. Grundsätzlich funktioniert das im Kapitalismus nicht anders als im Sozialismus.[2]

Normal für ein Banksystem ist auch, daß es Dienstleistungen für seine Kunden durchführt. Von einem Bankkonto zum anderen Beträge abbuchen und gutschreiben – so wird am effektivsten, ohne Bargeld, der Zahlungsverkehr von Wirtschaft, Staat und Bevölkerung abgewickelt. Zum Dienstleistungsgeschäft, wofür die Banken Gebühren und Provisionen verlangen, gehört auch das Einkassieren von Schecks oder das Besorgen ausländischer Währungen. Eine kapitalistische Besonderheit, die es im Sozialismus nicht gibt, ist das spekulative Wertpapiergeschäft.

Kreditvergabe und Dienstleistungen, die beiden Hauptaufgaben des Banksystems für die Wirtschaft, – das klingt nicht sehr kompliziert und legt die Vermutung nahe, daß das Bankwesen in unserem Land einfach und leicht durchschaubar ist.

> In der Tat spricht kein vernünftiges Argument dagegen, sämtliche Kreditgeschäfte und Bankdienstleistungen für das ganze Bundesgebiet unter der Regie einer einzigen zentralen Bank durchzuführen. Ausreichend wäre etwa die Deutsche Bundesbank, die ein dichtes Bankstellennetz unterhielte und sämtliche Finanzvorgänge auf sich vereinigte. Jedes Unternehmen und jeder Einkommensbezieher hätte dort – und nur dort – ein Konto. Alles – ausschließlich alles – zeitweilig nicht benötigte Geld würde bei dieser nationalen Gesamtbank deponiert; der Zahlungsverkehr zwischen den Bankkunden würde höchst einfach innerhalb einer und derselben Bank verrechnet; wer einen Kredit brauchte, würde sich an diese Bank wenden, die als einzige dazu berechtigt wäre, Geld gegen Zinsen zu verleihen.

So unkompliziert geht es aber in unserer Republik nicht zu. Es gibt nicht eine einzige Gesamtbank mit einem umfassenden Filialnetz, sondern es gibt fast 4700 rechtlich selbständige Banken mit rund 45 000 Bankstellen.[3] Soweit die 4700 Banken getrennt voneinander ihre Bankgeschäfte tätigen, wirken in unserem Land ebensoviele Verwaltungsapparate unabhängig voneinander. Daß diese Vielzahl insgesamt mehr Kosten verursacht als eine einzige nationale Gesamtbank, liegt auf der Hand. Das fängt bei dem Pomp der modernen Hochhauspaläste an, mit dem die Hauptverwaltungen der großen Banken sichtbar demonstrieren wollen, wo die wirtschaftliche Macht in unserem Land angesiedelt ist. Dazu gehören die 45 000 Bankfilialen in der Bundesrepublik; nicht selten hat der Bundesbürger auf 100 Meter städtischer Einkaufsstraße die Wahl zwischen zehn und mehr Bank- und Sparkassenstellen. Ein ungeheurer Aufwand, von dem eine einheitliche Gesamtbank viel streichen könnte, ohne daß ihre Kunden länger als bisher vor dem Schalter warten müßten.

Der größte Preis der Aufsplitterung unseres Banksystems ist das Zwischen-Bank-Geschäft, das eine flexible Kreditvergabe garantieren soll. Oft kommt eine einzelne Bank mit dem bei ihr deponierten Geld nicht aus, wenn von ihr ein Kredit gewünscht wird. Umgekehrt liegt bei einer einzelnen Bank oft Geld ungenutzt herum, weil momentan niemand um einen Kredit nachfragt. Daher leihen und borgen die 4700 Banken der Bundesrepublik ständig untereinander. Auf diese Weise laufen 30 Prozent des gesamten Kreditgeschäfts der Banken zwischen den Banken selbst ab, bevor die Geldmittel überhaupt nach außen, an die »Nichtbanken« gelangen. Das waren 1985 fast 1 Billion DM vom insgesamt 3,3 Billionen DM umfassenden Kreditbestand aller Geldinstitute.[4]

Banken borgen von anderen Banken, weil eigene Mittel für ein günstiges Bankgeschäft gerade fehlen. Banken verleihen an andere Banken, weil ihnen selbst gerade kein günstiges Kreditgeschäft winkt. Ums Geldbeschaffen zum Verleihen geht es übrigens auch bei den recht komplizierten Beziehungen zwischen den einzelnen Banken einerseits und der Zentralbank (Deutsche Bundesbank in Frankfurt) andererseits.[5] Es versteht sich, daß Zwischen-Bank-Geschäfte, die lediglich Geld zwischen selbständigen Banken hin- und herbewegen und eine Menge Personal binden, wegfallen würden, sobald eine für das ganze Land zuständige und über bessere Marktübersicht verfügende Gesamtbank die Einlagen verwalten und die Kreditvergabe durchführen würde.

Herumschieben von Wertpapieren

Ob die Erträge der Banken hoch oder niedrig sind, ob 35 oder nur 5 Milliarden, ist gesamtwirtschaftlich gesehen gleichgültig, denn Zinsen sind immer Abzüge vom Einkommen anderer am Wirtschaftsleben Beteiligter.

> Wirf den Bankier, wie du willst: er fällt immer auf dein Geld.
>
> *Kurt Tucholsky 1932*

Gesamtwirtschaftlich nützlich ist nicht, daß sich Banken Zinsen aneignen, sondern das, was sie gewissermaßen als notwendiges Übel für diese Zinsaneignung tun müssen: die Vergabe von Krediten dorthin, wo zusätzliche Geldmittel für den reibungslosen Wirtschaftsablauf gebraucht werden. Da bei uns die Banken in erster Linie dazu da sind, ihr Kapital zu vermehren und sich durch Zinsgewinne zu bereichern, ist für sie nicht der gesamtwirtschaftliche Nutzen maßgeblich, sondern ausschließlich ihr eigener. Dieser Punkt ist entscheidend wichtig: Lassen sich nämlich Zinsen oder Provisionen kassieren, ohne daß dafür gesamtwirtschaftlich Nützliches geleistet werden muß (wie etwa die Kreditvergabe), dann ist eine Bank dazu ebenso bereit wie zu jedem anderen Geschäft. Solche reinen Finanzgeschäfte, abgehoben vom wirklichen Wirtschaftsleben, gibt es in unserer Gesellschaftsordnung in großer Menge. Und die Banken sind fast immer dabei.

Was sind das für Finanzgeschäfte, die sich gegenüber den realwirtschaftlichen Erfordernissen weitgehend verselbständigt haben und eine eigene Sphäre der reinen Geldbewegung bilden, eine losgelöste Sphäre reiner Spekulation?

Gemeint ist neben spekulativen Käufen und Verkäufen von ausländischen Währungen, von Gold oder von Rohstoffkontrakten (Warenterminhandel) vor allem der Handel mit Wertpapieren. Gerade der Markt für Wertpapiere, die sich in Aktien (wechselnder Zinsertrag bzw. »Dividende«) und in Rentenwerte (fester Zinsertrag – in der Regel Anleihen des Staates) unterscheiden, ist in den letzten Jahren derart angeschwollen, daß fast alle Banken dazu übergingen, ihre Wertpapierabteilungen personell auszudehnen.

Wenn Aktiengesellschaften neue Aktien ausgeben, fließt ihnen immerhin wirkliches Kapital von den Aktionären zu, das sie für die Produktionserweiterung einsetzen können. Wenn der Staat sein Haushaltsdefizit deckt, indem er neue öffentliche Anleihen aufnimmt, zieht er ebenfalls von den Käufern der festverzinslichen Wertpapiere wirkliche Geldbeträge in seine Kasse. Beim Handel mit bereits ausgegebenen Aktien und Anleihen ist das anders. Da findet bloßer Händewechsel der »alten« Wertpapiere zwischen ihren jeweiligen Besitzern statt. Aktiengesellschaften und Staat bekommen davon keinen Pfennig. Es ändern sich lediglich die Eigentümer der Wertpapiere, die es auf nichts anderes als auf die Zinserträge aus den Aktien oder Staatsanleihen abgesehen haben. Diese Eigentümer können Banken sein oder Privatpersonen oder kapitalistische Unternehmen.

Tabelle 21
Wertpapierumsätze 1985 zum Kurswert in Mrd. DM

	Neuausgabe	alte Wertpapiere
Aktien	11	199
festverzinsliche Staatsanleihen	42,7	250

Quelle: Wertpapierstatistik und Dresdner Bank (fernmündliche Auskunft)

1985 wurden neue Aktien im Kurswert von 11 Milliarden DM ausgegeben. Der gesamte Umsatz mit Aktien, der fast ausschließlich an der Börse abgewickelt wird, war dagegen fast zwanzigmal so hoch, nämlich 210 Milliarden DM. Das heißt, daß alte Aktien zum Kaufpreis von fast 200 Milliarden DM ihre Besitzer wechselten – ein umfangreicher Handel, der für die

Gesamtwirtschaft ohne jeden Belang blieb. Im gleichen Jahr besorgte sich der Staat durch neue festverzinsliche Anleihen insgesamt 42,7 Milliarden DM. Der Umsatz mit öffentlichen Anleihen an Börsen und Banken betrug nach Schätzung der Dresdner Bank aber zwischen 250 und 300 Milliarden DM. Das ist mehr als das Fünffache der Neuemission und hat ebenfalls keinen wirtschaftlichen Sinn, außer dem, daß die Zinsen ihre Aneigner wechselten.

Beim Handel mit Aktien und Anleihen geht es hauptsächlich um gesamtwirtschaftlich belanglose Neuaufteilungen von Ansprüchen auf Zinsen und Dividenden. Anrechtsscheine auf private Unternehmensgewinne und auf Steuergelder werden spekulativ hin- und hergeschoben. An fast jedem Eigentümerwechsel im Wertpapiergeschäft ist eine Bank beteiligt, welche diese reinen Zinsgeschäfte vermittelt und dafür Provisionen kassiert. Mindestens 60 000 Personen sind beruflich mit solchen Vorgängen allein innerhalb des Banksystems ständig befaßt.[6] Oberhalb des realen Wirtschaftsprozesses und losgelöst von ihm hat sich eine Ebene herausgebildet, auf der Milliardenbeträge kreuz und quer bewegt werden, vorangetrieben von Spekulanten auf Zinsjagd.

Unsere »moderne« Wirtschaftsordnung leistet sich sogar noch eine zweite Ebene über dieser ersten Zone reiner Zinsaneignung. Sie ist von der wirklichen Zinsentstehung noch weiter entfernt und heißt Investmentgesellschaft. Solche Unternehmen, die fast alle Tochtergesellschaften von Banken sind, haben zinsbringende Wertpapiere in ihrem Besitz. Wer sein Geld einer solchen Gesellschaft anvertraut, kauft nicht selbst Wertpapiere, sondern Anteilscheine an der Investmentgesellschaft, die ihrerseits Wertpapiere besitzt. Dementsprechend verschachtelt und indirekt geht es bei der Zinsaneignung zu: Die Investmentgesellschaft zieht zunächst die Zinsen aus ihren Wertpapieren ein und gibt diese dann an ihre Anteilseigner weiter, nicht jedoch ohne vorher eine angemessene Verwaltungsgebühr für ihre Dienstleistung abgezogen zu haben. Man könnte über solche bizarren Auswüchse kapitalistischer Zinsbereicherung lächeln, doch hier geht es immerhin um 8,5 Milliarden DM.[7]

Der Aufwind an der Aktienbörse

Die Entwicklung an den Aktienbörsen ist ein besonders krasser Ausdruck für das Wachstum von Finanzgeschäften, bei denen keine Wertbeträge neugeschaffen, sondern bloß von einer Stelle zu anderen umgeleitet werden. Seit Mitte 1982 erlebt die Börse einen gewaltigen Aufschwung: Wurden 1982 insgesamt 35 Milliarden DM mit Aktien umgesetzt, so war diese Summe 1985 schon auf das Sechsfache gestiegen, nämlich auf 210 Milliarden DM. Eine Aktie ist ein Anrechtsschein auf einen Teil des Gewinns eines Unternehmens. Der Aktienbesitzer erhält jährlich pro Aktie sagen wir 12 DM aus dem Gewinn des betreffenden Unternehmens überwiesen, die sogenannte Dividende. Beauftragt der Aktionär seine Bank, die Aktie an der Börse zu verkaufen, so wird der Käufer neuer Aktionär. Die Dividende geht dann an den neuen Aktienbesitzer; dieser kann nun, vielleicht weil der Preis der Aktie (Kurs genannt) angestiegen ist, diesen Anrechtsschein weiterverkaufen lassen usw.

Für die Aktionäre – den ersten, den zweiten, den dritten usw. – ist es keineswegs gleichgültig, wer die Aktie jeweils besitzt. Denn nur dem Besitzer fließt die Dividende aus dem Unternehmensgewinn zu. Aber realwirtschaftlich, und das ist der Witz bei der Sache, sind die Geschäfte zwischen den Aktienbesitzern ohne jede Bedeutung. Es findet reiner, vom Wirtschaftsprozeß abgehobener, Eigentümerwechsel von Papieren statt, ohne daß dabei die Geschäfte des Unternehmens irgendwie beeinflußt würden. Die hektischen Umsätze mit Aktien in Höhe von 210 Milliarden DM drücken zwar ein enormes Privatinteresse an Bereicherung mittels Aktien aus, wodurch die Kurse der Aktien in schwindelnde Höhen getrieben werden. Aber gemessen an den realen Bedürfnissen der Wirtschaft sind solche reinen Wertpapiergeschäfte völlig überflüssige Transaktionen.

Vor über hundert Jahren schon hat Karl Marx kommentiert, wie sich alles »verdoppelt und verdreifacht« im kapitalistischen Kreditsystem: »Aller Zusammenhang mit dem wirklichen Verwertungsprozeß des Kapitals geht so bis auf die letzte Spur verloren, und die Vorstellung vom Kapital als einem sich durch sich selbst verwertenden Automaten befestigt sich.«[8]

Sobald erstens das Privateigentum, also die Käuflichkeit von Großunternehmen beseitigt ist und zweitens der Staat seine Ausgaben und Einnahmen ohne Verschuldung in Einklang bringt, ist dem ganzen spekulativen Spuk mit den Wertpapieren der Boden entzogen. Weder alte noch neue Unternehmensaktien oder Staatsschuldscheine machen dann noch wirtschaftlichen Sinn. Der Sozialismus erlaubt der Bundesrepublik ein viel einfacheres Kreditsystem: Die Unternehmen borgen sich zusätzliches Geld durch gewöhnliche direkte Kreditaufnahme bei der nationalen Gesamtbank. Und dem Staat steht selbstverständlich der gleiche Weg offen, falls er zusätzliche Haushaltsmittel über seine Steuereinnahmen hinaus benötigt.

Zinsen statt Arbeit

Was sich in den siebziger Jahren erst abzeichnete, bestimmt Mitte der achtziger Jahre das Bild: Die großen Unternehmen der Industrie »schwimmen« im Geld. Aber das überschüssige Geld, das ihnen aus dem Warenverkauf zurückfließt, wird in immer geringerem Maße in den Produktionsbereich investiert. Die Manager legen die neuen Gewinne nicht so sehr in Maschinen und Anlagen an, sondern bilden reine Geldvermögen. Das heißt, die Finanzmanager kaufen Wertpapiere statt Maschinen, verleihen Geld auf dem Kapitalmarkt, anstatt damit neue Arbeitskräfte einzustellen. Erträge aus reinen Finanzgeschäften sind für viele Produktionsunternehmen verlockender geworden als Erträge aus eigenen Fertigungsstätten. Sind bundesdeutsche Unternehmen, wie die »Welt der Arbeit« fragt, zu »Sparkassen mit angegliederter Produktionsabteilung« geworden?

»Eine Bank, die nebenher noch einen Elektroladen betreibt.«

Tatsächlich witzeln Insider so über den Siemens-Konzern, der bei der Verlagerung von der Produktion zur Finanzspekulation die bundesdeutsche Spitze einnimmt. 20 Milliarden DM hat Siemens bis 1985 angelegt in Schuldscheinen, festverzinslichen Wertpapieren, Aktien und anderem zinstragenden Kapital.[9] Mit 10 Milliarden DM Finanzanlagen folgt Daimler-Benz an zweiter Stelle.[10] Bei Siemens besteht schon weit über ein Drittel, bei Daimler fast ein Drittel des gesamten Kapitalvermögens nicht aus »Sachanlagen«, sondern aus reinen Geldanlagen, die Zinsen einbringen sollen und mit der eigenen Produktion von Elektrotechnik oder vornehmen Autos nichts zu tun haben.

Innerhalb der Großkonzerne blähen sich die Finanzabteilungen gewaltig auf, die Tag und Nacht per Bildschirm freies Geld jeweils dorthin verleihen, wo gerade ein Geldnehmer die höchsten Erträge verspricht – Geldnehmer bei Banken, bei anderen Unternehmen, bei Wertpapier- und Devisenbörsen, und das im In- und im Ausland. In der Verlagerung von der Produktion zur Spekulation war Siemens durchaus erfolgreich. Schon 1983 nahm der Konzern fast 1 Milliarde DM mehr an Zinsen ein, als er an Zinsen für aufgenommene Bankkredite zu zahlen hatte. »Zum Vergleich: Die Bayerische Landesbank, die das Geldverleihen und somit das Zinsverdienen als ihre Haupttätigkeit betreibt, erzielte 1983 einen Zinsüberschuß von 890 Millionen DM. So gesehen ist Siemens die bessere Bank.«[11]

An dem Hin- und Herschieben von Geld, bei dem als Käufer verstärkt normale Produktionsunternehmen auftreten, gibt es viele Beteiligte. Die Wertpapierbörsen und erst recht die Banken haben wegen des Hochbetriebs ihr Personal aufgestockt. Selbständige Finanzmakler und Anlageberater schießen wie Pilze aus dem Boden, um, gegen Anteil an der Beute, den kauflustigen Unternehmen günstige Angebote zu präsentieren. Und auch in den Unternehmen selbst werden immer mehr Stellen für Finanzspezialisten eingerichtet. Dort dürften es mindestens 50 000 Personen sein, deren Beschäftigung auf nichts anderem als auf dem neuartigen Wachstum der Finanzprozesse beruht – jener Finanzprozesse, die zwar für die Geldanleger ertragreich sein können – und zwar meist auf Kosten derer, die gezwungen sind, sich solches Geld zu leihen –, die aber keinen neuen Wert hervorbringen.

Haben wenigstens solche Aktienkäufe gesamtwirtschaftlichen Sinn, wenn ein Unternehmen die Aktienmehrheit am gekauften Unternehmen benutzt, um dort die Geschäftspolitik zu bestimmen? In der Tat nehmen solche Beteiligungskäufe zu – denkt man an den Großeinkäufer Daimler-Benz, der von Februar bis Oktober 1985 seinem Konzern drei Großunternehmen – MTU, Dornier, AEG – einverleibte, um sein »Automobil-Bein« durch ein »Rüstungs-Bein« zu ergänzen. Zugegeben, für Daimler ist es sinnvoll, wenn die Gewinne jener drei Firmen nicht mehr an andere ausgeschüttet werden, sondern nunmehr in die eigene Kasse fließen. Aber der »Stern« (14/86, S. 88) kommentierte zu Recht: »Es ist bequemer, eine Fabrik zu kaufen, als eine zu bauen.« Durch den Kauf fremder Unternehmen wird lediglich das Eigentum an bestehenden Fabriken verschoben – neue Betriebe entstehen dadurch nicht. Das heißt, daß sich realwirtschaftlich durch Unternehmenszusammenschlüsse erst einmal gar nichts ändert. Zumindest wird kein zusätzlicher Wert produziert, wenn Daimler statt anderer Eigentümer die drei genannten Unternehmen abkassiert.

Welches Ausmaß hat die Hinwendung zum Finanzgeschäft auf Kosten des Produktionsbereichs bis heute angenommen?

1984 haben alle bundesdeutschen Unternehmen zusammen 200 Milliarden DM in die Produktion (Anlagen und Vorräte) investiert und zusätzlich 60 Milliarden DM in Geldvermögen aufgetürmt. Für 1985 lauten die Zahlen: 220 Milliarden DM für die Produktion und 50 Milliarden DM für Geldgeschäfte. Ein Fünftel der jährlichen Neuanlage wird demnach als reines Geldvermögen gehortet, wobei der Anteil bei den großen Unternehmen (vergleiche Siemens) weit über dem Durchschnitt liegt.

Über 300 Milliarden DM reine Geldanlagen hatten bundesdeutsche Unternehmen 1985 bei sich insgesamt aufgehäuft und damit der produktiven Investition vorenthalten.

Warum aber stecken die Unternehmen derart große Summen nicht mehr in die Produktion?

Allgemein gesagt liegt das an der wirtschaftlichen Dauerkrise des Kapitalismus, die in den siebziger Jahren einsetzte. Mangels Kaufkraft – keineswegs mangels Bedarf an sinnvollen Produkten – im Inland und in zunehmendem Maße auch im Ausland sind die Gewinne durch eine merkliche Produktionsausweitung nicht mehr zu erhöhen. Eine zusätzliche Produktion nimmt der verengte Absatzmarkt nicht auf, es sei denn, die Unternehmen senkten die Verkaufspreise ihrer Produkte. Gerade die großen und größten Unternehmen sind aber aufgrund ihrer enormen wirtschaftlichen Macht zu Preissenkungen und damit zu relativen Gewinneinbußen nicht gezwungen. Für sie macht eine Ausdehnung der Produktion keinen Sinn, weil sie auch ohne sie hohe Erträge erwirtschaften können, indem sie verstärkt in reine Finanzgeschäfte investieren, um durch Zins- und Spekulationsgewinne diejenigen zusätzlichen Profite zu holen, die sie durch produktive Investitionen nicht mehr erzielen. Sind die 50 000 Personen, die sich 1985 innerhalb der Unternehmen mit dem Anlegen jener 50 Milliarden DM befaßt haben, »parasitär« beschäftigt gewesen? Die Antwort lautet eindeutig ja. Denn wären die 50 Milliarden benutzt worden, um menschliche Arbeitskräfte nachzufragen und Produktionsanlagen zum Laufen zu bringen, dann wäre ein realer Wirtschaftsprozeß in Gang gesetzt worden, der Milliardensummen neuer Werte erbracht hätte. Immerhin waren die Produktionskapazitäten der Bundesrepublik 1985 nur zu maximal 85 Prozent ausgelastet,[13] und in gleichem Maß waren arbeitsfähige Menschen arbeitslos.

So aber horteten die Unternehmen 1985 neue 50 Milliarden DM als reines Geldvermögen auf, mit dem Zweck, Zinserträge einzustreichen, die an anderer Stelle der Wirtschaft des In- und Auslandes aufgebracht werden müssen. Die geldanlegenden Unternehmen, nicht aber die Gesellschaft als ganze wurde auf diese Weise reicher. Sie wurde sogar indirekt ärmer, denn die

50 000 Personen im gesamtwirtschaftlich unnützen – unternehmensinternen – Finanzgeschäft waren einer nützlichen Tätigkeit entzogen.[14]

Das dritte Bein im Rentenalter

Lebensversicherungsunternehmen bezeichnen sich gern als das »dritte Bein« der Altersversorgung. Damit ist das Wesentliche über ihre Bedeutung eigentlich schon gesagt, denn wer braucht schon ein drittes Bein, wenn er zwei gesunde hat? In der Tat blüht das Geschäft mit der Lebensabsicherung bei uns nur deshalb so gut, weil die für die Altersversorgung gesetzlich zuständige Rentenversicherung unzulänglich ist oder zumindest den Bürgern als unzureichend erscheint. Es gäbe sicherlich nicht 67,4 Millionen Versicherungsverträge (1984), wenn ausschließlich Selbständige und Besserverdienende sich außerhalb der gesetzlichen Pflichtversicherung auf private Weise ihren Lebensabend sichern wollten. Auch der pflichtversicherte Arbeiter und Angestellte oder der pensionsberechtigte Beamte fürchten, daß die gesetzliche Altersversorgung, z. B. aufgrund von Beitragsausfällen infolge der Massenarbeitslosigkeit, versagen könnte. Die Lebensunsicherheit in unserer Wirtschaftsordnung ist der Nährboden für das aufgeblähte Geschäft mit der Zukunftsangst, das sich Lebensversicherung nennt.

Lebensversicherungen machen bekanntlich nicht das eigene Leben sicherer, sondern bringen Geld. Wer eine Lebensversicherung auf den Todesfall abschließt, handelt uneigennützig. Denn er denkt nicht nur an sich, sondern auch an seine Hinterbliebenen. Stirbt der Versicherte nämlich vor Ende der Laufzeit des Vertrags, erhalten die Begünstigten die volle Vertragssumme zugeteilt, unabhängig davon, wieviel der Versicherte bereits eingezahlt hat.

Dieser klassische Fall spielt aber heute eine untergeordnete Rolle. Das mengenmäßig ausschlaggebende Geschäft ist die Versicherung auf den Erlebensfall, das heißt, die meisten Versicherten haben die Absicht, ihren Lebensunterhalt im Alter, nach

Ablauf der Beitragsfrist von etwa 35 Jahren, durch die ausgezahlte Versicherungssumme aufzubessern. Strenggenommen handelt es sich demnach gar nicht um eine Versicherung, die eine Entschädigung für den Schadensfall bietet, wie es die Versorgungslücke der Hinterbliebenen im Todesfall des Einkommensbeziehers ist. Dem Wesen nach handelt es sich um einen Sparvorgang.

Tatsächlich werden die jährlichen Beiträge des Versicherten vom Unternehmen verzinst – wie von einer Bank – und – wie von einer Bank – als Kapital weiterverliehen. Die Zinsen aus dem, meist langfristigen, Geldverleih werden für die Bildung der Versicherungssumme mitverwendet. Aber die darüber hinausgehenden Zinsüberschüsse aus den Kapitalanlagen eignet sich das Lebensversicherungsunternehmen selber an.

Der Lebensversicherungsvertrag ist also nur ein besonders langfristiger Sparvertrag, der sich vom Sparvertrag bei einer normalen Geschäftsbank zum einen durch seine längere Laufzeit und zum anderen durch die Regelung unterscheidet, die angezielte Sparsumme im Todesfall vorfristig in ganzer Höhe ausgezahlt zu bekommen. Selbstverständlich gleicht ein Lebensversicherungsunternehmen das Todesfallrisiko für sich durch höhere Beiträge und niedrigere Beitragsverzinsungen aus.

Für den Beitragszahler ist eine Lebensversicherung ein Sparvertrag, der nicht von einer Bank durchgeführt wird, sondern von einem Unternehmen, das sich Lebensversicherungsgesellschaft nennt. Für das Lebensversicherungsunternehmen ist der Vertrag dagegen ein Mittel zur Zinsaneignung durch Geldverleih. Daraus erklärt sich auch, weshalb diese Unternehmen sich im harten Wettbewerb um neue Verträge drängeln, in einem Wettbewerb, der nicht nur enorm hohe Abschlußkosten und Betriebsaufwendungen (rund ein Viertel der Beitragseinnahmen) mit sich bringt, sondern der darauf angelegt ist, mit möglichst vielen Verträgen möglichst viel Beitragsgeld einzuziehen, um dieses als Leihkapital zinsbringend verwerten zu können.

Es geht hier nicht darum, den Sparvorgang in Form einer Lebensversicherung zu verwerfen. Wenn jemand im Alter mehr Geld haben will und dazu bereit ist, in seinen mittleren Lebensjahren weniger auszugeben, indem er spart, dann ist das seine persönliche Sache. Daraus folgt aber nicht zwingend, daß dieser langfristige Sparvorgang unbedingt von einem Lebensversicherungsunternehmen durchgeführt werden muß, das mit dem Geldverleih in dem an sich branchenfremden Bankgeschäft tätig wird. Auch Banken nehmen Geld entgegen und legen es zinsbringend an. Sie tun dies ebenfalls in Form von langfristigen Sparverträgen. Grundsätzlich spricht nichts dagegen, auch solche langfristigen Sparprozesse mit Todesfallregelung von Banken verwalten zu lassen, die das eingenommene Geld – wie bisher die Lebensversicherer – zur langfristigen Kreditvergabe nutzen.

Wenn wir uns vergegenwärtigen, daß in einer veränderten Bundesrepublik die wirtschaftliche Zukunftsangst der Menschen genauso wie eine instabile gesetzliche Altersversorgung verschwindet, ist mit einem erheblich geringeren Bedürfnis nach ergänzenden Lebensversicherungen fürs Alter zu rechnen. Wenn wir weiterhin unterstellen, daß es dann keine zinsjagenden Lebensversicherungsunternehmen mehr gibt, die durch aggressives Marketing und provisionsgehetzte Außenvertreter alle nur greifbaren Menschen zum Policenkauf überreden, dann können wir den Umfang der weiterbestehenden langfristigen Sparverträge auf einen Bruchteil des heutigen Ausmaßes beziffern.

Es ist nicht allzuschwer, sich statt der 102 Lebensversicherungsunternehmen mit ihrem Riesenstab von Innen- und Außendienstmitarbeitern eine Sonderabteilung innerhalb der nationalen Gesamtbank für die Bundesrepublik vorzustellen, die darauf spezialisiert ist, solche langfristigen Sparverträge mit der Regelung für den Todesfall zu bearbeiten und langfristige Kredite zu verwalten.

Unter dieser Voraussetzung wird die jährliche Beitragssumme sicherlich nicht bei den 40 Milliarden DM des Jahres 1985 bleiben;[15] vielleicht wird sie auf ein Zehntel absinken. Auf jeden Fall geht der Verwaltungsaufwand erheblich zurück, sowohl im Innendienst als auch ganz besonders beim Außendienst, der sich heute hauptsächlich mit Policenverkauf beschäftigen muß. Von den über 60 000 Personen, die 1985 hauptberuflich bei Lebensversicherungen arbeiteten, kann der größte Teil in andere Wirtschaftsbereiche abwandern.

Im Kreditsystem der Bundesrepublik bilden die Banken den eigentlichen Kern, um den herum weitere Finanzeinrichtungen wie Börsen, Anlageberatungsfirmen, Geldvermittlerbüros usw. gelagert sind. Zum Kreditwesen im weiteren Sinne sind auch die Lebensversicherungsunternehmen zu zählen, die ihrem wirtschaftlichen Inhalt nach nichts anderes tun als die Banken. Im Kreditgewerbe (ohne Lebensversicherungen) waren 1984 624 000 Personen beschäftigt, bei den Lebensversicherungen arbeiteten außerdem 76 000 hauptberuflich.[16] Zusammen sind das 700 000 Menschen, zu denen noch mehrere Hunderttausend gerechnet werden müssen, die innerhalb der Wirtschaftsunternehmen mit entsprechenden Tätigkeiten befaßt sind.

Man kann nicht leugnen, daß das Bankgewerbe im engeren Sinn durch Geldverleih und Dienstleistungen gesamtwirtschaftlich wichtige Aufgaben erfüllt. Dennoch ist insgesamt das Kreditwesen der Bundesrepublik, gemessen an den Leistungsanforderungen einer gut funktionierenden Wirtschaft, weit überdimensioniert. Optimal den tatsächlichen Geld- und Kreditbedarf der Wirtschaft zu befriedigen, und nur darauf kommt es an, setzt voraus, daß das Kreditwesen keine eigenen privaten Gewinninteressen gegenüber der sonstigen Wirtschaft hat. Die angeführten Vergeudungen infolge des organisatorisch zersplitterten Bankwesens, infolge der realwirtschaftlich überflüssigen reinen Zins- und Spekulationsgeschäfte und ihrer besonderen Aufblähung in den achtziger Jahren oder auch infolge eines aufgebauschten Lebensversicherungsgewerbes, entspringen letztlich alle aus jenem Umstand: Zinsen als Selbstzweck.

Ein Kreditwesen, das nicht mehr unter dem absoluten Zwang steht, Zinsen zu erwirtschaften, sondern das ganz dem Gesamtinteresse der Wirtschaft verpflichtet ist, die ihrerseits auf Gemeineigentum beruht, kann die gleiche Effektivität wie das gegenwärtige mit viel weniger Aufwand erzielen. Rund 400 000 Personen würden, nach vorsichtigen Schätzungen, für sinn-

vollere Aufgaben frei. Anstatt aus den Zinsen bezahlt zu werden, die von anderer Stelle der Wirtschaft aufgebracht werden müssen, hätten diese 400 000 Menschen 1985 in nützlichen Arbeitszweigen einen zusätzlichen Wert von über 25 Milliarden DM schaffen können.

Anmerkung zur direkten Personalvergeudung

Im Kreditwesen liegt der einmalige Fall vor, daß die indirekte Vergeudung durch unnütze Tätigkeit von 400 000 Personen niedriger ausfällt als die direkte Vergeudung durch die Kosten, welche die Gesamtwirtschaft jährlich für deren überflüssige Bankdienstleistungen usw. bezahlen muß. Das hängt, wie bei privaten Steuerpraxen, damit zusammen, daß an Banken usw. Entgelte für entsprechende Dienstleistungen gezahlt werden müssen, nicht bloß die reinen Personalkosten. Mit den Ausgaben, welche die Gesamtwirtschaft den Banken usw. für ihre Vergeudungsdienste überträgt, werden nicht nur die Einkommen der Bankangestellten ausgeglichen, sondern auch Einkommen aus Unternehmertätigkeit. Ähnliches gilt für Dienstleistungen der Lebensversicherungen. Der direkte Vergeudungsbetrag im Kreditwesen muß mit mindestens 35 Milliarden DM angesetzt werden.[17]

Arbeitsunfälle

Der Mensch als Mittel

»Der Mensch steht keineswegs etwa – wie Neoromantiker der Sozialpolitik es so gern sähen – im Mittelpunkt des Betriebes. Dort steht etwas ganz anderes. Dort steht die Produktion, der sachliche, der wirtschaftliche Erfolg. Damit dies erreicht wird, muß der Betrieb funktionieren, muß jeder seiner Teile funktionieren. ... Da alle Mittel funktionieren müssen, müssen auch die Menschen funktionieren. Der Mensch ist vom Betrieb nicht als Mensch, sondern als Funktion gefragt.«

Dieses Zitat stammt nicht von Karl Marx. So dankenswert offen über die Rolle der Menschen in der kapitalistischen Industrie äußerte sich der BASF-Direktor Hans-Albrecht Bischoff im Jahre 1962.[1] Vor 25 Jahren waren wohl manche Konzernmanager gegenüber der Öffentlichkeit noch unverblümter als heute, obwohl sich ihr Verhalten zu ihren »Mitarbeitern« keineswegs geändert hat.

Wer oben allerdings auf Karl Marx getippt hätte, hätte so falsch nicht geraten: Schon hundert Jahre zuvor (1867) beschrieb dieser, was den Lohnarbeiter erwartet, wenn er die Fabrik betritt, in der die Arbeitsbedingungen vom Kapital diktiert werden. Wörtlich sprach er vom »systematischen Raub an den Lebensbedingungen des Arbeiters während der Arbeit«, vom Raub an »Raum, Luft, Licht und an persönlichen Schutzmitteln wider lebensgefährliche oder gesundheitswidrige Umstände des Produktionsprozesses, von Vorrichtungen zur Bequemlichkeit des Arbeiters gar nicht zu sprechen«.[2]

Es ist eine Selbstverständlichkeit, daß es Industriearbeit ohne jegliche gesundheitliche Risiken nicht gibt. Auch dann nicht, wenn sie ganz und gar von den Arbeitern selbst gestaltet würde. Denn Menschen sind – im Unterschied zur Sicht jenes BASF-Direktors – eben doch nicht bloße »Funktionen« oder voll durchprogrammierbare Maschinen. Arbeitsunfälle sind der sichtbarste Ausdruck der Tatsache, daß keiner als maschinenangepaßter Fabrikarbeiter geboren wird. Solange fabrikmäßige Arbeit als Kern der materiellen Produktion der Bundesrepublik fortbesteht – und das bleibt so auf absehbare Zeit –, solange sind auch gesundheitliche Schädigungen bei der Arbeit unvermeidlich.

Daraus folgt aber mitnichten, daß die Arbeitsunfälle in der Bundesrepublik so zahlreich wie gegenwärtig bleiben müssen. Denn die konkrete Unfallziffer hängt nicht von der Industriearbeit als solcher ab, sondern v. a. von dem größeren oder geringeren Nachdruck, mit denen gesundheitliche Gefahren am Arbeitsplatz eingedämmt werden. Wie weit sind die Beschäftigten über die Risiken aufgeklärt? Wie weit befinden sich die technisch modernsten Schutzvorrichtungen im Einsatz? Wie weit können die Arbeitenden ihre Arbeitsbedingungen selbst gestalten – und wie unabhängig sind sie von Angst vor Einkommens- oder Arbeitsplatzverlust? Wie *diese* Fragen beantwortet werden, entscheidet über das konkrete Ausmaß der Arbeitsunfälle sowie der beruflichen Erkrankungen.

Daher sind Industriearbeit und Industriearbeit nicht dasselbe. Vielmehr leuchtet ein, daß die Arbeitsbedingungen in einer Wirtschaftsordnung, in der der arbeitende Mensch nur eine »Funktion« zur Realisierung des Kapitalprofits ist, unfallträchtiger sein müssen, als wenn gleichartige Arbeitsprozesse in einer Wirtschaftsordnung verrichtet werden, in der der Mensch wirklich im Mittelpunkt steht.

Die Unternehmer in unserer Wirtschaftsordnung dagegen fragen von sich aus nicht nach der Gesundheitsgefährdung oder der Lebensdauer der Arbeitskraft. Menschengerechtere Arbeitsbedingungen müssen ihnen als Zugeständnisse abgerungen werden. Der Schutz der menschlichen Arbeitskräfte, die der einzelne Unternehmer kommandiert, ist für ihn kein Unternehmensziel. Dies ist umso weniger der Fall in Zeiten der Massenarbeitslosigkeit, wo der Arbeitsmarkt genügend »frisches Blut« als Ersatz bereithält, wo die Angst um den Arbeitsplatz selbst schwer Erkrankte aus dem Bett in die Fabrik treibt, und die Furcht, den Arbeitsplatz zu verlieren, von den Unternehmern gern als zusätzlicher Antrieb benutzt wird, um noch mehr Leistung aus ihren »Mitarbeitern« herauszupressen.

Tabelle 22
Arbeitsunfälle je 1000 Vollbeschäftigte in den wichtigsten Branchen der DDR und der Bundesrepublik 1984

	DDR	BRD
Bergbau	9,2	58,4
Chemie	22,9	37,4
Elektrotechnik	19,9	26,4
Eisen und Metall	11,5[1]	83,7
Textil und Leder	17,4	40,8
Nahrungs- und Genußmittel	37,9	84,4
Bauwirtschaft	38,6	130,6
Verkehr	23,4	65,3

[1] Diese Ziffer gilt nur für die Metallurgie ohne Maschinenbau. Im Maschinenbau der DDR beträgt die Unfallhäufigkeit je 1000 Vollberufstätige 29,5.
Quellen: Statistisches Jahrbuch der DDR 1985, S. 344. Unfallverhütungsbericht der Bundesregierung für 1984, S. 24.

Die Unterschiede zwischen der DDR und der Bundesrepublik sind deutlich. Die Gefährdung durch Arbeitsunfälle ist in jeder Branche in der DDR viel niedriger als in der Bundesrepublik; im Durchschnitt ist sie nicht einmal halb so hoch wie in unserem Land. Zweifellos ist das nicht ganz und gar auf die schlechteren Arbeitsschutzeinrichtungen in der Bundesrepublik zurückzuführen, sondern hängt auch mit der größeren Hektik und dem gesteigerten Arbeitstempo und Arbeitsstreß in den Fabriken unseres Landes zusammen. Aber in beiden Fällen, sowohl in der Vernachlässigung des Arbeitsschutzes als auch in dem enormen Druck auf die Geschwindigkeit der Arbeit, kommt eine und dieselbe Rücksichtslosigkeit des einzelnen Unternehmers gegenüber Gesundheit und Lebensdauer seiner Arbeiter zum Ausdruck. Es ist diese systembedingte Rücksichtslosigkeit, die in unserem Land zu doppelt so hohen Unfallziffern wie in der DDR führt, obwohl es die Bundesrepublik ist, die über ein höheres Niveau der technischen Entwicklungen verfügt und eigentlich auch in der Sicherheitstechnik überlegen sein müßte.

Nach mir die Sintflut!

»Nach mir die Sintflut«, das ist, wie Karl Marx einmal bemerkte, der Wahlruf jedes Kapitalisten.[3] Dieser Wahlruf des Profitmachers, der in besserem Arbeitsschutz nichts anderes als Kostensteigerung und Gewinnminderung erkennen kann, ist eine Milchmädchenrechnung, wenn man die Sache gesamtwirtschaftlich sieht. Denn was der einzelne Unternehmer beim Arbeitsschutz einspart, das fällt zum großen Teil als Mehraufwand im Gesundheitswesen wieder an oder führt zu höheren Produktionsausfällen wegen der größeren Zahl arbeitsunfähiger Unfallverletzter.

Im Auftrag der Bundesanstalt für Arbeitsschutz und Unfallforschung (Dortmund) wurden die volkswirtschaftlichen Kosten der Arbeitsunfälle für das Jahr 1985 ermittelt. Hier das Ergebnis der fundierten Schätzung:

Tabelle 23
Volkswirtschaftliche Kosten durch Arbeitsunfälle 1985 in Mio. DM[1]

Stationäre Behandlung Verletzter	2 290,4
Ambulante Behandlung Verletzter	1 029,0
Behandlung tödlich Verunglückter	4,2
Sonstige Personenschäden	452,4
Sachschäden	481,4
Produktionsausfall im Unfalljahr	9 372,4
Gemeinkosten	890,0
Gesamtsumme	14 519,8

[1] ohne Wegeunfälle, die bei den Verkehrsunfällen schon mitberechnet sind.
Die vom Autor errechneten Produktionsausfälle in den Folgejahren nach dem Unfalljahr in Höhe von weiteren 9,1 Mrd. DM können wir nicht berücksichtigen, da unsere Fragestellung lautet: Um wieviel wäre eine Bundesrepublik ohne Kapitalismus im Jahre 1985 reicher

gewesen? Die 1985 ausgelösten, aber erst in den nächsten 15 – 20 Jahren wirksamen Produktionsausfälle stehen nicht zur Debatte.
Quelle: Bundesanstalt für Arbeitsschutz und Unfallforschung, Forschungsbericht Nr. 328. Verfasser: St. Jokl.

Allein durch medizinische Behandlung und durch Produktionsausfälle im Unfalljahr entstanden der Bundesrepublik Schäden infolge von Arbeitsunfällen (ohne Wegeunfälle) in Höhe von fast 15 Milliarden DM.[4] Hätte unsere Industrie dasselbe Unfallniveau wie die DDR, dann wären 1985 rund 7,5 Milliarden DM weniger gesamtwirtschaftliche Schäden entstanden. (Allein unserem Gesundheitswesen wären dadurch an die 2 Milliarden DM erspart geblieben.)

Für die volkswirtschaftlichen Kosten durch Berufskrankheiten liegen uns keine fundierten Berechnungen vor, so daß wir auf ihre Bezifferung zusätzlich zu den Kosten durch Arbeitsunfälle verzichten. Wir können – aus dem gleichen Grund – auch nicht exakt das hohe und weiterhin wachsende Maß der Frühinvalidität in Betracht ziehen, worin sich die vorzeitige Erschöpfung und Auszehrung der Arbeiter durch die langjährigen Belastungen am Arbeitsplatz niederschlagen. Doch selbst die dazu vorhandenen wenigen Daten beweisen zur Genüge, wie vergeuderisch die kapitalistischen Betriebe unseres Landes mit der menschlichen Arbeitskraft umgehen: 55,1 Prozent der männlichen Arbeiter gingen 1983 wegen Erwerbs- und Berufsunfähigkeit in Frührente. 1974 waren es noch 40 Prozent gewesen (+ 15 Prozent). Dementsprechend sank im gleichen Zeitraum das durchschnittliche Alter für das Ende des Arbeitslebens bei männlichen Arbeitern von 59,5 auf 57,9 Jahre ab.[5]

Unter weniger kräfteraubenden und gesundheitsgefährdenden Arbeitsbedingungen könnte das aktive Arbeitsleben länger dauern, könnte der einzelne viel länger Nützliches für sich und für die Gesellschaft leisten.

Skepsis ist demnach geboten, wenn der Kapitalismus mit seiner hohen einzelbetrieblichen Leistungsfähigkeit prahlt. Allzuoft werden dabei die Opfer des räuberischen Umgangs mit der menschlichen Arbeitskraft einschließlich der dadurch verursachten gesamtwirtschaftlichen Kosten vergessen.

Wenn wir die kapitalistische Rücksichtslosigkeit gegenüber der menschlichen Arbeit allein durch die Ziffer der Arbeitsunfälle messen, so sind für 1985 jährliche Belastungen der Gesamtwirtschaft in Höhe von 14,5 Milliarden DM feststellbar. Über die Hälfte davon, nämlich 7,5 Milliarden DM wären nicht entstanden, wenn in unserem Land die Bedingungen am Arbeitsplatz entsprechend der sozialistischen DDR gestaltet gewesen wären. Die 7,5 Milliarden DM gliedern sich in 2,6 Milliarden DM weniger direkter Ausgaben für medizinische Behandlung usw. und in 4,8 Milliarden DM weniger Produktionsausfall.

Arbeitslosigkeit

Gemessen am Schaden durch die Massenarbeitslosigkeit sind sämtliche bisher erörterten Formen von Vergeudung in unserem Land blaß und geringfügig.

Daß Millionen Arbeitskräfte seit vielen Jahren einfach brachliegen, und zwar genauso wie die dazugehörenden Produktionsmittel (Maschinen usw.), das ist der teuerste Skandal des heutigen Kapitalismus. Mehrere hundert Milliarden DM Werte werden pro Jahr nicht geschaffen, obwohl die Kräfte bereitstehen, sie herzustellen. Im Produktionsausfall durch die Nichtarbeit von Millionen zeigt sich am handgreiflichsten, was Lenin plastisch »Fäulnis des Kapitalismus«[1] nannte.

Millionen Menschen ohne Arbeit

Im Jahre 1975 hätte der Kapitalismus ein bedeutsames Jubiläum begehen können. Aber Festbanketts wurden nicht veranstaltet. Die Presse überging den bewußten Anlaß mit vornehmem Schweigen. Kein Wunder: Gemeint ist die 150. Wiederkehr der ersten zyklischen Wirtschaftskrise. Es war im Jahre 1825, als die englische Industrie zum ersten Mal von jenem unerklärlichen Stillstand der allgemeinen Geschäftstätigkeit befallen wurde, der seither sämtliche kapitalistischen Länder regelmäßig alle paar Jahre heimsucht.

Im Jubiläumsjahr 1975 befanden sich die kapitalistischen Industrieländer übrigens gerade wieder einmal mitten in einer solchen Krise. Es war die tiefste seit dem Ende des zweiten Weltkriegs. In der Bundesrepublik verzeichneten die Arbeitsämter eine Arbeitslosenziffer über der »Schallgrenze« von 1 Million. Diese hohe Zahl löste zwar Überraschung aus, aber noch keine allzugroße Besorgnis. Bislang ging jede Krise nach ein bis zwei Jahren wieder vorbei, und der Aufschwung der Unternehmergewinne zog die »Freigesetzten« wieder in den Wirtschaftsprozeß. Doch diesmal war es anders. Zwar stiegen die Gewinne nach der Krise erwartungsgemäß an, aber die Arbeitslosenziffer blieb bei 1 Million stehen. Mit der nächsten zyklischen Krise – 1980/82 – verdoppelte sie sich sogar auf über 2 Millionen. Und danach geschah das gleiche wie in der zweiten Hälfte der siebziger Jahre. Wieder ließ der Aufschwung der Gewinne die hohe Arbeitslosigkeit unberührt.

Seit Mitte der siebziger Jahre ist Arbeitslosigkeit kein vorübergehender Zwischenfall mehr, der kommt und wieder verschwindet. Seit dem sprunghaften Anstieg über die Millionengrenze (1974/75) ist die Beschäftigungslosigkeit sowohl massenhaft als auch dauerhaft geworden. Nach Auskünften des wissenschaftlichen Instituts der Bundesanstalt für Arbeit wird sich das bis zum Jahr 2000 nicht ändern.[2]

»Man muß sich selbstverständlich zuerst von den leistungsschwächeren Mitarbeitern und solchen mit hohen Fehlzeiten trennen.« Das ist der Wortlaut einer internen Anweisung des Hertie-Konzerns an »alle Personalleiter und Geschäftsführer« zur »Personalreduzierung«.[3] Das war Ende der siebziger Jahre. Zehn Jahre später ist die Verkaufskrise in den Warenhäusern noch nicht vorbei. 15 weitere Filialen sollen dichtgemacht werden,[4] denn der Einzelhandel bekommt die mangelnde Kaufkraft der Bevölkerung zu spüren. Mittlerweile erfaßt der Personalabbau bei Hertie längst nicht mehr nur sogenannte »leistungsschwächere« Mitarbeiter. Fast alle 40 000 Beschäftigten bangen um ihren Arbeitsplatz.

Vergeudung durch Arbeitslosigkeit, das sind – gesamtwirtschaftlich gesehen – nicht die Ausgaben für den Lebensunterhalt der Arbeitslosen durch Arbeitslosengeld und -hilfe, Sozialbeiträge und Sozialhilfe (1985: 26,4 Mrd). Die Unterstützungszahlungen an die Arbeitslosen machen die Gesamtwirtschaft nicht ärmer, da sie vom Lohn und Gehalt der Beschäftigten abgezogen und an Unbeschäftigte weiterverteilt werden. So betrachtet würde die Vergeudung um keinen Pfennig geringer, wenn den Arbeitslosen ihre Unterstützungen gekürzt oder erhöht würden. Die Vergeudung besteht in der Nichtbeschäftigung als solcher. Sie besteht im Arbeitsausfall jener Millionen, die arbeiten wollen, aber nicht dürfen. Sie besteht darin, daß unsere Wirtschaftsordnung gegenwärtig außerstande ist, die Arbeitsfähigkeit von Millionen Menschen produktiv zu nutzen. Und dieser Produktionsausfall hat mittlerweile den zehnfachen Wert der Unterstützungszahlungen an die Arbeitslosen angenommen.

Zusätzlicher wirtschaftlicher Schaden langer Arbeitslosigkeit entsteht dadurch, daß die beruflichen Fertigkeiten der Unbeschäftigten veralten und schließlich ganz wertlos werden, wenn sie ungenutzt bleiben. Ein »Schatz« der menschlichen Arbeitskraft geht verloren, der durch Ausbildung, Weiterbildung und praktische Erfahrung in vielen Jahren aufgebaut wurde. Geschädigt werden aber vor allem die Menschen selbst, wenn sie von der Teilnahme an der gesellschaftlichen Arbeit ausgeschlossen sind. Für das Bruttosozialprodukt mag es gleichermaßen schädlich sein, ob eine intakte Maschine stillsteht oder ein arbeitsfähiger Mensch nicht arbeitet. Aber der Mensch hat im Unterschied zu einer Maschine aus Eisen oder anderen Werkstoffen Gefühle. Und wer fühlt, kann auch leiden. Und das tun Arbeitslose in besonderem Maß.

Da ist zunächst die Einkommenseinbuße – der Ausgangspunkt vieler weiterer Probleme. Entwürdigend genug, bei den Behörden einen Einkommensersatz wie Arbeitslosengeld, Arbeitslosenhilfe, Sozialhilfe, vorzeitige Altersrente usw. durchzukämpfen, entwürdigend genug, in die Abhängigkeit vom Geldbeutel der Eltern oder des Ehepartners zurückgeworfen zu werden – nun müssen auch erhebliche Abstriche am normalen Konsum gemacht werden. Plötzlich gibt es Zahlungsschwierigkeiten, Schulden und Mietrückstände, die in nicht wenigen Fällen in Obdachlosensiedlgungen führen, aus denen es oft kein Zurück mehr gibt. Armut, vor Jahren noch einigen »Drückebergern« und »Faulenzern« zugeschrieben, ist mit der Millionenarbeitslosigkeit keine Randerscheinung mehr, vor der man die Augen verschließen kann. Überrascht steht man vor einer »neuen Armut« der Arbeitslosen, die durchaus arbeiten wollen.[5]

Die Vampire der neuen Armut

Der Kapitalismus wäre kein Kapitalismus, wenn sie nicht scharenweise auf den Plan treten würden: die gewissenlosen Schwindler und Gauner, die sich an der finanziellen Not der Arbeitslosen bereichern wollen:
1. Nepp- und Schwindelfirmen. Nach der Masche mit der Zeitungsanzeige »Suche Arbeitskräfte. Hoher Verdienst möglich« trieben allein 1984 über 5000 neugegründete Betrugsfirmen ihre Prellerei.[6] Da werden z. B. Heimarbeiten angeboten, bei denen Material und Maschinen vorab gegen bares Geld gekauft werden müssen. Die fertigen Produkte nehmen die »Arbeitsbeschaffer« freilich nicht ab. 14 Prozent sämtlicher Firmenneugründungen waren 1984 solche Nepp-, Schein- und Schwindelunternehmen, die aus der Verzweiflung anderer ihre Gewinne schlugen.
2. Kreditvermittler. Private Kreditvermittler und ominöse Teilzahlungsbanken bereichern sich an solchen Menschen, die plötzlich in Geldnot geraten sind. Durch überhöhte Zinsen und Gebühren sahnen sie ab, nachdem sie zunächst als großzügige Helfer bei der Rückzahlung von Ratenkrediten usw. aufgetreten sind. Immerhin befinden sich derzeit zwischen 2,5 und 3,5 Millionen Darlehensnehmer in Zahlungsschwierigkeiten bzw. in Zahlungsverzug.[7] Wer in die Hände der Kreditwucherer geraten ist, wird gnadenlos ausgenommen. Auf 3 Milliarden DM wird der jährliche Privatgewinn der Kredithaie geschätzt,[8] welche die verbreitete Unkenntnis in Geldgeschäften skrupellos ausbeuten. (Genaue Zahlen über diese Kreditvermittler liegen bezeichnenderweise nicht vor, wohl deshalb nicht, weil sie meist eng mit sogenannten »seriösen« Banken oder Sparkassen zusammenarbeiten.)

3. Leiharbeitsfirmen. Die brutalsten Blutsauger der Arbeitslosigkeit sind die modernen Sklavenhändler, die sich selbst vornehmer als »Leihfirmen zur Arbeitnehmerüberlassung« bezeichnet wissen wollen. Nach Günter Wallraffs Enthüllungen über legale und illegale Verleihung und Entleihung läßt sich das Problem nicht mehr als Besonderheit des Bausektors herunterspielen. Verliehen und entliehen wird in allen Bereichen, von großen wie von kleinen Firmen, legal und – weit häufiger illegal. Leiharbeiter sind durch Arbeitslosigkeit, hohe Schulden usw., gezwungen, Löhne weit unter Normaltarif zu akzeptieren. Die Gewinnspanne der legalen Verleihfirmen liegt bei 5 bis 10 DM pro Person und Stunde.

Über den illegalen Verleih gibt es nur Schätzungen. Nicht gerade präzise meint die Bundesanstalt für Arbeit, »daß bundesweit zwischen 100 000 und einer halben Million Arbeiter ständig illegal verliehen werden«.[9] Der DGB hält die Zahl mit 100 000 »überlassenen Arbeitnehmern für eher erheblich zu niedrig als zu hoch« angesetzt.[10] Fest steht jedenfalls, daß dort die parasitären Gewinne noch weit höher ausfallen als beim legalen Verleih. Denn die Sklavenhändler, die ihre Arbeiter unter dem Mantel von Scheinverträgen an Großkonzerne weiterreichen, zahlen die Lohnsteuern nicht an das Finanzamt und die Sozialbeiträge nicht an die Sozialversicherung, sondern lassen sie zusätzlich zu ihrem Verleiherprofit in ihrer eigenen Tasche verschwinden. Die Steuer- und Sozialbeitragsaneignung durch kriminelle Verleihfirmen beträgt bei angenommenen 200 000 illegalen Leiharbeitern mindestens 2 Milliarden DM pro Jahr. Die Profite der Verleiher dürften damit insgesamt 3 Milliarden DM ausmachen.

Wie man hört, sind mittlerweile 320 speziell geschulte Fahnder auf die Spuren der illegalen Verleiher auf Baustellen und in Betrieben gesetzt worden.[11] Die Ursachen des Sklavenhandels dürften dadurch allerdings nicht zu beseitigen sein.

Die Vampire der neuen Armut eigneten sich 1985 rund 6 Milliarden DM an. Dies geschah gänzlich auf Kosten des Rests der Gesellschaft. Daher sind diese 6 Milliarden DM als vergeudet zu betrachten.

Ohne Arbeit gehste kaputt

Das niedrige Einkommen bringt nicht nur Einschränkungen bei der Anschaffung von Autos, Möbeln, Fernsehgeräten usw. mit sich. Nun kann man sich auch den alten Freundeskreis nicht mehr leisten, seine Hobbies nicht mehr bezahlen, die Freizeitgestaltung, der Urlaub und die Erholung müssen in Grenzen gehalten werden. Es setzt ein gewisser Rückzug ins Privatleben ein, der am Anfang vielfach noch genossen wird – auf Dauer aber wird er zu Qual. Tatsächlich sind finanzielle Sorgen bei Arbeitslosen nur zu Beginn der Arbeitslosigkeit die wichtigsten Probleme. Eine Untersuchung über die Folgen langfristiger Arbeitslosigkeit ergab, daß 5–6 Wochen nach Eintritt der Arbeitslosigkeit erst ein Drittel der Betroffenen sich »manchmal überflüssig« vorkommt. Nach 1½ Jahren ohne Arbeit machen diese Aussage schon 60 Prozent.[12] Mit zunehmender Dauer der Arbeitslosigkeit werden »nicht-finanzielle Belastungen noch stärker empfunden als finanzielle«. Warum ist das so?

»Lieber Feste feiern als feste arbeiten«, meint zwar der Volksmund. Und die Mehrzahl der beschäftigten Arbeiter und Angestellten bei uns denkt tatsächlich nicht positiv über die eigene Arbeit. Arbeit, insbesondere Fabrikarbeit, gilt als notwendiges Übel. Nicht die Arbeit ist das Ziel, sondern Feierabend und Wochenende. Für die arbeitende Bevölkerung ist geistig befriedigende, schöpferische Tätigkeit eher die Ausnahme. Monotonie, Fremdbestimmtheit, Öde am Arbeitsplatz sind die Regel. Arbeit wird lieber gemieden, sie wird wegen des Geldverdienens ausgeübt.

Und trotzdem ist dieselbe Arbeit zugleich auch etwas ganz anderes. Das wird oft erst nach der Entlassung empfunden. Nämlich daß die Teilnahme am gesellschaftlichen Arbeitsprozeß ausschlaggebend ist für die persönliche Anerkennung durch die Mitmenschen und demzufolge auch für die eigene Selbstachtung. Jeder Arbeitende weiß, daß er irgendwie zur Sicherung der ganzen Gesellschaft beiträgt. Beteiligung an einer nützlichen Arbeit ist Beteiligung am öffentlichen Leben. »Sinnvolle und anständig geleistete Arbeit bildet bei der großen

Mehrheit der Lohnarbeiter die Grundlage für ein befriedigendes, respektables Leben, für Selbstbewußtsein und Anerkennung.«[13]

Wenn kapitalistische Lohnarbeit den Arbeiter auch deformiert und gesundheitlich schädigt, so ist der Ausschluß von der Arbeit doch für ihn noch viel schwerer zu verkraften und nur zu Beginn der Arbeitslosigkeit eine Erleichterung. »Ohne Arbeit gehste kaputt«, schrieben Arbeitslose an die Wände eines Arbeitsamts im Ruhrgebiet. Damit drückten sie aus, daß sie den Verlust der Arbeit nicht nur als materielle Verarmung spüren, sondern auch als Verlust ihres Selbstwertgefühls.

Deshalb werden mit der Dauer der Arbeitslosigkeit die psychischen Belastungen die größten. Die Betroffenen sind »beunruhigt wegen einer neuen Stelle«, sie haben »sich oft gefragt, warum bin gerade ich arbeitslos«, sind sich »manchmal richtig überflüssig vorgekommen«; ihnen geht »das Zuhausesein auf die Nerven«.[14] Arbeitslose verheimlichen ihren engsten Bekannten ihr Schicksal. Manche gehen verzweifelt jeden Morgen zur selben Uhrzeit wie früher aus dem Haus, um zur selben Zeit wie früher heimzukommen – aus Scham vor den Nachbarn. »Warum gerade ich? Warum nicht der?« bohren die inneren Selbstwertzweifel. Und das umso heftiger, je länger der Betroffene der herrschenden Meinung und ihren Medien geglaubt hat, daß »jeder seines Glückes Schmied« sei und Arbeitslose entweder faul oder arbeitsunwillig. Wer möchte schon als Versager gelten? Zu den Minderwertigkeitsgefühlen kommt der Verlust der Kontakte mit den Kollegen, mit anderen Bekannten. Es tritt eine unerträgliche Vereinsamung ein, und entsprechend nimmt das Selbstbewußtsein weiter ab.[15]

Und wenn schon der normale kapitalistische Arbeitsprozeß eine Quelle gesundheitlicher Beeinträchtigungen aller Art ist – Arbeitsunfälle, Berufskrankheiten, nervöse Störungen, Herz-Kreislauf-Beschwerden, Haltungsfehler usw. – so nimmt die Anfälligkeit für Krankheiten mit der Arbeitslosigkeit noch zu. Das gilt sowohl für körperliche Erkrankungen – weil infolge des seelischen Drucks, wie Ärzte erklären[16], die körpereigenen Abwehrkräfte gegen ansonsten harmlose Erreger geschwächt werden – als auch für psychische Gesundheitsschäden. Telefonseelsorge und Beratungsstellen für Selbstmordgefährdete haben Hochkonjunktur; Suchtkrankheiten wie Alkoholismus nehmen drastisch zu, denn gerade die Droge Alkohol liefert für kurze Zeit die trügerische Freiheit von Sorgen, Ängsten, Zweifeln, Depressionen. Arbeitslosigkeit macht krank – das haben inzwischen auch die Mediziner unseres Landes eingesehen, die dem Anstieg solcher Beschwerden wie Herzrasen, Herzneurosen, Magenbeschwerden bis hin zu Magengeschwüren zunächst verständnislos gegenübergestanden hatten. Viele der am meisten Geschwächten und Niedergedrückten unter den Arbeitslosen sacken in gelegentliche Kriminalität, manche gänzlich ins kriminelle Milieu ab.

Bestürzende Ergebnisse über die negativen Folgen von Arbeitslosigkeit liegen schon lange aus den USA vor. Die klassische Studie von Harvey Brenner (John Hopkins University) aus dem Jahre 1976 schätzte ab, wie die Arbeitslosigkeit die körperliche und psychische Gesundheit beeinträchtigt und kriminelles Verhalten fördert:

Tabelle 24
Bei Erhöhung der Arbeitslosigkeit um 1 Prozent stiegen in den USA innerhalb von 6 Jahren[1] *die*

	um Prozent
– Todesfälle wegen Herzerkrankungen	2,0
– Todesfälle wegen Leberzirrhose	2,0
– Selbstmorde	4,3
– Totschlagverbrechen	6,0
– Erstaufnahmen in Psychiatrische Kliniken	3,6
– Aufnahmen in staatliche Gefängnisse	4,5

[1] Untersucht wurde der Zeitraum von 1965 bis 1970.
Quelle: Brenner, S. 191

Zusätzliche Erkrankungen, Selbstmorde und Kriminalität werden in dieser Untersuchung, die durch nachfolgende erhärtet wurde, eindeutig der angestiegenen Arbeitslosigkeit zugerechnet.

In der Bundesrepublik sind die Auswirkungen der Arbeitslosigkeit zwar weniger erforscht als in den USA, dennoch gibt es keinen Grund anzunehmen, daß bei uns solche Tendenzen nicht wirken. Brinkmann ermittelte: »So fühlten sich z. B. 18% der Langfristarbeitslosen schlecht bzw. waren in den letzten 2 Wochen krank, im Vergleich zu 6% derer, die beruflich wieder eingegliedert waren.«[17]

Nachweislich nimmt der Alkoholismus in der Bundesrepublik seit der Krise von 1975 unter den Arbeitslosen überdurchschnittlich zu.[18] Das läßt sich statistisch untermauern: Die stationären Entwöhnungsbehandlungen, die von der gesetzlichen Rentenversicherung finanziert werden, stiegen in sechs Jahren von 13 700 (1978) auf 20 100 Fälle (1984) an (Männer und Frauen zusammengefaßt). Und das nicht wegen der Aufnahme alkoholkranker Berufstätiger (deren Zahl blieb mit geringfügigen Schwankungen fast unverändert), sondern weil die Zahl der behandelten Arbeitslosen in den Fachkliniken von etwa 1000 im Jahre 1978 auf fast 6500 im Jahre 1984 anschwoll.[19] Dieser Zuwachs alkoholkranker Patienten um 5500 Personen ist unbestreitbar das Ergebnis der anhaltenden Massenarbeitslosigkeit.

Die Schäden der Arbeitslosigkeit umfassen keineswegs nur die Ausfälle von Arbeitsleistung. Die Arbeitslosigkeit zerstört die Menschen ganz direkt – körperlich und seelisch. Die Kosten für Krankenhauspflege, für ärztliche Behandlung, für Medikamente schwellen dadurch an. Allein die stationäre Alkoholismusbehandlung kostete die gesetzliche Rentenversicherung 1984 über 800 Millionen DM,[20] worunter für die von der Arbeitslosigkeit in die Alkoholkrankheit getriebenen 5500 Männer und Frauen etwa 220 Millionen DM ausgegeben werden mußten. (Damit sind beileibe nicht alle Kosten durch den von der Arbeitslosigkeit bedingten Alkoholismus erfaßt – höchstens ein Bruchteil.)

Die medizinische Hilfe ist notwendig, das ist klar. Doch kuriert werden allenfalls Symptome. Die Ursache, nämlich die Arbeitslosigkeit, besteht so lange fort, wie die Wirtschaftsordnung fortbesteht, deren Ergebnis sie ist.

Der teuerste Vergeudungsposten

Ob 2 oder 2½ Millionen Arbeitskräfte jederzeit auf Abruf warten, das ist für die kapitalistischen Unternehmen grundsätzlich gleichgültig. Die »Arbeitsmarktreserve« ist an sich groß genug, um die aktiv Beschäftigten zu erhöhter Leistung und erhöhtem Verschleiß zu zwingen und ihre Forderungen nach besseren Arbeitsbedingungen und höherem Lohn zu dämpfen.

Seit mehreren Jahren gehen monatlich die neuesten Arbeitslosenzahlen durch Fernsehen, Radio und Zeitung. Manchmal sind es Hunderttausend weniger als im Vormonat, manchmal Hunderttausend mehr. Aber grundsätzlich schwankt die Ziffer seit 1982 im Bereich zwischen 2 und 2,7 Millionen. In der Regel beansprucht die Bundesregierung ein leichtes Absinken als Erfolg ihrer Politik, während für eine Zunahme der Arbeitslosen gewöhnlich das schlechte Wetter herhalten muß. Auf einen ganz wichtigen Punkt weisen die Nachrichten über den Arbeitsmarkt aber nur selten hin: Die gemeldete Ziffer gibt lediglich den Stand der amtlich registrierten Arbeitslosigkeit wieder. Arbeitslose, die nicht als arbeitssuchend bei ihrem Arbeitsamt gemeldet sind, fallen aus der Statistik heraus. In Wirklichkeit liegt die Zahl der Unbeschäftigten also weitaus höher. Es geht um die Personen, die vom Arbeitsamt entmutigt sind und entweder ohne dessen Hilfe allein weitersuchen oder die Arbeitssuche wegen der schlechten Beschäftigungsaussichten bis auf Weiteres aufgegeben haben. Diese Personengruppe wird »Stille Reserve« genannt.

Zur »Stillen Reserve« zählen verschiedene Gruppen. Die größte von ihnen sind junge Menschen unter 25 Jahren, die nach ihrer Ausbildung keinen Anspruch auf Arbeitslosenunterstützung haben und vom Arbeitsamt auch keine Vermittlung eines Arbeitsplatzes erwarten. Sie suchen selbst nach Arbeit, finden ab und zu Gelegenheitsjobs. Bleibt die Suche lange erfolglos, begünstigt dieser »Fehlstart« ins Berufsleben zwangsläufig Kriminalität, Alkohol- und Drogenabhängigkeit.

Eine andere Abteilung der »Stillen Reserve« sind die über 55jährigen, die ohne Aussicht auf einen neuen Arbeitsplatz notgedrungen den vorzeitigen Ruhestand abwarten – in der Regel, nachdem das Arbeitslosengeld ausgelaufen ist.

Auf die Meldung beim Arbeitsamt verzichten auch große Teile der verheirateten Frauen ohne Arbeit. Sie fügen sich bei der schlechten Beschäftigungslage in die Rolle der »Nur-Hausfrau«, wenn der Anspruch auf Arbeitslosengeld abgelaufen ist. Arbeitslosenhilfe steht ihnen nicht zu, wenn der Ehemann durchschnittlich verdient.

Diese drei Gruppen stellen etwa 70 Prozent der »Stillen Reserve.«[21] Ihnen und anderen Personen ist gemeinsam, daß sie entmutigt die Arbeitssuche über das Arbeitsamt unterlassen, daß sie aber bei besserer Arbeitsmarktlage eine Beschäftigung aufnehmen würden. (Zur »Stillen Reserve« zählen nicht die rund 250 000 Teilnehmer an beruflicher Fortbildung, nicht die 85 000 Beschäftigten in den ABM-Stellen[22] und auch nicht Studierende, die mangels Berufsaussichten ein Zweitstudium betreiben. Gleichwohl muß man die Mehrheit der Genannten als »Kandidaten« der »Stillen Reserve« betrachten oder gar als »versteckte Arbeitslose«, weil die Arbeitslosigkeit für sie nur eine Frage der Zeit ist.) Wer regelmäßig immer wieder ohne positives Ergebnis seine Vormittage auf den Wartestühlen der Arbeitsamtflure abgesessen hat – warum sollte der nicht lieber auf eigene Faust wenigstens nach einer Gelegenheitsarbeit ohne Steuer- und Versicherungskarte Ausschau halten?

Das Institut für Arbeitsmarkt- und Berufsforschung der Bundesanstalt für Arbeit hat den Umfang der »Stillen Reserve« errechnet. Das Ausmaß übertraf alle bisherigen Schätzungen, denn er beträgt für 1984 die überraschend hohe Zahl von 1,3 Millionen.[23] Registrierte Arbeitslose gab es im gleichen Jahr 2,3 Millionen, so daß – beide Gruppen zusammengenommen – insgesamt 3,6 Millionen arbeitswillige Personen ohne Arbeit waren. (Zum Vergleich: 25,3 Millionen waren erwerbstätig.)

Einen solchen Überschuß von erwerbstätigen Personen über die Nachfrage der Wirtschaft nach Arbeitskräften sagt das gleiche Institut für das Jahr 1990 sogar in Höhe von 4,3 Millionen voraus,[24] und selbst für das Jahr 2000 wird noch mit 3,2 Millionen gerechnet.

Das Institut hat diese Zahlen nicht als Grundlage für beschwichtigende Reden von Politikern ermittelt. Die Unternehmen der Wirtschaft brauchen für ihre Kalkulationen keinen blauen Dunst, sondern möglichst exakte Daten und Vorausschätzungen über den Arbeitsmarkt. Darum sind die Ergebnisse ernstzunehmen.

Die 1985 entgangene Produktionsleistung infolge von Arbeitslosigkeit, die wir jetzt errechnen wollen, darf also nicht nur von den 2,3 Millionen registrierten Arbeitslosen ausgehen, sondern muß die Stille Reserve miteinbeziehen. Es hätten demnach 1985 bei Vollbeschäftigung über 3,6 Millionen Menschen mehr gearbeitet, als es wirklich gewesen sind.

Die wirtschaftliche Leistung oder Wertschöpfung, die der Bundesrepublik 1985 infolge Arbeitslosigkeit entging, ist die bei weitem größte Vergeudung, die sich unser Land erlaubt. Nicht beschäftigt waren wegen allgemeiner Arbeitslosigkeit 3,6 Millionen Menschen oder 12,5 Prozent aller erwerbswilligen Personen. Bei einer möglichen Durchschnittsleistung von 63 000 DM pro Arbeitskraft und Jahr hat die Massenarbeitslosigkeit infolgedessen eine Wertschöpfung von 227 Milliarden DM verhindert. Als vergeudet müssen weitere 6 Milliarden DM gezählt werden, nämlich die parasitären Einnahmen der von uns so bezeichneten »Vampire der Armut« (Schwindelfirmen, Kreditvermittler, Leiharbeitsfirmen), die sich an den Arbeitslosen bereicherten.

Die Hausfrauen

In der Bundesrepublik ist die gesellschaftliche Gleichstellung von Mann und Frau nicht verwirklicht. Wer die Vorherrschaft des Mannes im öffentlichen Leben wie in der Familie bestreitet, muß sich die Frage nach seiner Wahrnehmungsfähigkeit gefallen lassen. Tatsächlich kann von wirklich freien und gleichen Beziehungen zwischen den Geschlechtern nur da die Rede sein, wo beide – nicht nur der Mann – persönlich unabhängig und wirtschaftlich selbständig sind. Vom Einkommen des Mannes abhängig zu sein, ist keine Grundlage für Befreiung, sondern für Unterdrückung der Frau.

Damit sind wir schon wieder beim Thema Arbeitslosigkeit oder besser: Nichtarbeit. Es geht um die – gegenüber Männern – ausgesprochen niedrige Beteiligung von Frauen am Erwerbsleben überhaupt, die auch ohne die gegenwärtige Massenarbeitslosigkeit bestünde.

Die Bewegung für die Emanzipation der Frau hatte zu keiner Zeit das in den Haushalt eingeschlossene und vom Ehemann »finanzierte« weibliche Wesen zu ihrem Leitbild. Nicht die häusliche Familienarbeit für Ehemann und Kinder ist die Losung der Frauenbefreiung, sondern daß die Frau in vollem Umfang an der gesellschaftlichen Arbeit teilnimmt. Eigene Arbeit erzeugt beim Mann wirtschaftliche Unabhängigkeit und Selbstbewußtsein (wie beides durch Arbeitslosigkeit erschüttert wird, wurde schon gezeigt); dasselbe gilt auch für die Frau.

Natürlich ist die Hausarbeit (Kinderbetreuung usw.), die traditionell von Frauen geleistet wird, ebenfalls eine Tätigkeit zur Aufrechterhaltung der Gesellschaft. Aber wer sie, wie konservative Ideologen und selbst Ideologinnen, zur »eigentlich menschlichen und selbstbestimmten Arbeit« verklärt und über die »unmenschliche und fremdbestimmte bezahlte Erwerbsarbeit« stellt, der übersieht: Je fester jemand ins Haus eingeschlossen ist, desto geringer sind seine Kontakte zu anderen, desto enger sein Horizont von Gesprächsthemen, Erfahrungen usw.

Letztlich ist die reine Hausarbeit in der Kleinfamilie »reiner Privatdienst« (Engels) – für Kinder und Ehegatten –, ein Dienst, der jeglichen »öffentlichen Charakter« verloren hat. Er läuft deshalb eher auf »Haussklaverei« (Engels) hinaus als auf Freiheit. Wenn demzufolge Engels recht hat, »daß die Befreiung der Frau zur ersten Vorbedingung hat die Wiedereinführung des ganzen weiblichen Geschlechts in die öffentliche Industrie«[1], dann besteht in der Bundesrepublik fürwahr ein großer Nachholbedarf. (Dabei ist unter »öffentlicher Industrie« die Erwerbstätigkeit überhaupt zu verstehen, nicht nur Fabrikarbeit im engen Sinne.) Denn der Anteil der Frauen, die arbeiten oder Arbeit suchen, an allen Frauen über 15 Jahren (Erwerbsquote) beträgt nur 35 Prozent, während die entsprechende Ziffer bei den Männern 60 Prozent erreicht. Nur Frauen unter 25 Jahren, ledige und geschiedene Frauen kommen an die männliche Erwerbsquote heran.[20]

Der Verzicht vieler Frauen auf Beteiligung an der gesellschaftlichen Arbeit ist so freiwillig nicht. Ein großer Teil kann sich Erwerbstätigkeit einfach nicht erlauben, weil während der Arbeitszeit für die Kinder keine Krippen oder kein Platz im Kindergarten bzw. im Hort vorhanden ist. Geht eine Mutter dennoch arbeiten, muß sie sich oft genug den Vorwurf »Rabenmutter« gefallenlassen und gerät in drückende Selbstzweifel. Dazu kommt die Frauenfeindlichkeit des Erwerbslebens selbst: weibliche Lohnbenachteiligung, größere Arbeitsplatzunsicherheit, schlechtere Chancen auf dem Arbeitsmarkt und für beruflichen Aufstieg gegenüber Männern. Solange die Chancen der Frau im Erwerbsleben schlechter sind als die des Mannes, solange wird es die Frau sein, welche die Erwerbstätigkeit aufgibt, wenn unvermeidliche Hausarbeit ansteht.[3]

Kurz gesagt: Eine Gesellschaft, der an einer maximalen Einbeziehung der Frau in die gesellschaftliche Arbeit gelegen ist – um sowohl das Ziel der Gleichstellung von Mann und Frau zu fördern als auch sämtliche menschlichen Arbeitskräfte für die Wirtschaft zu nutzen – muß zuallererst die genannten Hindernisse beseitigen, die einer größeren weiblichen Erwerbstätigkeit im Weg stehen.

Wäre die Bundesrepublik eine derartige Gesellschaft, dann würde sie bald spüren, daß die zusätzlichen Kosten der öffentlichen Kinderbetreuung und anderer Maßnahmen zur Entlastung von der Hausarbeit weit geringer sind als der Nutzen einer sozialen Gleichberechtigung von Mann und Frau, den man in Zahlen nicht bewerten kann, sowie der Nutzen durch die zusätzliche Arbeit der Frauen, der sich direkt in Wertbeträgen messen läßt.

In der DDR beträgt die Erwerbsquote der Frauen nicht nur 35, sondern 50 Prozent.[4] Dort ist allerdings die öffentliche Entlastung von der häuslichen Erziehungstätigkeit durch Kindergärten, Kinderkrippen usw. viel weiter ausgebaut als in unserem Land. Hätte die Bundesrepublik auf diesem Gebiet mit der DDR gleichgezogen, dann hätten in unserem Land im Jahre 1985 anstatt 11,25 Millionen etwa 15,5 Millionen Frauen als Erwerbspersonen bereitstehen können. Angenommen, alle diese 15,5 Millionen Frauen hätten einen Arbeitsplatz gehabt, dann hätten sie eine zusätzliche Wertsumme in Höhe von 267 Milliarden DM erbracht.

Bei dieser Rechnung ist allerdings nicht berücksichtigt, daß aufgrund häufigerer Arbeitsunterbrechungen wegen Elternschaft und infolge der notwendigen Bindung zusätzlichen Personals an die öffentliche Kinderbetreuung (wodurch kein neuer Wert entsteht) in Wirklichkeit nicht ganz so viel Zuwachs erwirtschaftet worden wäre. Wirklichkeitsnäher müssen wohl 60 bis 70 Milliarden DM abgezogen werden, also anstatt 4,25 Millionen zusätzlicher Frauen als Erwerbspersonen nur 3,25 Millionen, die zum Sozialprodukt beitragen, angesetzt werden. Auf diese Weise errechnet sich ein Betrag von rund 200 Milliarden DM, der neu entstanden wäre, wenn unsere Gesellschaftsordnung befähigt gewesen wäre, die Arbeitskraft der Frau angemessen wirken zu lassen, anstatt sie ins Haus zu verbannen.

Die Verpflichtung der Frauen auf Hausarbeit, anders gesagt: die Blockierung der weiblichen Arbeitsfähigkeit für die Erwerbstätigkeit behindert in der Bundesrepublik nicht nur die wirkliche Gleichstellung von Mann und Frau in der Gesellschaft, sondern führt auch zu einer wirtschaftlichen Vergeudung, die auf 200 Milliarden DM Produktionsausfall geschätzt werden muß. Nur die Vergeudung durch die allgemeine Arbeitslosigkeit liegt noch höher.

Die im Dunkeln sieht man nicht ...

Die Unter- und die Oberwelt

Von mörderischen Konkurrenzkämpfen zwischen den Zuhältern von St. Pauli war vor kurzem die Rede.[1] Mörderisch ist durchaus wörtlich gemeint, denn bezahlte Killer legten insgesamt acht Bordell- und Klubbesitzer um. Hintergrund: Straff organisierte Banden mit der Kontrolle über die mehr als 3000 Prostituierten von Hamburgs Amüsierviertel stritten sich um ein neues Geschäft; es ging um Kokain, das weiße Pulver, das als neuer »Modestoff« neben dem Heroin blühenden Absatz findet.

Zuhälterkriege sind nichts Neues – weder in Hamburg, Frankfurt, Düsseldorf oder in anderen größeren Städten. Die Unterweltexistenzen, die sich durch Abkassieren »ihrer« Prostituierten bereichern, kamen sich schon immer ins Gehege. Und schon immer gehörten zum Konkurrenzkampf um die Profite aus dem Frauenhandel brutale Formen körperlicher Gewalt.

Ein Zuhälter ist einem normalen Industriekapitalisten zwar darin grundsätzlich gleich, daß beide nicht von eigener Arbeit, sondern von Ausbeutung fremder Arbeitskraft leben, doch im Unterschied zum Zuhälter ist das Treiben des Kapitalisten gesetzlich geschützt. Zum Eintreiben von Schulden steht ihm der Rechtsweg in Form von staatlichen Gerichten und Vollzugsorganen zur Verfügung. Der Zuhälter dagegen kann sein Revier gegen Konkurrenten nicht durch die Polizei abgrenzen lassen. Ebensowenig wie ein Hehler, der eine Schar kleiner Diebe beim Ankauf des Gestohlenen übers Ohr haut und dann beim Verhökern der »heißen Ware« selbst betrogen wird. Die Polizei wird auch aus dem Spiel gelassen, wenn Rückstände aus verbotenen Glücksspielen einzufordern sind. Und erst recht scheuen Großdealer des profitträchtigen Rauschgiftgeschäftes die Staatsgewalt, wenn sie sich von ihren Geschäftspartnern übervorteilt fühlen.

Die Durchsetzungsform von Profitinteressen im außergesetzlichen Bereich ist zwangsläufig die außergesetzliche Gewalt, nicht die staatliche. Die Großunternehmer der drei Hauptsparten des Unterweltgeschäfts – des Handels mit Frauen, mit Rauschgift und mit gestohlenen Waren – sind daher auf private Hilfstruppen angewiesen, um ihre Geschäfte zu sichern. Im Unterschied zu ihren Kollegen aus der Oberwelt, denen der staatliche Gewaltapparat gratis zur Vefügung steht, brauchen die Bosse aus dem Zuhälter-, Rauschgift- und Hehlergeschäft eigene Kommandos von Rausschmeißern und Schlägern. Als Kandidaten für den Unterweltschutz kommen infrage: mehrfach Vorbestrafte, die außer Einbrüchen und Raubüberfällen nichts gelernt haben; Haftentlassene, denen der Knastaufenthalt die letzte Chance auf Eingliederung in ein normales Arbeitsleben verbaut hat; Drogenabhängige, die den begehrten Stoff von ihrem Auftraggeber erhalten und dadurch zu Gewalttaten erpreßbar sind; polizeilich gesuchte Straftäter aller Art, die das Untertauchen in der Szene einem Leben hinter Gittern vorziehen. Solche »Berufskriminelle« verdingen sich an die Kapitalisten der ungesetzlichen Bereicherung. Für sie arbeiten sie und sind daher die eigentlichen »Lohnarbeiter der Unterwelt«, vergleichbar den Prostituierten, die die »Lohnarbeiterinnen der Halbwelt« genannt werden können, da nur die Zuhälterei, nicht aber ihre Tätigkeit verboten ist. Der typische Berufskriminelle ist auf Komplizen mit Verbindungen, auf Experten mit Tips, auf die Protektion einer Bande angewiesen. Sonst übt er seinen »Beruf« nicht lange aus.

So hat sich ganz dicht unterhalb der dünnen Decke unserer offiziellen Gesellschaft ein Milieu herausgebildet, in dem die Größen der illegalen Profitmacherei mit den mittleren Berufskriminellen eine feste Interessengemeinschaft bilden. Sie brauchen sich gegenseitig, aber die Hände machen sich nur die letzteren schmutzig, während sich die Drahtzieher vornehmer Zurückhaltung befleißigen, in besten Stadtvierteln wohnen, die teuersten Wagen fahren und sich exzellente Rechtsanwälte leisten. Kein Wunder, daß die Unterweltkönige ab und zu die gleichen Geschäftspraktiken wie ihre Oberweltkollegen anwenden.

Wie ganz gewöhnliche andere Unternehmer werden Bordellbesitzer – wie jüngst in Westberlin ans Licht gekommen – Mitglieder der CDU und schmieren, wie die hochgeachteten Vertreter anderer Branchen auch, die Politiker, um etwa Baugenehmigungen oder Konzessionen für Massagesalons zu ergattern samt der Zusage, von ärgerlichen amtlichen Kontrollen der dort beschäftigten »Hostessen« verschont zu bleiben.[2]

Auch beim illegalen Drogenhandel sollte nachdenklich stimmen, daß Zoll und Polizei – nehmen wir Heroin – mit 208 Kilogramm im Jahre 1985[3] bestensfalls zwei Prozent des Gesamtverbrauchs beschlagnahmten. Dabei ist umso bedenklicher, daß selbst diese bescheidenen Polizeierfolge ausschließlich auf Zugriffen auf den Kleinsthandel, also die unterste Dealerstufe, und die Drogenkonsumenten selbst beruhen. Der Mittelhandel und erst recht der große blieben unangreifbar, obwohl er von »höchstens zweihundert Leuten am Laufen gehalten wird«, wie »Penthouse« zu berichten weiß. Wenn die Polizei hin und wieder die Süchtigenszene »abgreift«, ist das große Geld bei den Spitzen der Schmuggler- und Großhandelsringe längst gemacht.

»Es geht da denn doch um zuviel Geld«, sagt ein hoher Polizeibeamter und rechnet vor: rund 1,2 Milliarden bei Cannabis, gut eine Milliarde bei Heroin, etwa 1,2 bei Kokain, macht nach Abzug aller Unkosten immer noch zweieinhalb. »Bleibt statistisch pro Kopf ein Jahresgewinn von mehr als zwölf Millionen. Und diese Gelder werden ja irgendwo gewaschen und investiert. Da ist nichts zu machen. Die Flick-Affäre hat uns gezeigt, wie mit geringem Schwarzgeld-Einsatz schon große Politik zu spielen ist. Das ist eine eigene Macht geworden, an die keiner mehr rankommt.«

Quelle: Behr 1985

Es würde nicht überraschen, wenn der eine oder andere der größeren Ganoven auf öffentlichen Empfängen mit dem Bundesverdienstkeuz am Revers erschiene. Die Unterwelt ist keineswegs, wie sich die herrschende Meinung gern einbildet, das absolute Gegenteil der braven Oberwelt, wo alles so ganz und gar anders ist. Der eine Bereich geht in den anderen über: Gewinne aus dem schmutzigen Rauschgifthandel können – wer sollte es verhindern – in Aktien stolzester bundesdeutscher Konzerne angelegt werden. Und umgekehrt steht den Aktiengewinnen aus solchen Konzernen die Anlage in modernen Etablissements des Frauenhandels offen. Wenn Karl Marx zur Kinderausbeutung in England und zur Sklaverei in Nordamerika bemerkte, daß das »Kapital von Kopf bis Zeh, aus allen Poren, blut- und schmutztriefend« zur Welt komme,[4] so besteht kein Grund, diesen Satz aufgrund heutiger Erfahrungen für veraltet zu erklären.

Aber nicht nur die Übergänge zwischen Unter- und Oberwelt sind fließend. Auch innerhalb beider Bereiche geht es nicht grundsätzlich anders zu. In beiden Sektoren herrscht dasselbe Gesetz: Eingesetztes Kapital verlangt höchstmöglichen Profit. Der Unterweltkönig ist daher nichts anderes als der Normalkapitalist in einer anderen – der illegalen – Branche.

> »Mit entsprechendem Profit«, zitiert Karl Marx im »Kapital«, »wird Kapital kühn. Zehn Prozent sicher, und man kann es überall anwenden; 20 Prozent, es wird lebhaft; 50 Prozent, positiv waghalsig; für 100 Prozent stampft es alle menschlichen Gesetze unter seinen Fuß; 300 Prozent, und es existiert kein Verbrechen, das es nicht riskiert, selbst auf Gefahr des Galgens.«
>
> *Quelle: MEW, Bd. 23, S. 788*

Sowohl in der Oberwelt als auch in der Unterwelt ziehen einige wenige Reiche ihre Einkommen aus der Ausbeutung von Menschen. Wie sich der industrielle Unternehmer die Mehrarbeit der Proletarier aneignet, so stammt der Profit der Unterweltbosse aus der Tätigkeit des »Lumpenproletariats«: von den von ihm abhängigen Berufskriminellen, aus den Einnahmen der von ihm abhängigen Prostituierten, aus der Tasche der von seiner Ware abhängigen Rauschgiftsüchtigen, deren Leben und Treiben qualvoll nur noch auf das eine Ziel gerichtet ist: Wie komme ich an den nächsten Schuß?

Im kriminellen Abseits hängengeblieben

Über die sogenannten Berufskriminellen in der Unterwelt und ihre Abhängigkeit von den ganz Großen des Milieus ist auf den vorhergehenden Seiten schon einiges angedeutet worden. Einzelheiten über die gegenwärtige Zusammensetzung dieser deklassierten Schicht, die Friedrich Engels vor mehr als hundert Jahren recht drastisch den »Abhub der verkommenen Subjekte aller Klassen, der sein Hauptquartier in den großen Städten aufschlägt« nannte,[5] liegen uns nicht vor. Interessant ist hier vor allem die Anzahl der Personen, die – aus welchen Gründen auch immer – dauerhaft ins kriminelle Lumpenproletariat abgerutscht sind. Engels dürfte auch heute noch darin recht haben, daß diese Unterweltschicht nicht nur aus der Arbeiterklasse abgesunkene Personen umfaßt, sondern auch aus der Mittelschicht, der Bourgeoisie, der Intelligenz usw. gespeist wird.[6]

Wenn man von den mehrfach Vorbestraften in unserem Land das Heer der kleinen Diebe und Gauner abzieht, die nur selten oder gelegentlich ein kriminelles Delikt begehen und davon kaum ihren Lebensunterhalt bestreiten können, dann bleiben die regelmäßigen Gesetzesbrecher und Gewohnheitsstraftäter übrig. Der Sozialwissenschaftler Baumann schätzt deren Zahl für 1979 auf rund 200 000 Personen. Das sind jene, die »bereits dreimal verurteilt worden sind« und »auch weiterhin straffällig werden«.[7]

Anzuzweifeln ist allerdings, ob alle diese 200 000 Mehrfachbestraften in dem Sinne Berufsverbrecher sind, daß sie von ihrer parasitären Tätigkeit ganz leben oder überleben können. Vorsichtshalber setzen wir den Umfang der Berufskriminellen im engeren Sinn auf etwa 100 000 Personen an.

Das Elend auf dem Strich

Als sie vor 15 Jahren in die Großstadt zog, suchte sie sich Arbeit als Serviererin. Sie war achtzehn und wollte nicht in die Fabrik. In einer Rotlichtbar fand sie eine Beschäftigung und erzielte, vor allem wegen des guten Trinkgeldes, ein zufriedenstellendes Einkommen. Außerdem verkehrten an ihrem Arbeitsplatz Männer aus höheren Gesellschaftskreisen. Nachdem sie selbst mit diesen Männern zu verkehren begann, stieg ihr Monatsverdienst sprunghaft an. Sie folgte zwar nur zögernd dem Rat ihres Chefs, sich ganz auf dieses Gewerbe zu verlegen, willigte aber doch ein, weil sie sich ausmalte, nach fünf Jahren wieder auszusteigen. Dann habe sie genug gespart, um sich irgendwo eine Modeboutique einzurichten, sagte sie sich. Ihr Chef sorgte für genügend Freier und verlangte dafür, sowie für Zimmer und seinen Schutz, wie er das nannte, einen großen Teil ihrer Einnahmen. Als sie schließlich wegen zu hoher Abgabenforderungen ihren »Beschützer« wechseln wollte, bedrohte er sie mit brutaler Gewalt und setzte das Schutzgeld nochmals herauf. Inzwischen ist sie dreiunddreißig, sieht ohne Make-up aus wie dreiundvierzig und hat ihren Traum von der eigenen Boutique längst an den Nagel gehängt. Ersparnisse hat sie nicht.

Nicht untypisch ist dieser Berufsverlauf aus dem Alltag der Prostitution. Nur am Anfang, ein paar Jahre lang, verdient eine Prostituierte gut durch ihre sexuellen Dienstleistungen an männlichen Kunden. Doch höchstens eine von hundert der 50 000 amtlich registrierten professionellen Prostituierten[8] schafft es, der Ausplünderung durch kriminelle Zuhälter zu entrinnen und dadurch der unvermeidlichen Verelendung zu entgehen.

Auch diejenigen Frauen, die versuchen, als Fotomodell, als Hostess, Masseuse oder Callgirl unabhängig und selbständig –

meist über den Telefonstrich – ihre Dienste anzubieten, geraten früher oder später doch unter die Gewalt der marktbeherrschenden Zuhälter und Bordellhalter, die dafür ihre Schlägertrupps einsetzen. Der einzige Ausweg, aber oft auch das Ende einer Prostituiertenkarriere, ist der riskante und wenig einträgliche Strich im Auto oder gar auf der Straße. Dort – rund um den Bahnhof – ist auch die weibliche Konkurrenz aus der Drogenszene angesiedelt, überwiegend junge Frauen, die – oft schon gequält von Entzugserscheinungen – für sich oder ihren Freund »anschaffen«, um die nächste Dosis Heroin zu finanzieren.

Wie hoch die Gesamteinnahmen aus der Prostitution, und dementsprechend die Ausgaben derer, die sich Sexualdienste kaufen, in der Bundesrepublik sind, darüber gibt es nicht einmal Schätzungen. Fest steht allerdings, daß es sich um das umsatzstärkste Geschäft in der Halbwelt zwischen Gesetz und Verbot handelt. Auch die Zahl der Prostituierten liegt im Dunkeln, weil die 50 000 polizeilich registrierten und der Gesundheitsüberwachung unterliegenden Frauen nur den amtlich bekannten Bruchteil bilden. Registriert ist nicht der Straßen- und Autostrich, »praktisch unkontrolliert ist auch die immer mehr ausgreifende Prostitution in sogenannten Massagesalons oder anderer ›gehobener‹ Formen . . ., darüber hinaus finden sich hier Frauen, die nur vorübergehend oder gelegentlich der Prostitution nachgehen und teilweise noch berufstätig sind.«[9]

Selbstverständlich gibt es über die Zahl der männlichen Ausbeuter der Prostituierten ebenfalls so gut wie keine Angaben. Die 1985 insgesamt polizeilich erfaßten 2980 Straftaten im Bereich Zuhälterei und Förderung der Prostitution[10] lassen wohl eher auf zurückhaltende polizeiliche Verfolgung sowie auf die berechtigte Angst der Prostituierten, ihre Zuhälter anzuzeigen, schließen.

Auf einem Kongreß von Selbsthilfegruppen der Prostituierten wurde die Gesamtzahl aller Frauen dieses Gewerbes auf »rund 200 000 im Bundesgebiet« geschätzt.[11] Vieles spricht dafür, daß man von einer Mindestzahl von 100 000 Frauen ausgehen muß, die ausschließlich durch sexuelle Dienstleistungen ihren Lebensunterhalt bestreiten – bestreiten müssen.

Per Nadelstich ins Paradies

Die Kriminalpolizei konnte eine Einbruchsserie aufklären, in der neun Heroinabhängige insgesamt 684 Wohnungseinbrüche verübt hatten und dabei Schmuck, Bargeld und elektronisches Gerät im Wert von 2,1 Millionen DM erbeuteten. Einer der Haupttäter gab an, daß seine Heroin-Tagesdosis derart gestiegen sei, daß er zuletzt täglich 1000 DM für die Beschaffung von Heroin benötigte.[12]

Sicherlich ein Extremfall. Aber rund 1 Gramm pro Tag brauchen Süchtige, allein um den quälenden Entzugserscheinungen zu entgehen. Und das Gramm kostet auf dem Schwarzmarkt zwischen 100 und 400 DM. Der jährliche Heroinumsatz für etwa 30 000 Kilogramm[13] beträgt – ohne die vielen Zwischenstufen beim Handel – rund 2 Milliarden DM, aufgebracht von der Elendsschar der 50 000 Fixer (Untergrenze!). Diesen Riesenbetrag können die bleichen jungen Männer und Frauen mit den zerstochenen Venen natürlich nicht aus Arbeitseinkommen decken, zumal die Mehrzahl von ihnen zu Lohnarbeit gar nicht fähig ist. Ihre Einnahmequellen sind zu etwa einem Drittel Diebstahl, zu zwei Dritteln Prostitution sowie eigenes Dealen mit der Droge.[14] Der Grund für die meisten Todesfälle unter

> Der Stoff ist immer mit irgendwelchen Substanzen gestreckt, mit Mehl, Gips, Ata oder Babypuder, bestenfalls mit Traubenzucker, gemeinerweise manchmal mit Arsen, oftmals mit verschiedenen Beimischungen, weil in der Regel auf jeder nächstniederen Stufe des Zwischenhandels eine wundersame Vermehrung geschieht. Auf diese Weise wird die Verdienstspanne höher, und sie muß hoch sein, um das Risiko der Kriminalität abzudecken und im Kleinhandel auch noch so manchen Eigenbedarf zu finanzieren.
>
> *Quelle: Spiegel 6/86*

Fixern (1984: 361) ist unsauberes Material. Denn um sich die erworbene Droge selber spritzen und trotzdem davon noch weiterverkaufen zu können, muß sie mit weißen Pulvern aller Art »verlängert« werden.

Die rasche Ausbreitung harter illegaler Drogen in den vergangenen fünfzehn Jahren ist nicht nur durch gestiegene Geschäftstätigkeit nationaler und internationaler Händlerringe zu erklären. Ohne Nachfrage kein Angebot! Die kriminelle Skrupellosigkeit der Großdealer ist nur die eine Seite. Die andere ist die expandierende Nachfrage nach Rauschmitteln, vor allem nach dem der Menschheit bisher bekannten stärksten – Heroin. Die hohe Nachfrage hat soziale Ursachen, von denen die gestiegene Jugendarbeitslosigkeit eine ist, aber längst nicht die einzige.

Die Flucht in die Droge ist Suche nach Beglückung. Der Süchtige »sucht«; er will das Paradies, das ihm die Wirklichkeit verwehrt, wenigstens im Kopf erfahren. Wem die Droge einmal das euphorische Gefühl vermittelt hat, auf rosaroten Wolken über seine miserabel empfundenen Lebensverhältnisse hinwegzuschreiten, der will sie immer wieder haben, obwohl er für das Traumgefühl immer größere Dosen braucht.

Die Kluft zwischen dem berechtigten Anspruch junger Menschen auf ein sinnerfülltes Leben und der schlechten Alltagsrealität besteht in unserer Gesellschaftsordnung objektiv. Auf diese Kluft reagieren nicht alle gleich. Einige strengen sich gemeinsam mit anderen an, die Umstände ihren Ansprüchen gemäß umzugestalten. Andere – die Mehrheit – versucht, sich mit der vorhandenen Welt, so gut es geht, zu arrangieren. Die Droge ist ein dritter Weg – zwischen Kampf und Anpassung. Wer mit ihrer Hilfe in eine Scheinwelt flieht, kämpft nicht, aber er hat auch nicht jedes kritische Gespür verloren. Jedenfalls hält er ihren Druck nicht aus. So kann und will er sich nicht in die Umstände fügen, an denen er leidet, und geht trotzdem an ihnen zugrunde. So gesehen, ist die Droge das Protestverhalten der Schwachen und Hilflosen gegen ein als unbefriedigend empfundenes Dasein. Auf den Punkt gebracht, ist der Drogenkonsum in unserem Land eine Antwort auf die öden Ziele und Perspektiven des Kapitalismus.

Es verwundert daher höchstens ahnungslose Sozialpolitiker, daß die herkömmliche Drogenpolitik, die auf »Eindämmung der Drogensucht« abzielt[16], so erfolglos ist. Trotz des Grundsatzes »Therapie vor Strafe« sitzen mehr Drogenkonsumenten im Gefängnis als in Therapieeinrichtungen. Und auch die 2600 Therapieplätze[17] nutzen wenig. Nach Berechnungen werden bloß 1 Prozent aller Fixer »erfolgreich im Sinne dauerhafter Drogenabstinenz und gelungener Reintegration behandelt«.[18] Umerziehungsanstalten mögen ihre Zöglinge darauf dressieren, sich mit der Welt, so wie sie ist, gefälligst abzufinden (auf nichts anderes als aufs Einbleuen von Ordnungssinn, Pünktlichkeit, Regelmäßigkeit und ähnlichen Bürgertugenden laufen die Wiedereingliederungsprogramme der kommerziellen Therapiekliniken gewöhnlich hinaus), doch in der Regel ist ein Therapiezentrum damit überfordert, für einen Fixer das Leben selbst lebenswert zu machen. Denn es müßte viel mehr an unserer Gesellschaft als an ihren Opfern ändern.

Alle Habe in der Plastiktüte

»Nichtseßhafte« sind jener Teil des Lumpenproletariats, der körperlich und seelisch soweit ruiniert ist, daß er nicht mehr regelmäßig arbeiten kann.

Die mehr als 100 000 »Nichtseßhaften« leben allein. Das unterscheidet sie von Obdachlosen, die eine Familie haben. Da die städtischen Obdachlosensiedlungen nur Familien vorbehalten sind, können Alleinstehende, die kein Geld für ihre Miete aufbringen können, sehr schnell zu »Pennern« oder »Stadtstreichern« werden, wie diese unterste und verelendetste Schicht unserer Gesellschaft in der Umgangssprache heißt. Wohnungslosen Männern bleibt nur die Möglichkeit, in einem Männerwohnheim unterzukommen. Die Heime, die meist von Kirchen geführt werden, bieten eine Schlafstelle für eine Nacht sowie eine warme Mahlzeit. Über Tag sind die Heime in der Regel geschlossen. Dann ziehen die Männer mit ihren Plastiktüten durch die Straßen und Parks, durchwühlen die Papierkörbe nach Pfandflaschen, betteln um Geld für Alkohol, mit dem sie kurzfristig ihr Elend vergessen wollen, bis sich am Abend die Türen der Wohnheime wieder öffnen.

Wer keinen Platz mehr bekommt oder sich den oft sehr strengen Heimvorschriften nicht unterwerfen will, muß sich sein Nachtlager woanders suchen: in einem Abbruchhaus, im Park oder sonstwo im Freien. Die viele »frische Luft« an zugigen Ecken und auf kalten Böden macht nicht gesund, sondern krank. Ein Großteil der »Nichtseßhaften« leidet an chronischen Bronchialerkrankungen und an Blasenentzündungen. Noch mehr sind alkoholkrank, sehr viele bedürften dringend psychiatrischer Behandlung. »Wer keine Wohnung hat, für den ist es auch fast unmöglich, wieder eine Arbeit zu finden; ohne Arbeit haben sie aber kein Geld für eine Wohnung. So schließt sich der Kreislauf.«[19]

»Nichtseßhafte«, das sind meist Männer zwischen 35 und 45 Jahren. Seit der Massenarbeitslosigkeit sinkt das Durchschnittsalter erheblich ab durch den Zugang junger Leute, die noch nie eine regelmäßige Arbeit fanden und die Suche ganz aufgegeben haben. Höchstens 10 Prozent der »Nichtseßhaften« sind Frauen, ihr Anteil wächst allerdings. Wohnungslos gewordene

Nachdem der Mann mit dem Stoppelbart und dem schäbigen Mantel beim Diebstahl einer 12er-Packung roher Eier ertappt worden war (sieben davon hatte er schon gierig verschlungen), drängte ihn die Polizeistreife in ihr Fahrzeug. Zwanzig Kilometer außerhalb der Stadtgrenze stießen ihn die beiden Beamten auf freiem Feld aus dem Auto. Es war eiskalt, und es regnete. Fluchend stolperte er einige Stunden lang zurück stadteinwärts. Am Morgen fanden ihn die Studenten eines Wohnheims voller Dreck und schnarchend vor dem Heizkörper nahe der Eingangstür, wo er aufwachte und um ein Bier bat.

Quelle: Erinnerungen des Autors aus seiner Studentenzeit

Frauen ziehen die Prostitution oder die Einweisung in eine psychiatrische Klinik dem Leben als »Nichtseßhafte« vor.

Nach dem Bundessozialhilfegestz (§ 72) haben »Nichtseßhafte« einen Anspruch auf »Hilfe zur Überwindung besonderer sozialer Schwierigkeiten«. Dazu gehört auch der Regelsatz von 10 DM Hilfe pro Tag. »Würde dieses Gesetz voll ausgeschöpft und wären sich die Betroffenen über ihren Anspruch im Klaren, könnte die größte Not teilweise gelindert werden. Da die Unterstützung jedoch aus dem knappen Sozialetat der Städte bezahlt werden muß, machen sich die Sozialämter Unwissenheit, Angst und Scham der Hilfesuchenden zunutze. Die Leute werden mit einem Lebensmittelpäckchen abgefertigt oder mit einer Fahrkarte ausgestattet und in den nächsten Ort geschickt.«[20]

Das Leben der »Nichtseßhaften« hat mit Romantik so gut wie nichts zu tun. Es stimmt nicht, daß sie freiwillig dem Arbeitsstreß den Rücken gekehrt haben und nun ein sorgloses, ungebundenes Leben führen. Sie bilden vielmehr, nach Karl Marx, die »Lazarusschicht der Arbeiterklasse«, deren Elend umso größer ist, je weniger sie dem Arbeitsstreß bzw. der »Arbeitsqual« unterworfen sind.[21] Und diese verelendete Lazarusschicht wächst in dem Maße, in dem die Arbeitslosenzahl steigt oder, wie sich Marx ausdrückt, die »industrielle Reservearmee« zunimmt.

In der Tat hat sich die Zahl der »Nichtseßhaften« in den letzen zehn Jahren stark vergrößert. Für die Bundesarbeitsgemeinschaft für Nichtseßhaftenhilfe (BAG) ist die Kausalkette Einkommensverlust – Räumungsklage – »Nichtseßhaftigkeit« im ganzen Bundesgebiet stärker als je zuvor festzustellen. Auf diesen Zustrom in die »Nichtseßhaftigkeit«, wo übrigens schwere Verbrechen und Gewaltkriminalität fast keine Rolle spielen, sondern – erwartungsgemäß – vor allem Eigentumsdelikte vorkommen, hat sich die Gesellschaftsordnung offenbar noch nicht eingestellt: Für über 100 000 Bedürftige gibt es ganze 13 000 Plätze in Männerwohnheimen sowie etwa 400 hauptamtliche Mitarbeiter der Nichtseßhaftenhilfe.[22] Die bürgerliche Gesellschaft überläßt die Schwächsten ihrer Opfer sich selbst.

Die Elendsschar am Rande der Gesellschaft

Berufskriminelle, Prostituierte und Nichtseßhafte bilden nach Karl Marx das »eigentliche Lumpenproletariat« im Kapitalismus.[23] Zu den »Vagabunden, Verbrechern, Prostituierten« (so wörtlich Marx), müssen heute auch die – zur Arbeit nicht mehr fähigen – Drogenabhängigen gezählt werden, die im 19. Jahrhundert noch nicht so stark ins Gewicht fielen.

Lumpenproletariat – das ist kein streng wissenschaftlicher Begriff der Soziologie, mit dem eine bestimmte einheitliche Bevölkerungsschicht gekennzeichnet würde. Mit diesem Begriff ist gemeint, daß alle vier genannten Gruppen eine Lebensweise führen, die von der übrigen Gesellschaft geächtet wird. Tatsächlich ist allen vier Bevölkerungsgruppen am Rande unserer Gesellschaft gemeinsam, daß sie ihren mühevollen Überlebenskampf nicht durch reguläre Lohnarbeit bestreiten. Dies ist bei Kriminellen, Drogenabhängigen und »Nichtseßhaften« unmittelbar einsichtig. Sie schlagen sich durchs Leben, indem sie vom Besitz und Einkommen anderer Menschen ohne Gegenleistung etwas für sich abzweigen. Ihre Lebensweise ist daher parasitär.

Im Unterschied zu den genannten drei Gruppen erbringen Prostituierte für ihr Einkommen Dienstleistungen, sogar meist legale. Für ihre Sexualdienste an Männern werden sie bezahlt. Es stimmt zwar, daß diese Dienste der Gesellschaft keine neuen Werte schaffen, weil lediglich Geld aus der Brieftasche des Freiers in die Handtasche der Prostituierten geschoben wird. Aber neue Werte werden auch bei anderen, sozial anerkannten, Dienstleistungen nicht erzeugt, sei es durch die Arbeit des Friseurs, des Schauspielers oder des Hochschullehrers. Entscheidend dafür, die Prostituierten dem Lumpenproletariat zuzurechnen, ist nicht, daß sie vom Geld ihrer männlichen Kundschaft leben, sondern daß ihre Tätigkeit mißachtet und diskriminiert ist.

Wie in allen Gesellschaften, in denen die Frau vom Mann unterdrückt wird, ist in unserem Land zwar die Käuflichkeit weiblicher Sexualdienste willkommen. Doch die Frauen, die die Nachfrage der Männer befriedigen, erhalten keine soziale Anerkennung. Daraus folgt natürlich nicht, daß eine höher entwikkelte Gesellschaft als unsere, die nicht mehr patriarchalisch geprägt ist, die Prostitution aus ihrer Ächtung befreit. Diese neue Gesellschaft wird der Prostitution die Grundlage entziehen. Sexualität ist der Bereich intimster Gefühlsäußerung und Persönlichkeitserfahrung zwischen den Menschen. Eine Gesellschaft wie die unsrige, die diesen Bereich wie jede beliebige Ware der allgemeinen Käuflichkeit preisgibt, handelt menschenverachtend. In einer höheren Entwicklungsstufe menschlichen Zusammenlebens, als sie der Kapitalismus bildet, veschwindet daher die Sexualität als Dienstleistungsgewerbe.[24]

Den Ausschluß von »regulärer« Arbeit hat das Lumpenproletariat mit normalen Arbeitslosen gemein. Doch es gibt einen wesentlichen Unterschied. Der Arbeitslose steht dem Arbeitsmarkt grundsätzlich zur Verfügung, sei es, daß er sich aktiv auf Stellensuche befindet oder daß er erst eine günstigere Arbeitsmarktlage abwartet. Das Lumpenproletariat dagegen drängt nicht auf den Arbeitsmarkt; seine Angehörigen scheiden als mögliche Erwerbspersonen aus. Ihre augenblickliche Lebensführung wollen sie nicht mehr zugunsten regulärer Erwerbsarbeit verändern – oder besser: Sie können es nicht mehr.

»Nichtseßhafte« werden in ihrem verwahrlosten körperlichen und seelischen Zustand von keinem Unternehmer, außer für schmutzige und unterbezahlte Gelegenheitsarbeit, beschäftigt. Dementsprechend nimmt mit der Dauer der »Nichtseßhaftigkeit« auch der Wille zur Lohnarbeit ab, bis er total gebrochen ist. Bei Drogenabhängigen dreht sich zwar das ganze Leben ums Geld für den nächsten Schuß, aber für normale Erwerbsarbeit sind die meisten nicht mehr tauglich. Prostituierte und Berufskriminelle streben ebenfalls nicht den regulären Arbeitsmarkt an. Aber nicht, weil sie – wie »Nichtseßhafte« und Fixer – dazu nicht imstande wären, sondern weil sie fest in einen »irregulären«, sozial geächteten Tätigkeitsbereich eingebunden sind. Die Frauen der Halbwelt und die Männer der Unterwelt sind ständig beschäftigt, und zwar zeit- und kräfteraubend. Auf dem Arbeitsmarkt der »Oberwelt« bilden sie daher keine Konkurrenz für die Arbeitslosen.

Wenn die Arbeitslosen die zeitweise Überflüssigen in unserer Gesellschaft sind – überflüssig, bis das Kapital sie wieder braucht –, so stellt das Lumpenproletariat die dauerhaft Überzähligen dar, die endgültig aus der offiziellen Gesellschaft herausgefallen sind. In ihnen verdichtet sich die Masse menschlichen Elends und Leids. Die vorübergehend Arbeitslosen werden, da sie dem Arbeitsmarkt noch zur Verfügung stehen, lebensfähig erhalten. Mit dem Lumpenproletariat wird bei uns dagegen wenig Federlesens gemacht.

Ein paar Umerziehungsanstalten leistet sich die Gesellschaft für ihre Drogenabhängigen, ein paar Schlafstellen für ihre »Nichtseßhaften«. Nur gegenüber denen, die im kriminellen Abseits hängengeblieben sind, wird bezeichnenderweise eine große Maschinerie aufgefahren: die Polizei. Aber beileibe nicht, um die ins Elend Abgerutschten wieder einzugliedern, sondern um die Gesellschaft vor ihnen zu schützen. Den Gipfel erreicht die offizielle Heuchelei beim Umgang mit dem Elend der Frauen, die ihre Körper an Männer verkaufen. Denn siehe da: Man läßt sie legal gewähren, drückt die Augen vor ihren ausbeuterischen Zuhältern zu und richtet für die Prostitution Sperrbezirke ein wie für die Gemüsebauern Flächen für den Wochenmarkt. Weibliches Elend wird nicht beseitigt, sondern zur Ausnutzung freigegeben.

Von Gewicht für die direkte Kostenbelastung durch das Lumpenproletariat sind nicht die Drogentherapie oder gar die Nichtseßhaftenbetreuung. Außer Gesundheitskontrollen fällt auch durch Prostituierte kaum staatlicher Aufwand an, und die Kosten für Bordelle und ähnliche Etablissements sind – obgleich sicher sehr hoch – nirgendwo gemessen. Bleibt die Polizei, die wir aber an anderer Stelle dieses Buches im Zusammenhang mit der gesamten Kriminalität behandelt haben. Deshalb kommt hier als Vergeudung infolge der Existenz des Lumpenproletariats vor allem der indirekte Schaden infrage, der aus der Nichtbeteiligung an der regulären Erwerbsarbeit entsteht.

Die 100 000 Berufskriminellen und 100 000 Prostituierten bilden die »arbeitsfähigen« Lumpenproletarier, die unter anderen gesellschaftlichen Bedingungen ebensoviel wie jeder andere Erwerbstätige zum gesellschaftlichen Gesamtprodukt beitragen könnten. Die 100 000 »Nichtseßhaften« sind aktuell nicht arbeitsfähig. Doch daß sie das nicht mehr sind, zeigt gerade, wie zerstörerisch und vergeuderisch der Kapitalismus mit seinen Gesellschaftsmitgliedern verfährt. Die Abdrängung jener 300 000 Menschen ins Lumpenproletariat bedeutet für die Bundesrepublik 1985 insgesamt fast 19 Milliarden DM entgangener Wertschöpfung.

Die »Kostenbelastung« der bundesdeutschen Gesellschaft durch Heroinabhängige versuchten die Wissenschaftler Grüner und Turek für das Jahr 1979 durch ein sozialwissenschaftliches Verfahren zu ermitteln. Im einzelnen stellten sie folgende sechs Kostenblöcke zusammen:

1. Arbeitsausfall, Nichtteilnahme an Berufsausbildung.
2. Drogenbedingte Krankheiten, Unfälle infolge Drogenkonsum.
3. Rehabilitationsversuche und Selbsthilfeprogramme.
4. Beschaffungs- und Folgekriminalität. Polizeiliche Verfolgung.
5. Gerichtsverfahren und Haftstrafen.
6. Lebensunterhalt durch staatliche und kirchliche Einrichtungen.

Im Ergebnis kommen die Forscher auf »einen Durchschnittskostenwert von annähernd DM 50 000,– (. . .) pro Jahr für jeden schwer Suchtkranken (Fixer). . . . Bezogen auf die geschätzte Zahl von 40–60 000 schwer Drogenabhängigen im Jahre 1979 in der Bundesrepublik würde dies eine Gesamtsumme von DM 2–3 Mrd. ergeben. Dieser Betrag läßt sich u. E. als ein nicht zu hoch angesetzter Schätzwert für die Kostenbelastung der Gesellschaft ansehen, die allein durch stark drogenabhängige Personen entsteht.«[25]

Kommen wir noch zur Elendsschar der Drogensüchtigen. Vergeudung infolge Drogenabhängigkeit besteht erstens aus dem Produktionsausfall jener 50 000 Personen, etwa 3 Milliarden DM. Vergeudet ist zweitens von der Summe, die internationale und nationale Schmuggler und Händler für die harten Drogen einkassieren (über 2 Milliarden DM), jener Teil, der nicht im Inland ausgegeben wird, sondern außer Landes fließt. Das dürfte die Hälfte der Gesamteinnahmen der Großdealer sein: 1 Milliarde DM.

Die gesamte Vergeudung infolge der Existenz des Lumpenproletariats ist mit mindestens 23 Milliarden DM für das Jahr 1985 zu beziffern. Davon sind 22 Milliarden DM nicht zustandegekommene Wertbeträge, die der Ausschluß von 350 000 Menschen aus der gesellschaftlichen Arbeit verursachte.

Wer hat den größeren Wasserkopf?

Alles hat seinen Preis, sagt man. Gilt das auch für die Abschaffung der Vergeudung?

Wer die Vergeudung abschaffen will, darf die Unternehmer in unserem Land nicht mehr so weitermachen lassen wie bisher. Sämtliche von uns benannten Formen von Vergeudung haben privates Unternehmerverhalten zur Ursache, und einige Vergeudungsformen, darunter mit der Massenarbeitslosigkeit die verlustreichste überhaupt, wurzeln im Innersten des privatwirtschaftlichen Profitsystems selbst. Vollständig verschwindet daher die große Vergeudung erst, wenn nicht nur einzelne Privatunternehmen gebändigt worden sind, sondern wenn die kapitalistische Wirtschaftsordnung selbst beseitigt ist. Das ist die unerläßliche Voraussetzung dafür, die Wirtschaft planvoll und abgestimmt zu regeln.

Öffentliche Wirtschaftsverwaltung ist aber ohne Zweifel eine hochkomplizierte Angelegenheit. Die Frage ist nicht unberechtigt, ob das Ende der kapitalistischen Vergeudung etwa durch eine neue Vergeudung erkauft wird – durch einen aufgeblähten Wirtschaftsverwaltunsapparat. Wächst in Form von übergeordneten Behörden nicht ein gigantischer bürokratischer Wasserkopf heran, den uns die private Marktwirtschaft bislang erspart hat? Ist die im vorhergehenden Teil dieses Buches ermittelte kapitalistische Vergeudung vielleicht gar nicht mehr so groß, wenn ihr der Aufwand alternativer Wirtschaftsregulierung gegenübergestellt wird?

Wenn Textilmaschinen reden könnten . . .

Für den Dogmatiker der freien Marktwirtschaft steht fest: Sie ist die beste aller Welten. Vor allem ist sie verwaltungsarm. Denn oberhalb der Wirtschaftsunternehmen ist keine zusätzliche staatliche Planbehörde angesiedelt, sondern die privaten

Unternehmen treten direkt miteinander ins Geschäft, in eigener Regie, ohne »oben« nachzufragen – eben auf dem freien Markt.

Ist der Wirtschaftsalltag bei uns wirklich so einfach? Wir greifen einmal mitten hinein:

Anlagen zum Trocknen und Spannen von Geweben spielen in der Textilindustrie eine große Rolle. Im Lauf ihrer Bearbeitung werden Stoffe wiederholt naß – durch Färben, Waschen usw. – und müssen anschließend getrocknet werden. Während des Trocknens werden die Textilbahnen aus Natur- und Synthetikgeweben für die gewünschte Breite auf Rahmen gespannt, wobei weitere Materialbehandlungen wie Imprägnieren, Beschichten usw. vorgenommen werden.

Spannrahmen und Trockenmaschinen aus der Bundesrepublik werden in alle Welt geliefert. Es ist eine Besonderheit dieser Spezialbranche, daß sich der Wettbewerb auf den Weltmärkten nahezu ausschließlich zwischen bundesdeutschen Unternehmen abspielt. Als Erklärung dafür gilt die »hohe Qualität der Maschinen aus deutscher Produktion.«[1] Zu diesen Spezialanlagen gehören in der Regel auch Motoren, Schaltschränke, automatische Steuerung und Temperaturregelung, Auf- und Abrollvorrichtungen sowie Zusatzaggregate zur Wärmeerzeugung, zum Waschen und Färben. Ein Einzelauftrag liegt gewöhnlich nicht unter 200 000 DM.

Mitte der siebziger Jahre (damals wurde diese Branche von der Monopolkommission unter die Lupe genommen) wurden solche Maschinen mit sehr eng spezialisierter Technologie von sieben bundesdeutschen Unternehmen mittlerer Größe angeboten.

Alle sieben Unternehmen waren etwa gleich groß. Jedes von ihnen verkaufte jeweils 5–10 Prozent auf dem Inlandsmarkt und exportierte zwischen 90 und 95 Prozent seiner Produktion. Abnehmer waren Textilfabriken in praktisch allen Ländern der Welt. Sämtliche Firmen unterhielten aus diesem Grund eigene Vertretungen „in allen Industriestaaten der Erde" (Originalton FAMATEX GmbH und Fleissner GmbH), bzw. in „allen Exportländern der Welt" (Monforts KG). Dazu waren sie gezwungen, denn bei diesen Textilsondermaschinen handelt es sich um

Tabelle 25
Gesamtumsatz der inländischen Spannrahmen- und Trockenmaschinenanbieter 1974 (in Mio. DM)

Artos GmbH & Co, Maschen b. Hamburg	190
Brückner GmbH, Erbach (Odenwald)	130
FAMATEX GmbH, Stuttgart-Kornwestheim	100
Fleissner GmbH & Co, Egelsbach, Hessen	100
Krantz GmbH & Co, Aachen	200
Lindauer Dornier GmbH, Lindau	100
Monforts KG, Mönchengladbach	100

Quelle: Monopolkommission, Sondergutachten 4,Baden-Baden 1977

untereinander austauschbare und bis auf wenige Einzelheiten gleichartige Produkte. Eine Spann- und Trockenanlage von Monforts aus Mönchengladbach unterscheidet sich kaum von einer, die Krantz in Aachen anbietet. Das betonen die Abnehmer, das räumen sogar die Hersteller ein. Sowohl im Inland als auch im gesamten Ausland herrscht daher ein starker Wettbewerb um die Kunden. Jede einzelne Firma kämpft darum, ihre bisherigen Abnehmer zu behalten und zugleich neue für die eigenen Produkte zu gewinnen.

Jedes der sieben Unternehmen führt Einkauf, Fertigung, Finanzierung, Buchführung, Verkauf usw. für sich allein durch. Dazu gibt es sieben eigenständige Unternehmensverwaltungen. Jedes Unternehmen unterhält »in allen Industriestaaten« eigene Vertretungen, die gewiß nicht billig sind. Um den Anteil auf dem Inlandsmarkt und auf den Auslandsmärkten auszuweiten, ja selbst um ihn zu halten, muß jedes der sieben gegen die anderen sechs antreten. Zwangsläufig müssen für die Marktstellung enorme Aufwendungen für die Vermarktung gemacht werden – bei allen sieben Unternehmen. In deren Verlauf – das sahen wir schon bei der Zigarettenreklame und beim Pharmamarkt – werden zwar bestensfalls Marktanteile verschoben, aber unterlassen kann ein einzelnes Unternehmen solche Kraftanstrengungen trotzdem nicht.

Wenn in der Textiltrockenmaschinenbranche geforscht und technisch weiterentwickelt wird, dann gleich siebenfach nebeneinander. Wenn bei einem der sieben ein Verfahren entdeckt wird, wie das eine oder andere Produktteil mit noch weniger Zeit- und Materialaufwand fertig wird, dann wird das Produktionsgeheimnis wie ein Augapfel gehütet – vor den neugierigen Blicken der Rivalen. Vielleicht wird es auch als Patent angemeldet, das die anderen sechs käuflich erwerben können. Keiner gibt freiwillig und gratis einen Wettbewerbsvorsprung auf.

Gewiß, die sieben Unternehmen der Textiltrockenmaschinen unterstehen keinem Wirtschaftsapparat des Staates, keinem Verwaltungsorgan für die Branche. Jedes entscheidet für sich und konkurriert mit den anderen auf den Märkten. Doch daß es gerade deshalb in der Branche mit besonders geringem Aufwand zuginge, ist nicht recht einzusehen. Vielmehr hat dieser Industriezweig vieles mit der Verwaltungsaufblähung gemeinsam, die wir bei den Schadensversicherungen kennenlernten. Selbst ein oberflächlicher Blick auf die sieben verschiedenen Unternehmen, die alle das gleiche Produkt anbieten, zeigt: Was an Verwaltungsaufwand außerhalb der Unternehmen der Markt einspart, das ist statt dessen innerhalb der Unternehmen anzutreffen. Siebenfach nebeneinander Einkaufen, siebenfach Fertigen, siebenfach Verkaufen, siebenfach Werben, siebenfach im In- und Ausland vertreten zu sein, um Spannrahmen- und Trokkenmaschinen abzusetzen – warum soll das eigentlich weniger Kräfte binden, als wenn das alles unter einem einzigen Verwaltungsdach geschähe?

Der Dogmatiker des freien Marktes verfehlt das Thema, wenn er unter Wirtschaftsverwaltung nur gelten läßt, was außerhalb oder oberhalb der Unternehmen vor sich geht, denn er übersieht dabei völlig, was im Unternehmensrahmen selbst an Tätigkeiten anfällt, die ausschließlich aus der Zersplitterung der Branche in eine Vielzahl unabhängiger und miteinander konkurrierender Privatunternehmen erwachsen.

Zersplitterungsnachteile haben wir zwar bei der Arzneimittelbranche schon untersucht. Doch handelte es sich dort um eine besondere Vergeudung, nämlich um die künstlich aufgeblähte Produktpalette und deren teure Vermarktung (Kombinationsmedikamente). Hier dagegen geht es nicht um Besonderheiten, sondern um das allgemeine Erscheinungsbild der Industrie überhaupt, das bei den Textilmaschinen dasselbe ist wie anderswo: Gleichartiges wird mehrfach produziert und vermarktet, was innerhalb der Unternehmen zu enormen Kosten führt.

Bei den 30 000 rechtlich selbständigen größeren industriellen Privatunternehmen, deren Regulierung über den Markt erfolgt, ist Lenkung nicht in erster Linie außen, sondern im Unternehmen selbst anzutreffen. Der notwendige Lenkungsaufwand einer zentralen Wirtschaftsverwaltung bei vergesellschaftetem Eigentum ist daher mit dem bestehenden Aufwand aufzurechnen, der infolge der Zersplitterung durchs Privateigentum von den einzelnen privaten Unternehmen selber betrieben wird. Alles andere ist Scharlatanerie.

Marktwirtschaft auf Krücken – Vater Staat hilft

Fast 90 000 Personen – soviele, wie beim achtgrößten »Arbeitgeber« der bundesdeutschen Industrie, dem Bosch-Konzern, arbeiten – tun das, was es nach dem Lehrbuch eigentlich nicht gibt: Sie regulieren die private Marktwirtschaft. Spätestens seit die wirtschaftliche Macht gigantischer Großunternehmen das freie Spiel der Marktkräfte aus den Angeln hob, ist staatliche »Marktkorrektur« eine Notwendigkeit.

Staatliche Wirtschaftsregulierung läuft nicht direkt, denn Unternehmer, erst recht die großen, treffen ihre Entscheidungen selbst. Aber indirekt schiebt oder zieht der Staat private Unternehmen in die gewünschte Richtung, indem er ihre Entscheidungen beeinflußt. Das Geheimnis seiner Beeinflussung heißt: Unternehmenserträge verbessern. Denn Kapital bewegt sich stets wie magisch an den Ort, an dem die höchsten Gewinne winken.

Auf zweierlei Art lassen sich die Unternehmenserträge staatlich steigern: entweder durch Verzicht auf Steuern (Steuerver-

Die Arbeitsverwaltung

Über 70 000 Staatsbeschäftigte sind gegenwärtig mit der Regulierung von Arbeitskräften befaßt. Indessen wird Lenkung im engeren Sinne, nämlich Vermittlung und Fortbildung, nur von 30 000 Personen, die bei den Arbeitsämtern arbeiten, betrieben. Der größere Teil jener 70 000 ist mit der Verwaltung der Arbeitslosen ausgelastet. Es sind die Personen in den »Leistungsabteilungen« der Arbeitsämter, die sich mit Zahlungen oder Streichungen von Arbeitslosengeld oder -hilfe befassen. Und es sind die (rund 10 000) Beschäftigten der kommunalen Sozialbehörden, die Sozialhilfe an Arbeitslose austeilen.
Mit dem Wegfall der Arbeitslosigkeit in einer erneuerten Bundesrepublik verschwände auch die Notwendigkeit, einen so großen Stab der Arbeitslosenversicherung und Armenhilfe aufrechtzuerhalten. Dagegen wird in der neuen Wirtschaftsordnung mit allgemeiner Vollbeschäftigung die reibungslose und flexible Vermittlung und Neuqualifizierung der Arbeitskräfte gegenüber dem Kapitalismus erhöhte Bedeutung gewinnen. Wieviel Personal dafür erforderlich ist, kann heute niemand sagen. Fest steht jedoch: Jene 40 000, die heute noch die Arbeitslosigkeit verwalten, stehen – rein mengenmäßig – für die neuen Anforderungen schon bereit. In diesem Maße braucht eine neue Wirtschaftsverwaltung für die erhöhten Vermittlungsanforderungen kein zusätzliches Personal.

günstigung) oder durch Vergabe von Mitteln aus der Haushaltskasse (Finanzhilfen). Meist werden beide Subventionen kombiniert gewährt.

Allein der Bund bietet den Unternehmen 113 Programme der Steuervergünstigung an. Zusammen mit den Steuerhilfen der Länder und Gemeinden erließ der Staat 1985 den Unternehmen insgesamt 36 Milliarden DM.[3] Direkte Finanzmittel aus den

Kassen von Bund, Ländern und Gemeinden wurden in Höhe von 55 Milliarden DM zugeteilt, das sind zehn Prozent des Gesamthaushalts.[4] Ohne Staatsmittel ständen die Verkehrsunternehmen still, ohne Subventionen hätten sich die Stahlkonzerne und die Werftindustriellen nicht aus der Affäre ziehen können, ohne staatliche Forschungsmittel wäre moderne Technologie ebenso wenig denkbar wie die Grundlagenforschung. Private Unternehmen sind offenbar gar nicht so wagnisfreudig, wie man ihnen nachsagt. Sobald nämlich irgendein Geschäft – sei es in der Industrie, im Handel oder im Bankgewerbe – zu riskant erscheint, ruft man staatliche Bürgschaft, Garantie oder gar Übernahme der Finanzierung herbei. Unternehmen, die auf Dauer nur Verluste machen, überläßt man sogar ganz dem Staat.

Die Finanzkraft des Staates, sein Verwaltungsapparat samt Wirtschaftsforschungsinstituten, Statistischen Ämtern und Kontrollbehörden, werden also von den Unternehmen zur Aufbesserung und Absicherung ihrer Ertragslage genutzt.

Personell sind der staatlichen »Wirtschaftslenkung« in diesem eingeschränkten Sinne zuzuordnen: rund 60 000 Staatsbeschäftigte, die mit der Abwicklung der Marktkorrektur mittels Steuervergünstigungen oder mittels Haushaltsausgaben befaßt sind. 12 000 sind der Regulierung der Landwirtschaft zuzurechnen, 15 000 arbeiten bei den Instanzen der Geld-Kredit- und Währungspolitik, bei der Deutschen Bundesbank.[5]

Marktwirtschaft auf Krücken – Gang vors Gericht

Als »feindliche Brüder« bezeichnete Karl Marx die miteinander konkurrierenden Kapitalisten.[6] Brüder gegenüber der Arbeiterbevölkerung, aus der sie alle den Profit herauspressen, feindlich untereinander, wenn es um den höchsten Anteil an dieser Beute geht. Auch der Volksmund kennt diesen Sachverhalt: Beim Geld, so heißt es, hört die Freundschaft auf.

In einer Wirtschaftsordnung, in der sich alle Unternehmen einem und demselben Ziel, der privaten Bereicherung, verschrieben haben, mangelt es nicht an Zündstoff. Wo jeder gegen jeden antritt, um an der allgemeinen »Plusmacherei« kräftig teilzuhaben, darf man sich nicht über den Arbeitsanfall bei den Gerichten wundern. Aus jedem Zahlungstermin, aus jedem Kaufabschluß, aus jedem beliebigen Geschäft kann ein Streitfall werden, der die Anwälte und Richter beschäftigt. Wer mit der Zahlung für empfangene Ware in Rückstand gerät, wer als Unternehmer nicht pünktlich eigene Waren liefert, wer Produkte mit ungenügender Qualität oder zu viel Ausschuß verkauft – gefährdet den Profit eines anderen Unternehmens und muß mit anwaltlichen oder gerichtlichen Schritten rechnen. Das geht sehr schnell, denn die betreffende Firma, die ihren Profit bedroht sieht, pfeift auf die angebliche Selbstregulierungskraft des Marktes und pocht auf Recht und Gesetz. Notfalls wird das ganze Arsenal von Rechtsmitteln bemüht – Mahnbescheide, Vollstreckungsbescheide, Gerichtsverhandlungen und -urteile, gerichtliche Pfändungen und dergleichen. Eben zu diesem Zweck unterhalten die großen Unternehmen eigene Rechtsabteilungen.

Der Rechtsweg oder der Gang vors Gericht treten mit Regelmäßigkeit immer wieder polternd an die Stelle lautloser Marktbeziehungen zwischen den Unternehmen. Sich der Staatsmacht zu bedienen, um private Geldforderungen einzutreiben – und darum geht es im Kern bei allen derartigen Zivilstreitsachen –, ist der privaten Marktwirtschaft keineswegs fremd. Rechtsmittel sind vielmehr ihre notwendige Ergänzung.

Und dabei sprechen wir bisher nur von den normalen zivilrechtlichen Streitsachen von und gegen Unternehmen. Wirtschaftskriminalität, also strafrechtliche Tatbestände, und ihre Verfolgung gehören ebenso untrennbar zu unserer Wolfsgesellschaft der privaten Bereicherung. Sie ist der Nährboden, auf dem solche Vergehen oder Verbrechen wachsen wie: Konkursdelikte, Subventionsbetrug, Kreditwucherei, Scheckfälschung, Umweltvergehen, Korruption, Steuerhinterziehung, Unterschlagung, Schmuggel, Veruntreuung, Urkundenfälschung usw. usw.

Allein mit Zivilstreitigkeiten von Unternehmen und mit

Wirtschaftsstrafsachen sind rund 40 000 der bei ordentlichen Gerichten der Bundesrepublik beschäftigten 100 000 Personen jährlich befaßt.[7] Wenn man, wie bei den Gerichten, 40 Prozent des Arbeitsanfalls bei den Rechtsanwälten der »Wirtschaftsregulierung auf dem Rechtsweg« zuordnet, kommt man auf eine Gesamtzahl von 125 000 Menschen in diesem Bereich.[8] Davon üben, nach eigenen Schätzungen, mindestens 90 000 Personen Tätigkeiten aus, denen eine Wirtschaftsordnung mit Gemeineigentum und öffentlicher Wirtschaftsverwaltung den Boden entzieht. Zum Vergleich: Der nach dem Umsatz sechsgrößte Industriekonzern unseres Landes, Bayer aus Leverkusen, beschäftigte 1985 im Inland ebensoviele Personen.

Marktwirtschaft auf Krücken – Kapitalverbände schreiten ein

Die staatliche Politik zu seinen Gunsten beeinflussen, nennt man »Lobby«. Wörtlich übersetzt heißt das »Wandelhalle«. Aber die klassische Lobby, bei der einzelne Unternehmer in den Wandelgängen des Bundestags einzelnen Abgeordneten auflauern, ist tot. Der Grund ist weniger moralisch als praktisch. Die Bonner Parlamentarier haben ohnehin nichts zu sagen.[9]

Ihre Wünsche melden die Unternehmer über ihre Wirtschaftsverbände an. Diese sind direkt an Ort und Stelle, wo politische Entscheidungen vorbereitet und Gesetzentwürfe gemacht werden, nämlich in den Ministerien. Fast alle Bundesministerien haben sich eine Vielzahl beratender Ausschüsse, Beiräte und Arbeitskreise zugelegt, die bei der Formulierung von Gesetzestexten und Ausführungsvorschriften Beihilfe leisten. In diesen insgesamt 276 Expertengremien sitzen etwa 1000 Verbandsvertreter aus Industrie und Wirtschaft[10], um, wie sie sagen, einen »offenen und konstruktiven Gedankenaustausch über gemeinsame Belange von Wirtschaft und Staat zu pflegen.«

Konkret kann das so aussehen: Da gibt es beim Verteidigungsministerium einen »Rüstungswirtschaftlichen Arbeitskreis«. Die entscheidenden Positionen darin hält der »Bundesverband der Deutschen Industrie – BDI« besetzt, der einflußreichste Dachverband für Unternehmerinteressen überhaupt. In diesem Kreis werden – unter Ausschluß der Öffentlichkeit, versteht sich – die Rüstungsaufträge vergeben. Aus solch fruchtbarer Zusammenarbeit entstand die Drucksache »Qualitätssicherung bei Aufträgen der Bundeswehr«, die dem BDI-Jahresbericht 1979/80 zufolge eine »bemerkenswert hohe Auflage« von 7500 Exemplaren erreichte.[11] Im Arbeitskreis konnten die Rüstungsfirmen auch ihren Ärger über Hindernisse bei Lieferungen in sogenannte Spannungsgebiete offen zeigen. Im Mai 1982 war es dann soweit. Die Bundesregierung beschloß neue »Politische Grundsätze für den Export von Kriegswaffen und sonstigen Rüstungsgütern«, die endlich wieder zu höheren Auslastungen der Rüstungsbetriebe führten. Es lohnt sich, in diesem Fall für Rüstungskonzerne, einem Wirtschaftsverband anzugehören und mit den Beiträgen nicht zu knausern.

Etwa 5000 Verbände vertreten Unternehmerinteressen. Mächtigster Wirtschaftsverband ist der BDI, dem 35 industrielle Spitzenverbände angehören, die ihrerseits 370 Fachverbände und 188 Landesverbände zusammenfassen. Unsere sieben Textiltrockenmaschinenunternehmen gehören in den Organisationsbereich der »Fachgemeinschaft Textilmaschinen«, die mit 30 weiteren Fachgemeinschaften im »Verband Deutscher Maschinen- und Anlagenbau e. V.« vertreten sind, seinerseits einer der 35 Spitzenverbände im »Bundesverband der Deutschen Industrie.«[12]

Gemeinsame Interessen schweißt die durchs Privateigentum getrennten Unternehmen aber nicht nur gegenüber dem Staat zusammen. Es gibt noch einen zweiten, ebenso wichtigen Grund. Die praktische Brüderschaft der Kapitalisten betätigt sich ganz massiv, wenn es in die Tarifrunden geht. Über 90 Prozent aller Privatunternehmen sind Mitglied in einem der 800 Unternehmer-Kampfverbände, die sich »Arbeitgeberverbände« nennen und in der »Bundesvereinigung der Deutschen Arbeitgeberverbände« (BDA) zusammengeschlossen sind. Denn beim Aushandeln von Löhnen und Arbeitsbedingungen sind den Unternehmern die gewerkschaftlichen Forderungen allemal viel zu hoch. Der Mitgliedsbeitrag in die Kriegskasse der Unternehmer schützt die Einzelkapitalisten nicht nur finanziell bei Streiks und Aussperrungen. Die Arbeitgeberverbände führen die Tarifverhandlungen, sorgen für unternehmerfreundliches Klima in der öffentlichen Meinung, drängen den Staat auf Sparsamkeit bei den Sozialausgaben oder auf Lockerung des gewerkschaftlichen Streikrechts.

Die Unternehmerverbände, insbesondere die Wirtschafts- und Arbeitgeberverbände als ihr harter Kern, sind personell reichlich ausgestattet. Während die DGB-Gewerkschaften nur knapp 9000 Mitarbeiter in 1800 Verwaltungsstellen haben, sind bei den 5000 Unternehmerverbänden rund 120 000 Personen hauptamtlich beschäftigt.[13] Daß diese 120 000 in einer sozialistischen Bundesrepublik etwas anderes tun müßten (nach gründlicher Umschulung), liegt auf der Hand.

Über 300 000 Personen in der Wirtschaftslenkung außerhalb der Privatunternehmen (ohne Werbung, ohne Arbeitsverwaltung) kommen noch zu dem Verwaltungsaufwand hinzu, der innerhalb der privaten Unternehmen in unserem Land anfällt. Dabei ist längst nicht alles Personal erfaßt, das den Verlauf der Wirtschaftstätigkeit in der Bundesrepublik von außen beeinflußt, wie Personal bei den Banken oder weiteres Personal beim Staat: Straßenbauverwaltungen, Planungs- und Vermessungsämter, Gewerbeaufsicht, Grundbuchämter, Ämter für Wirtschaftsförderung usw. Nebenbei: Nicht uninteressant zu wissen wäre die Zahl der Personen, die mit Wirtschaftsregulierung in Form von Spendieren und »Reinwaschen« von Unternehmergeldern an politische Parteien laufend beschäftigt sind.

Die Wirtschaftsregulierung des Kapitalismus ist, genau betrachtet, viel aufwendiger als für gewöhnlich angenommen. Einen Vergleich braucht eine eventuelle vergesellschaftete Wirtschaftsverwaltung, die an die Stelle der kapitalistischen der Bundesrepublik von heute tritt, also nicht zu fürchten. Es gibt keinen Grund zur Annahme eines höheren Kraftaufwands für die Steuerung einer Wirtschaft auf der Grundlage von Gemeineigentum. Es gibt keinen Grund, den Umfang der kapitalistisch bedingten Vergeudung, den wir in den vorhergehenden Kapiteln ermittelt haben, geringer zu veranschlagen.

Das Ende der großen Vergeudung

1. Die Gesamtbelastung in Zahlen

Nach und nach wurden bisher 17 gesellschaftliche Bereiche überprüft. Wieviel Geld wird jeweils unnütz ausgegeben? Wieviele Menschen werden an überflüssige Tätigkeiten gebunden? Wieviele bleiben ganz von gesellschaftlicher Arbeit ausgeschlossen? Die einzelnen Posten können jetzt zusammengestellt werden, um den Gesamtbetrag der Vergeudung kennenzulernen, der auf der Bundesrepublik lastet.

Die 17 Bereiche der Tabelle 26 sind in drei Blöcke untergliedert. Die Bereiche 1 bis 8 sind diejenigen mit (fast) ausschließlich direkter Vergeudung von Sachausgaben. Die Bereiche 14 bis 17 sind die Bereiche der (fast) ausschließlich indirekten Vergeudung durch Produktionsausfälle – und zwar durch Produktionsausfälle von Menschen, die von der gesellschaftlichen Arbeit ganz oder vorübergehend ausgeschlossen sind. Die mittleren Bereiche 9 bis 13 umfassen solche Sektoren, in denen hauptsächlich indirekt vergeudet wird in Form von Produktionsausfällen; aber im Unterschied zu Arbeitslosen, Hausfrauen usw. kommt der Produktionsausfall dort nicht dadurch zustande, daß die Menschen gar nicht arbeiten, sondern daß sie keine *nützliche* Arbeit verrichten. (Auf diese Sonderrolle der Bereiche 9 bis 13 gehen wir im 3. Abschnitt dieses Kapitels genauer ein. Die Sonderrolle besteht darin, daß diese Bereiche nicht nur wegen der indirekten Vergeudung (Wertausfälle) infragekommen, sondern daß dort auch die direkte Ausgabenvergeudung durch die Kosten überflüssiger Dienstleistungen berechnet werden muß.) Die Summe aus direkter und indirekter Vergeudung beträgt, wenn wir die Zahlen aus den vorausgehenden Kapiteln zugrundelegen, 680,5 Milliarden DM.

Da wohl kaum jemand mit solchen Größenordnungen etwas anzufangen weiß – zum Vergleich die Gesamtsumme der 1985 neugeschaffenen Werte der Bundesrepublik. Diese war (Netto-

Tabelle 26
Gesamtbelastung der Bundesrepublik durch Vergeudung im Jahre 1985 in Mrd. DM (geschätzt)[1]

Bereich	Direkte Vergeudung (= überflüssige Ausgaben)	Indirekte Vergeudung (= entgangener Wert durch Ausschluß von nützlicher Arbeit)	
1. Werbung	16	–	
2. Landwirtschaft	14	–	
3. Autoverkehr	27	–	
4. Energie	17	–	
5. Luftverschmutzung	9	–	
6. Westberlin	12,3	–	
7. Arzneimittel	7	–	
8. Versicherungen	6	–	
9. Militär	24,1	31,2	(495 Tsd.Pers.)
10. Polit. Repression	1	4	(64 Tsd.Pers.)
11. Eigentumsschutz	3	8	(125 Tsd.Pers.)
12. Steuerwesen	6	6,3	(100 Tsd.Pers.)
13. Kreditsektor	–	25,2	(400 Tsd.Pers.)
14. Arbeitsunfälle	2,6	4,8	(76 Tsd.Pers.)
15. Arbeitslosigkeit	6	227	(3600 Tsd.Pers.)
16. Hausfrauen	–	200	(3200 Tsd.Pers.)
17. Lumpenproletariat	1	22	(350 Tsd.Pers.)
Summe:	152	528,5	(8410 Tsd.Pers.)

[1] Die einzelnen Zahlenwerte und Vergeudungsursachen wurden in den vorausgehenden Kapiteln ermittelt. Zum Nachschlagen empfiehlt sich ein Blick auf die kurzen Zusammenfassungen jeweils am Schluß eines Kapitels.

sozialprodukt zu Marktpreisen) 1606 Milliarden DM hoch. Daran gemessen fällt der Vergeudungsbetrag recht beachtlich ins Gewicht.

Gemessen am 1606 Milliarden DM umfassenden Neuwert des Jahres 1985 sind die darin enthaltenen direkten Vergeudungssummen, welche von den einzelnen Bereichen für unnütze Sachzwecke verschlungen wurden, mit zusammen 152 Milliarden DM (9,5 Prozent des Neuwerts) zwar nicht gering, aber die indirekten Vergeudungsbelastungen, die in jenem Neuwert von 1606 Milliarden DM nicht enthalten sind, weil es sich ja um die entgangenen Wertbeträge handelt, fallen bedeutend höher aus: fast 530 Milliarden DM.

Den mit weitem Abstand umfangreichsten Posten der indirekten Vergeudung stellen die 427 Milliarden DM infolge der Nichtarbeit von Erwerbsfähigen dar: 227 Milliarden DM wurden wegen der allgemeinen Arbeitslosigkeit von 3,6 Millionen Menschen nicht erzeugt. Nicht geschaffen infolge der Nichtarbeit von Hausfrauen wurden außerdem 200 Milliarden DM – von Frauen, die unter den gegenwärtigen Umständen zu Erwerbsarbeit nicht bereit oder in der Lage sind.

Dadurch, daß die kapitalistische Wirtschaftsordnung nicht imstande ist, den Bewohnern der Bundesrepublik das Menschenrecht auf Arbeit zu garantieren, entsteht der bei weitem größte Vergeudungsschaden. An ihm gemessen nehmen sich die übrigen gesamtwirtschaftlichen Verluste vergleichsweise niedrig aus.

In Geldverlusten gerechnet ist der Schaden durch Nichtarbeit fast dreimal so hoch wie die direkte Vergeudung durch überflüssige Sachausgaben. Aber erstens handelt es sich dabei immerhin noch um 152 Milliarden DM, und zweitens geht es bei dieser Vergeudung nicht um Geld allein.

Wenn der Agrarsektor 14 Milliarden DM schluckt, dann ist nicht einfach eine Menge Geld verschwunden, sondern es wird damit zugleich eine landwirtschaftiche Raubbauweise aufrechterhalten, die für Natur und Menschen gleichermaßen schädlich ist: zerstörte Kulturlandschaften, gequälte Tiere, gesundheitsgefährdende Lebensmittel, vergiftete Böden und Gewässer, wirtschaftlicher Ruin von jährlich 20 000 Bauern.

Wenn der Autoverkehr die Bundesrepublik jährlich mit 27 Milliarden DM belastet, weil unsere Städte nicht mit schnellen und bequemen öffentlichen Verkehrsmitteln ausgestattet sind, mag man den verlorenen Milliardenbeträgen nachtrauern. Aber Trauer ist erst recht angebracht angesichts vieler Tausend Verkehrstoter und Unfallverletzter infolge des ungezügelten Autoverkehrs, angesichts der Unbewohnbarkeit unserer fürs Auto umgebauten Stadtviertel, angesichts einer Atemluft, die von Auspuffabgasen vergiftet wird.

Wenn unsere Energieversorgung um 17 Milliarden DM überteuert ist, weil weder die Fernwärme ausgebaut wurde, noch unsere Kohlekraftwerke in zeitgemäßer Ausrüstung Strom produzieren, sondern statt dessen aufwendige Atomkraftwerke errichtet wurden, ist das Grund genug, verstimmt zu sein. Doch zur Besorgnis geben die Atomkraftwerke in unserem Land nicht nur wegen ihrer hohen Kosten Anlaß, sonder ganz besonders wegen der Risiken in völlig neuer Dimension, die von ihren Reaktoren und Brennstoffen für unser Leben und unsere Gesundheit ausgehen.

Und schließlich die militärische Überrüstung der Bundeswehr mit Waffen! Ihre Kosten belaufen sich jährlich auf 24 Milliarden DM, und das ist bedenklich viel. Doch viel bedenklicher ist die Gefahr des totalen Vernichtungskrieges, die durch jene 24 Milliarden DM ständig aufrechterhalten wird. Das Geld, das in die Ausstattung der Bundeswehr mit großen Angriffswaffen zu Lande, zu Wasser und in der Luft gesteckt wird, das in atomare Waffenträger fließt, fehlt nicht einfach für nützliche Zwecke, sondern es finanziert zugleich die gefährlichste Form von Vergeudung überhaupt.

Es erübrigt sich, auf die in den restlichen Kapiteln dieses Buchs ermittelten direkten Vergeudungskosten infolge Reklame, Luftverschmutzung, Westberlinförderung, Pharmaverschwendung, Eigentumsschutztechnik, Steuerbetrügereien, Bereicherung an Arbeitslosen oder Drogenkäufen einzugehen: Nirgendwo ist die direkte Vergeudung eine reine Angelegenheit verlorenen Geldes, sondern jedesmal sind die ausgegebenen Geldsummen auch Ausdruck bestimmter Mißstände.

Und wie steht es um die indirekte Vergeudung?

Hier ist es grundsätzlich ebenso. Arbeitslosigkeit, von der hier schon die Rede war, ist nicht nur dadurch Vergeudung, daß sie einen so großen Wertausfall verursacht, sondern auch, weil der Ausschluß von der gesellschaftlichen Arbeit die Betroffenen finanziell, sozial und gesundheitlich schädigt und sie in ihrer Menschenwürde verletzt. Die Verpflichtung so vieler Frauen auf die Hausarbeit ist ebenfalls nicht bloß ein ungeheurer Produktionsausfall, sondern ein gewaltiges Hemmnis auf dem Weg zur gesellschaftlichen Gleichstellung von Frau und Mann. Beim Lumpenproletariat ist es noch viel weniger das Hauptproblem, daß es der Bundesrepublik durch Nichtarbeit Leistungen vorenthält. Sein Hauptproblem ist die Wucht von menschlichem Elend und Leid, mit der es – stärker als Arbeitslose – getroffen wird. Es erübrigt sich bei den Arbeitsunfällen der Hinweis, daß ihre Vermeidung deshalb so dringlich ist, weil sie – nicht in Geld zu messende – Schmerzen und Schädigungen der Gesundheit mit sich bringen.

Bleiben noch die etwa 1,2 Millionen Personen, die zwar Arbeit haben, für deren Tätigkeit es in einer vernunftbestimmten Gesellschaftsordnung aber keinen Platz mehr gibt. Für die 495 000 als Soldaten oder als Zivilangestellte beim Militär Aktive, die gemessen an einer rein defensiven Armee überzählig sind, gilt das gleiche, was bei der Überrüstung mit militärischen Waffen schon gesagt wurde. Den ausgefallenen 31,2 Milliarden DM kann man nicht jene Gefahr gegenüberstellen, die dieses Personal durch die ständige Bereitschaft zum bis zum Atomwaffeneinsatz steigerungsfähigen Angriffskrieg heraufbeschwört.

Ähnlich betrachten wir die 189 000 Angehörigen des staatlichen und privaten Repressionsapparats: Geheimdienste, halbmilitärische Polizeiverbände, Belegschaftsüberwachung, staatliche Strafverfolger stellen nicht so sehr wegen ihres Ausschlusses von nützlicher Arbeit – und damit von der Vermehrung des allgemeinen Wohlstands – Vergeudung dar, sondern wegen des besonderen Inhalts ihrer Tätigkeit, die in der Regel den Interessen der Bevölkerungsmehrheit zuwiderläuft.

Auch daß das komplizierte Steuerwesen der Bundesrepublik 100 000 Menschen an sich bindet, die bei einer Steuerverwaltung ohne den Gegensatz zwischen Staat und privaten Unternehmen entbehrlich sind, oder daß der Kreditsektor 400 000 Arbeitskräfte bei sich konzentriert, um seine eigene Umständlichkeit zu bewältigen, sind mehr als nur finanzielle Fragen entgangener Wertschöpfung. Undurchschaubarkeit und Unübersichtlichkeit, die im Finanzbereich die tollsten Blüten treiben, sind fürwahr kein Vorzug einer Wirtschafts- und Gesellschaftsordnung.

Vergeudungsfrei heißt nicht nur mehr Geld

Die Vergeudung zu beenden, hieße für unser Land, über 680 Milliarden DM mehr für nützliche Zwecke zu verfügen. Milliardenbeträge würden dann nicht mehr direkt unnütz ausgegeben; 1,2 Millionen Menschen wären nicht mehr an überflüssige Tätigkeiten gefesselt; die Arbeitskraft von 7 Millionen Personen würde nicht mehr von der gesellschaftlichen Arbeit ferngehalten.

Doch was für eine Bundesrepublik wäre das, in der die große Vergeudung beendet würde? Die Vorstellung jedenfalls ist verkehrt, daß dieses Land, so wie es heute ist, dasselbe bliebe, mit dem einzigen Unterschied, daß es um 680 Milliarden DM reicher wäre. Denn die Vergeudung kann nicht beseitigt werden, indem etwa Geld, das bisher für direkte Vergeudungszwecke ausgegeben wurde, einfach zurückgehalten wird. Sondern nur, wenn man den Grund für diese Ausgaben abschafft. Was heißt das?

- Wer die 14 Milliarden DM, die für Nahrungsmittelüberschüsse vergeudet werden, wieder »zurückhaben« will, der muß die Landwirtschaft so umgestalten, daß die geldverschlingenden Überschüsse erst gar nicht entstehen. Erst eine naturgemäße Landbebauung und Tierhaltung, die zugleich zu menschlicheren Lebensverhältnissen führen, kommen ohne Vernichtungssubventionen aus.
- Die 27 Milliarden DM, mit denen gegenwärtig zusätzliche Unfälle und zusätzlicher Kraftstoffverbrauch des Autoverkehrs finanziert werden, entfallen erst, wenn ein benutzer- und bewohnerfreundliches öffentliches Nahverkehrssystem existiert.

– Jährlich 17 Milliarden DM, die im Energiesektor verpuffen, können nur eingespart werden, wenn unser Land zugunsten der Fernwärme aus umweltverträglichen Kohlekraftwerken aus der Kernenergie aussteigt.
– Fast 9 Milliarden DM Schadenskosten durch verschmutzte Luft werden erst eingespart, wenn moderne Verfahren zur Abgasreinigung für eine sauberere Luft sorgen.
– 12 Milliarden DM aus dem Bundeshaushalt können für sinnvollere Zwecke erst dann eingesetzt werden, wenn die sogenannte Berlinförderung nicht mehr die wirtschaftliche Auszehrung und Deformierung Westberlins beschleunigt.
– 7 Milliarden DM werden aus dem Arzneimittelsektor erst frei, nachdem dieser übersichtlicher – und nebenbei: gesundheitlich weniger riskant – geworden ist.
– 24 Milliarden DM Rüstungsausgaben fallen erst dann weg, wenn sich die Bundeswehr auf rein defensive Landesverteidigung beschränkt.
– Wer – um zur indirekten Vergeudung überzugehen – die 700 000 Menschen, die beim Militär und bei staatlichen und privaten Unterdrückungsorganen über das notwendige Maß hinaus beschäftigt sind, oder die 500 000, die im Steuerwesen oder Kreditsystem über den Personalbedarf einer leistungsfähigen Wirtschaft hinaus sich betätigen, anders einsetzen will, muß sowohl Militär und Unterdrückungsapparat einschneidend vermindern, als auch das Steuerwesen und das Kreditsystem wesentlich vereinfachen.

Zwischenbilanz: Keinerlei Geldbeträge und keinerlei Arbeitskräfte sind aus den Bereichen, in denen sie gegenwärtig vergeuderisch benutzt werden, lediglich »abzuziehen« und »einzusammeln«. Erst infolge der Umgestaltung einzelner Bereiche verschwindet die Vergeudung, erst nach drastischen Umgestaltungen werden jeweils Geldsummen und Arbeitskräfte nicht mehr benötigt und können für gesellschaftlich nützliche Ziele eingesetzt werden.

Das gleiche gilt für die aufwendigste aller Vergeudungsformen – die Arbeitslosigkeit. Sie zu beseitigen und allen Menschen Arbeit zu garantieren, hat Eingriffe in unsere Wirtschaftsordnung zur Voraussetzung. Im Unterschied zu manchen anderen Fällen dürfen sich die Eingriffe hier allerdings nicht auf Teilbereiche unserer Wirtschaft beschränken, sondern müssen die Gesellschaftsordnung in ihrer ganzen Breite und Tiefe umwälzen. Mit anderen Worten: Die Gesellschaft des kapitalistischen Privateigentums muß durch eine andere ersetzt werden, die auf Gemeineigentum an den zentralen Produktionsmitteln gründet. Das Ende der Vergeudung muß Hand in Hand gehen mit einer menschenfreundlichen Veränderung vieler gesellschaftlicher Bereiche. Die Aneignung von bisher verlorenen oder eingebüßten Geldbeträgen ist gar nicht anders zu bewerkstelligen, als zugleich – und darauf kommt es an – unser Land wesentlich menschengerechter zu machen.

Daß das Ende der Vergeudungen an eine menschenfreundliche Umgestaltung unseres Landes gekoppelt ist, macht die Beendigung der Vergeudungen einerseits attraktiv. Aber andererseits auch schwierig.

Denn wer die Landwirtschaft ökologisch erneuern will, muß sich mit Agrarkapitalisten, Nahrungsmittelkonzernen und Banken anlegen, die an der Vergeudung verdienen. Ein leistungsfähiger öffentlicher Personennahverkehr steht den Automobilkonzernen im Weg. Im Energiesektor macht man sich außer Reaktorherstellern und Stromversorgungsunternehmen auch noch die Mineralölkonzerne zu Feinden. Wer eine übersichtlichere Arzneimittelversorgung will, stößt auf die gegenläufigen Interessen der Großchemie. Die Forderung nach weniger Waffenkäufen bringt mächtige Rüstungsfirmen auf den Plan. Der Streichung der Westberlinförderung stellen sich viele der damit subventionierten Industrieunternehmen entgegen. Jeder Änderung des Kreditwesens werden sich die Banken, mit den Großbanken an der Spitze, zu verweigern suchen. Und wer am Polizeiwesen einsparen will, zieht sich den Zorn sämtlicher Genannter zu, denn die bewaffnete Staatsgewalt ist eines der Mittel, mit denen sie die jetzigen Zustände verteidigen wollen.

Das soll ganz und gar nicht heißen, daß Veränderungen von vorneherein ausgeschlossen sind. Keineswegs. Denn es gilt:

Selbst die große wirtschaftliche und politische Macht der Umgestaltungsgegner hat ihre Grenzen – die Gegenmacht der Umgestaltungswilligen.

Das gilt sogar für die Beseitigung des größten Vergeudungsschadens, der Arbeitslosigkeit. Es ist zwar richtig: Im Unterschied zu anderen Vergeudungsformen, die jeweils nur von ganz bestimmten kapitalistischen Unternehmen verteidigt werden, wird, wer die Arbeitslosigkeit durch Arbeit für alle ersetzen will, mit der vereinten Gewalt sämtlicher Kapitalisten konfrontiert. Denn dann steht ihrer aller Wirtschaftsordnung auf dem Spiel. Doch aussichtslos ist deswegen das Bestreben nach gründlicher sozialer Umgestaltung unseres Landes noch lange nicht. Lohnenswert ist sie jedenfalls, die sozialistische Bundesrepublik, die mit der Vergeudung ein für allemal Schluß macht. Sie ist nicht nur menschenfreundlich umgestaltet, sondern verfügt außerdem über 680 Milliarden DM mehr, die die kapitalistische Bundesrepublik bisher schlichtweg vergeudet.

Die 27-Stunden-Woche

Unsere Abschlußfrage lautet: Welche materiellen Vorteile hätte das Ende der Vergeudungen unserem Land im Jahre 1985 eingebracht?

Wir sprachen von zusätzlichen Mitteln in Höhe von 680 Milliarden DM. Allerdings müssen wir noch genauer werden; das ist umso angebrachter, als dieser Betrag, für sich genommen, über den Nutzen, den er stiften kann, nur wenig aussagt.

Dazu kehren wir noch einmal zu der Unterscheidung zwischen direkter und indirekter Vergeudung zurück. Direkt vergeudet ist der unnütz ausgegebene Geldbetrag in Höhe von 152 Milliarden DM, indirekt vergeudet sind 528 Milliarden DM. Anders als die 152 sind die 528 Milliarden DM nicht wirklich produziert worden, sondern wir errechneten diesen Betrag aus den insgesamt 8,4 Millionen Personen, die von nützlicher Arbeit ausgeschlossen sind. Wenn jeder der 8,4 Millionen, so unterstellten wir, die durchschnittliche Jahresleistung eines aktiv

Erwerbstätigen in Höhe von 63 000 DM erbracht hätte, wäre 1985 für insgesamt 528 Milliarden DM mehr Nützliches geschaffen worden.

Daraus könnte nun der Eindruck entstehen, daß es für eine sozialistische Bundesrepublik nichts Eiligeres gäbe, als das Sozialprodukt sofort anzuheben und damit den allgemeinen Wohlstand sprunghaft zu vermehren. Warum auch nicht? Das Land ist jetzt schließlich in der Lage, alle Menschen, auch jene 8,4 Millionen, nutzbringend zu beschäftigen.

Sicherlich, das wäre eine Möglichkeit.

Es gibt aber noch eine andere. Und diese steht einem bereits so hoch entwickelten Land wie der Bundesrepublik vielleicht sogar noch besser an. Auch die zweite Möglichkeit beruht darauf, alle arbeitsfähigen Menschen an der gesellschaftlich nützlichen Arbeit zu beteiligen. Doch das Ziel ist dabei nicht, den nationalen Wohlstand unseres Landes weiter anzuheben, sondern ihn auf gleicher Höhe wie bisher zu halten, dafür aber die Arbeitszeit jedes einzelnen spürbar abzusenken.

Die Arbeit für den Wohlstand des Jahres 1985 würde auf viel mehr Schultern verteilt, so daß jeder einzelne Beschäftigte merklich kürzer arbeiten müßte. Wie diese Neuaufteilung der Arbeit im Detail geregelt wird, können wir getrost der Phantasie und dem Ideenreichtum der Bewohner der neuen Bundesrepublik überlassen. Wenn es darum geht, für den gleichen Lohn den eigenen Arbeitsaufwand zu verringern, ist nicht mit Mangel an Einfallsreichtum zu rechnen.

Wie lange hätte die Arbeitszeit jedes Arbeitsfähigen in der vergeudungsfreien Bundesrepublik von 1985 dauern müssen?

Machen wir die Rechnung!

Erster Schritt

Der gesamte neugeschaffene Wert des Jahres 1985 (in der amtlichen Statistik »Nettosozialprodukt zu Marktpreisen« genannt) betrug 1606 Milliarden DM. Aus diesem Betrag stammen sämtliche Einkommen und Ausgaben der Bevölkerung und des Staates. In dieser Summe sind aber auch die 152 Milliarden DM enthalten, die direkt vergeudet wurden. Das heißt, sie wurden für Waffenkäufe der Bundeswehr ausgegeben oder für die Vernichtung von Lebensmitteln, für überflüssige Reklame und aufgeblähte Versicherungsverwaltungen, für die Folgen von im Übermaß geschehenen Auto- und Arbeitsunfällen, für die Behandlung von Schäden durch verschmutzte Luft, oder sie flossen in die private Tasche von Finanzgauklern oder Leiharbeitsfirmen. Mit anderen Worten: Diese 152 Milliarden DM haben zum Wohlstand der Bundesrepublik absolut nichts beigetragen. Ohne diese für Vergeudungszwecke verwendeten Beträge wäre vom Reichtum unseres Landes nichts eingebüßt worden. Anstatt 1606 Milliarden DM Neuwert hätte in einer von Vergeudung freien Bundesrepublik des Jahres 1985 ein um jene 152 Milliarden DM geringerer Neuwert ausgereicht, um den gleichen Wohlstand für die Bundesbürger zu sichern. Das Nettosozialprodukt zu Marktpreisen hätte nur 1454 Milliarden DM betragen müssen.

Doch das ist noch nicht der gesamte Vergeudungsbetrag, der vom Neuwert abgezogen werden kann, ohne den Wohlstand des Jahres 1985 zu senken. Denn im »Nettosozialprodukt zu Marktpreisen« sind auch jene überflüssigen Dienstleistungen des Personals von Bundeswehr, Polizei, Justiz, privaten Überwachungsfirmen, Steuerwesen und Kreditsektor enthalten, die in den Posten 9 bis 13 der Tabelle 26 aufgeführt sind. Auch diese Vergeudungsdienste müssen noch herausgerechnet werden, da sie zum Wohlstand unseres Landes nicht beigetragen haben, sondern ihn im Gegenteil gleichfalls belasteten.

Mit welcher Summe ist jenes Vergeudungspersonal in den 1606 Milliarden DM Nettosozialprodukt mitbewertet?

Sie sind darin *nicht* enthalten mit ihrem indirekten Vergeudungsbetrag, dem von uns errechneten »entgangenen Wert durch Ausschluß von nützlicher Arbeit«, den wir in Tabelle 26 (vgl. dort Bereiche 9 bis 13) mit insgesamt 74,7 Milliarden DM ermittelt haben. Da dies Beträge sind, die geschaffen hätten werden können, die aber nicht geschaffen worden sind, sind sie zwangsläufig im Nettosozialprodukt nicht mitgerechnet, weil dieses die Gesamtsumme der *tatsächlichen* neuen Werte ist. Aber jener Personenkreis ist dennoch darin mitbewertet, und zwar mit den *direkten* Kosten, die er der Gesamtwirtschaft 1985 aufgebürdet hat.

Erinnern wir uns der Nachbemerkungen zur »direkten Personalvergeudung«. In einigen Kapiteln haben wir im Anschluß an die indirekte Vergeudung jeweils angegeben, wie stark das Personal von Militär, Kreditwesen, staatlichem Gewaltapparat usw. die Gesamtwirtschaft direkt mit Kosten belastet. Das sind im Falle von abhängig Beschäftigten die reinen Personalkosten und im Falle des Kreditwesens (und zum Teil des Steuerwesens) die Entgelte für die Dienstleistungen jener Personen. In der Tabelle 27 sind diese direkten Ausgaben für Vergeudungsdienste noch einmal zusammengestellt. Für die Berechnung möglicher Arbeitszeitverkürzung sind diese Posten – erstmalig in diesem Buch – wichtig.

Tabelle 27
Die direkten Ausgaben für Vergeudungsdienste im Jahre 1985 in Mrd. DM

400 000	Pers. bei der Bundeswehr (milit. und zivil)	12,1
64 000	Pers. im staatlichen Gewaltapparat	2,7
125 000	Pers. bei Strafverfolgung und Belegschaftsüberwachung	5,0
100 000	Pers. im Steuerwesen (staatl. und privat)	6,2
400 000	Pers. im Kreditwesen (im weiteren Sinne)	35,0
Summe:		61,0

Nachweis und Erläuterung der Zahlen jeweils am Ende der entsprechenden Kapitel dieses Buches.
Zur Erinnerung: Das deutsche Zivilpersonal bei ausländischen Streitkräften im Umfang von 95 100 Personen, ist hier nicht aufgeführt, weil es der Bundesrepublik keine direkten Kosten (von geringen Verwaltungsausgaben abgesehen) verursacht. Seine Vergeudung ist ausschließlich eine indirekte, während die anderen Vergeudungsdienste sowohl unter indirekter als auch direkter Vergeudung betrachtet werden können.

Die direken Ausgaben für Vergeudungsdienste belasteten die Gesamtwirtschaft im Jahre 1985 mit insgesamt 61 Milliarden DM. Auf diese 61 Milliarden DM für überflüssige Dienstleistungen hätte die Bundesrepublik ohne jeglichen Wohlstandsverlust ebenso verzichten können wie auf die bisher errechneten 152 Milliarden DM direkter Vergeudung durch – mehrheitlich – Sachausgaben.

Anders gesagt: *Eine vergeudungsfreie Bundesrepublik des Jahres 1985 wäre mit 1393 Milliarden DM Nettosozialprodukt ausgekommen, da sie für 213 Milliarden DM weniger Waren und Dienstleistungen hätte finanzieren müssen, um denselben Wohlstand wie die kapitalistische Bundesrepublik desselben Jahres zu sichern.*

Zweiter Schritt

In der kapitalistischen Bundesrepublik des Jahres 1985 waren knapp 25,5 Millionen Personen (25,482 Millionen) erwerbstätig.[1] Aus ihrer Arbeit entstanden für 1606 Milliarden DM neue Werte. Einer sozialistischen Bundesrepublik des gleichen Jahres, die alle Vergeudungen beseitigt hätte, hätten viel mehr Erwerbspersonen zur Verfügung gestanden: Zusätzlich zu den damals aktiv Erwerbstätigen, die nebenbei bemerkt auch die aufgezählten Vergeudungsarbeiten im Wert von 213 Milliarden DM leisteten, hätten sich an der gesellschaftlichen Arbeit auch die bislang gänzlich Ausgeschlossenen beteiligt: 3,6 Millionen Arbeitslose, 3,2 Millionen Hausfrauen, 350 000 ehemalige Angehörige des Lumpenproletariats und 76 000 Personen, die 1985 wegen Arbeitsunfällen arbeitsunfähig waren. Außerdem wären die 95 000 früheren Zivilbediensteten der ausländischen Streitkräfte in das System der nationalen Arbeit unseres Landes eingegliedert worden. Zusammengefaßt hätten 7,321 Millionen Personen mehr gearbeitet. *Insgesamt wären auf diese Weise 32,8 Millionen Menschen erwerbstätig gewesen.* Das sind die 25,482 Millionen Beschäftigten des Jahres 1985 plus jene 7,321 Millionen damals von der gesellschaftlichen Arbeit Ausgeschlossenen.

Aus dem ersten und zweiten Schritt folgt drittens

Eine vergeudungsfreie Bundesrepublik hätte nicht nur für den gleichen Wohlstand weniger neue Werte erwirtschaften müssen, nämlich nur 1393 statt 1606 Milliarden DM, sondern sie hätte für diesen niedrigeren Wertbetrag auch noch viel mehr arbeitende Menschen einsetzen können. Unter kapitalistischen Bedingungen schufen etwa 25,5 Millionen Personen einen Wert von 1606 Milliarden DM. Unter sozialistischen Verhältnissen hätten 32,8 Millionen Menschen den geringeren Wertbetrag von 1393 Milliarden DM erwirtschaften müssen, welcher gleichen Wohlstand wie bisher verbürgt hätte.

Für die Arbeitszeit des einzelnen bedeutet das: Während in der kapitalistischen Bundesrepublik ein Erwerbstätiger durchschnittlich 63 000 DM jährlich erbrachte (exakt: 63 025), wären unter sozialistischen Bedingungen nur 42 500 DM (genau: 42 469) nötig gewesen, um den gleichen nationalen Wohlstand zu schaffen: weil mehr Arbeitskräfte insgesamt weniger leisten müßten. Die Arbeitsleistung des einzelnen Erwerbstätigen hätte dann um fast ein Drittel zurückgehen können, nämlich auf 67,38 Prozent ihres tatsächlichen Umfangs von 1985. Wenn wir unterstellen, daß sich sonst nichts verändert, hätte der einzelne entsprechend kürzer arbeiten können. Hat er in der kapitalistischen Bundesrepublik von 1985 wöchentlich 40 Stunden lang gearbeitet, so hätte in der vergeudungsfreien Bundesrepublik des gleichen Jahres eine persönliche Arbeitszeit von 27 Stunden (exakt: 26,95 Stunden) genügt.

> Wahrhaft reich ist eine Nation erst, wenn statt 12 Stunden nur 6 gearbeitet wird. Reichtum ist verfügbare Zeit und sonst nichts.
>
> *Aus einem anonymen Pamphlet englischer Sozialisten aus dem Jahre 1821*

Was sagt diese Berechnung aus?

Sie belegt, daß unter sozialistischen Verhältnissen, das heißt ohne Vergeudung, die Arbeitszeit des einzelnen Erwerbstätigen im Jahre 1985 auf fast zwei Drittel ihrer wirklichen Dauer hätte gesenkt werden können, ohne daß die Bundesrepublik irgend etwas von ihrem nationalen Wohlstand eingebüßt hätte. *Anstatt einer 40-Stunden-Woche für den einzelnen wäre eine sozialisti-*

sche Bundesrepublik mit einer 27-Stunden-Woche ausgekommen.

Viele werden einwenden, daß ihr persönlicher Wohlstand des Jahres 1985 keineswegs ausreichend war. »Warum soll er denn gleichbleiben?« Besonderen Grund zur Klage haben diejenigen, die weniger als den Durchschnittslohn der abhängig Beschäftigten verdienen. Arbeiter der unteren Lohngruppen, Angestellte und Beamte mit schlechtem Tarif, die Masse der Rentner; natürlich die Empfänger von Arbeitslosenunterstützung oder von Sozialhilfe. Auch die Studenten und Auszubildenden werden zurecht dagegen Einspruch erheben, auf der Einkommenshöhe von 1985 stehenbleiben zu sollen. Mancher wird kritisch auf die hohen Einkünfte derer verweisen, die als Unternehmer oder Selbständige ein Vielfaches der Durchschnittsverdiener beziehen und ausgeben – allein aufgrund von Eigentum und Besitz.

Ihnen allen sei gesagt, daß ausschließlich vom gleichbleibenden *Umfang* des nationalen Wohlstands die Rede war, nicht aber davon, daß seine *Verteilung* unverändert bleiben soll. Eine sozialistische Bundesrepublik verdiente ihren Namen nicht, wenn sie nicht als eine ihrer ersten Maßnahmen die ungleiche und ungerechte Einkommensverteilung abschaffen würde. Allein das Durchschnittseinkommen der abhängig Beschäftigten würde um rund 20 Prozent steigen, wenn Unternehmer und andere Selbständige ihre bisher privat verzehrten Einkünfte mit dem Rest der Bevölkerung teilen müßten.

Wer durch Arbeit sein Leben verdient, wer als Rentner sein Arbeitsleben hinter sich hat oder als Lernender noch davor steht, kann in einer nach sozialistischen Prinzipien verteilenden Bundesrepublik allemal mit mehr persönlichem Einkommen als bisher rechnen, selbst wenn die Höhe des erzeugten Sozialprodukts gleichbleibt.

Wenn das aber nicht genug erscheint, so bleibt immer noch die Möglichkeit offen, nicht gleichgroßen, sondern höheren Wert als 1985 zu schaffen. Die einzelne Arbeitszeit dürfte dann eben nicht so kräftig verkürzt werden, wie es in unserer Berechnung geschah. Wenn die arbeitende Bevölkerung der sozialistischen Bundesrepublik eine solche Lösung beschlösse, wer sollte sie, die dann zur herrschenden Klasse geworden wäre, daran hindern?

Die Vergeudung zu beenden, bringt beachtlichen Nutzen für die übergroße Mehrheit in unserem Land. Wir haben in diesem Buch gewiß nicht alle Formen von Vergeudung in der Bundesrepublik aufgestöbert. Es bleibt da noch vieles für Nachforschungen übrig. Doch allein das, was hier angesprochen wurde, ist so beträchtlich, um sich angespornt zu fühlen, mit der Vergeudung in unserem Land Schluß zu machen und die Gründe aus dem Weg zu räumen, die sie hervorbringen.

Der direkte Vorteil für Arbeitende und Arbeitsfähige zeigt sich am anschaulichsten in der dann möglichen viel kürzeren Arbeitszeit. Daher nennen wir die Zahl zum Schluß noch einmal: *in der Woche nur 27 anstatt 40 Stunden.*

Nachwort

Vor mehr als zehn Jahren – 1976 – regte am Institut für Marxistische Studien und Forschungen (IMSF) sein jetziger Leiter, Heinz Jung, an, die Vergeudung in unserem Land endlich einmal in ihren konkreten Formen nachzuweisen und möglichst exakt zu beziffern. In der Tat genügt die bloße Behauptung nicht, daß die Bundesrepublik Deutschland tagtäglich Überflüssiges und Schädliches produziert, auf das ohne Wohlstandseinbuße getrost verzichtet werden kann, wenn die Dinge nicht beim Namen zu nennen sind. Es ist wichtig, mit dem Finger auf die einzelnen Vergeudungserscheinungen zeigen zu können, ihre Ursachen zu kennen und Alternativen dazu.

Nun sind in jüngerer Zeit einige vergleichbar angelegte Studien entstanden, die fast ausnahmslos den ökologischen Bereich – Landwirtschaft, Energiesektor, Luft usw. – unter dem Aspekt wirtschaftlichen Schadens für unser Land zu erfassen suchten. Meine Analyse nimmt die ökologische Vergeudung ebenfalls mit auf, geht aber darüber hinaus: Nicht nur ein Teilbereich, sondern insgesamt siebzehn gesellschaftliche Sektoren untersuche ich auf die in ihnen enthaltene Vergeudung hin. Es ist dies meines Wissens überhaupt das erste Mal, daß jemand in Angriff nimmt, die gesamte Vergeudung in der Bundesrepublik zu beschreiben und in Geld auszudrücken.

Einiges habe ich sicherlich noch übersehen, manches müßte noch genauer berechnet werden. Besseres Datenmaterial muß her! Gewiß genug Mängel, damit meine Kritiker Haare in der Suppe aufspüren können. Sollen sie! Kritik wird mich veranlassen, die Gedanken, Forschungsergebnisse und auch den neuentwickelten methodischen Ansatz zu überprüfen und zu fundieren.

Keineswegs fiel mir die Arbeit leicht. Sonst hätte ich die intensive Bearbeitungsphase nicht bis 1985/86 immer wieder aufgeschoben. Selbstverständlich bin ich kein Universalexperte, der sich in Landwirtschaft und Kraftwerkstechnik, in Verkehrsmitteln und militärischen Waffensystemen, im Bankensektor und in der Steuerverwaltung, im Gesundheitswesen und bei Geheimdiensten, in den Ursachen der Arbeitslosigkeit und der Frauenunterdrückung usw. usw. gleichermaßen auskennt.

Umso wichtiger war die Hilfe meiner Kolleginnen und Kollegen vom IMSF und anderer Fachleute. Ganz besonders danke ich für die Geduld mit meinen Fragen meinen Kollegen Eberhard Dähne und Jörg Goldberg. Ebenso verpflichtet bin ich den Ratschlägen von André Leisewitz, Kaspar Maase, Jürgen Reusch und Alma Steinberg. Nach außerhalb geht mein Dank vor allem an Matthias Sauer aus Gießen, an Angelina Sörgel und Siggi Wolfram aus Bremen, an Walter Baumann aus Frankfurt, an Dieter Fuchs aus Wuppertal und an mehrere Kollegen des Instituts für Politik und Wirtschaft in Berlin/DDR.

Anonym gilt mein Dank auch zahlreichen Fachleuten bei Verbänden der Wirtschaft, bei privaten Firmen und staatlichen Behörden, die gegenüber dem „Dr. Schwarz aus Frankfurt" schriftlich und am Telefon so offenherzig mit Auskünften waren, wie sie es gegenüber dem „Herrn Schwarz vom Institut für Marxistische Studien" schwerlich gewesen wären.

Winfried Schwarz

Anmerkungen

Was ist Vergeudung und was nicht?

1 Verbraucherzentrale Hamburg e. V., Vorsicht im Kleinversand-Dschungel!, Hamburg 1983

2 test 11/84, 12/84, 1/85

Werbung

1 Zentralausschuß der Werbewirtschaft, Werbung '86, Bonn 1986, S. 15

2 Wirtschaftswoche 37/85, S. 136

3 H. Ziegler (Hg.), Jahrbuch zur Frage der Suchtgefahren 1986, Hamburg 1986, S. 78

Nahrungsmittelvernichtung

1 Bauernblatt 2/76

2 Bundesministerium für Ernährung, Landwirtschaft und Forsten (Hg.), Agrarbericht 1985, Bonn 1985

3 Bundeshaushaltsplan für das Haushaltsjahr 1986 (Entwurf), versch. Einzelpläne, Anlage zur Bundestags-Drucksache 10/3700, Einzelposten 08 und 10

4 FAZ, 20. 1. 1986

5 IPW-Berichte, 7/85

6 Agrarbericht 1985, Materialband, S. 63

7 H. Priebe, Die subventionierte Unvernunft, Westberlin 1985

8 N. Kleinschmidt/W.-M. Eimler, Wer hat das Schwein zur Sau gemacht? Mafia-Methoden in der deutschen Landwirtschaft, München 1984

9 H. Arnold, Ökologische Herausforderungen der Landwirtschaft, in: WSI Mitteilungen 12/85, S. 746–754

10 Öko-Mitteilungen 4/82, S. 34

11 Bauernblatt, 27/82

12 Verein zur Förderung entwicklungspolitischer Zusammenarbeit (Hg.), Der Futtermittelblues, Hamburg 1985, Teil III, S. 14

13 Bauernblatt 64/85

14 Modelle zur Beseitigung der Überschußproduktion finden sich u. a. in: Bauernblatt 1985; Die Grünen, Grüne Agrarpolitik – Bilanz und Perspektiven, Bonn 1985; Die Grünen, Umbau der Industriegesellschaft – Programm zur Überwindung von Erwerbslosigkeit, Armut und Umweltzerstörung (Entwurf), Bonn 1986; O. Poppinga/G. Schmidt, Die zwei Wege landwirtschaftlicher Reformen: umweltverträgliche Produktion in bäuerlichen Betrieben oder Ausgleichspolitik, in: Bauernblatt-Extra, 1986

15 H. Arnold, a. a. O., S. 749

16 Diese Forderung wird bisher in der BRD nur von Marxisten erhoben, u. a. nachzulesen in: DKP, Demokratisches Bauernprogramm der Deutschen Kommunistischen Partei, überarbeitete Fassung, Düsseldorf 1983

17 Die Grünen, Grüne Agrarpolitik – Bilanz und Perspektiven, Bonn 1985

18 UZ, 26. 4. 1986

19 IPW-Berichte, 1/85, S. 38; FAZ, 12. 2. 1986

20 H. Priebe, a. a. O.

Das Auto

1 Bundesminister des Innern (Hg.), Fahrrad und Umwelt. Umweltbrief Nr. 26, Bonn 1983, S. 13

2 Ebenda

3 Bundesanstalt für Straßenwesen, Schätzung der gesamtwirtschaftlichen Unfallkosten 1983, Bergisch Gladbach, U4. 2, 1/85

4 DIW-Wochenbericht, 17/83, S. 231–237

5 Bericht an das Abgeordnetenhaus von Berlin, Drucksache 91329, Westberlin 1983

6 E. Dähne (Hg.), Gemeindeleute – Handbuch für eine alternative kommunalpolitische Praxis, Frankfurt a. M. 1985, S. 203 ff.

7 M. Burkhardt, Die gesellschaftlichen Kosten des Autoverkehrs, hrsg. von BBV und UWI, Freiburg 1980

8 Bundesminister für Verkehr (Hg.), Verkehr in Zahlen 1985, Bonn 1985, S. 165

9 M. Burkhardt, a. a. O., S. 107

10 Ebenda, S. 107 f.

11 ÖKO-Mitteilungen, 4/85, S. 6

12 Bundesminister für Verkehr, a. a. O., S. 134 ff.

13 ACE-Lenkrad, 12/85, S. 7

14 Berechnung nach Bundesbahn 1984 und BMV 1984

15 Bundesminister für Verkehr, Verkehrsbericht, Bonn 1984

16 E. Haar u. a. (Hg.), Vorfahrt für Arbeitnehmer – Alternativen zur Verkehrspolitik, Köln 1983, S. 169

17 Direkt in Geld läßt sich der gesamte Lkw-Kraftstoffverbrauch für 1983 in Höhe von 4,5 Mrd. (nach Abzug aller Steuern) angeben. Der halbierte Umfang des Lkw-Verkehrs würde 2,25 Mrd. DM ersparen. Sie müssen mit 0,75 Mrd. DM Mehrkosten für Eisenbahnantriebsenergie verrechnet werden, so daß sich 1,5 Mrd. Gesamtersparnis ergeben. Nicht berechnet sind von Lkws verursachte Unfälle mit Personen- und Sachschaden, ebensowenig die finanziellen Folgen der geringeren Haltbarkeit der durch die schweren Fahrzeuge stark belasteten Straßen. Ebenfalls bleiben hier Schäden infolge der Abgase des verbrauchten Lkw-Dieselkraftstoffs unberücksichtigt

Energieverschwendung

1 J. Franke/D. Viefhues, Das Ende des billigen Atomstroms, Köln 1983

2 Öko-Institut Freiburg (Hg.), Die Energiewende ist möglich, Frankfurt a.M. 1985, S. 70 ff., 187 ff.

3 H. Bufe/J. Grumbach, Konzentration und staatliche Finanzierung der Kernenergieindustrie, in: Marxistische Studien – Jahrbuch des IMSF 2/1979, S. 122

4 Jahrbuch Bergbau, Öl und Gas, Elektrizität, Chemie 86/87, Essen 1986

5 Vereinigung Deutscher Elektrizitätswerke, Die öffentliche Elektrizitätsversorgung 1984, Frankfurt a. M. 1985, S. 23

6 H. Hatzfeld, Wem gehört der Wärmemarkt?, in: Kohle – Konzepte einer umweltfreundlichen Nutzung, Frankfurt a. M. 1982, S. 45

7 Bundesminister des Innern (Hg.), Abwärme – Kurzfassung des Berichts der Abwärmekommission 1974–1982, Umweltbrief Nr. 28, Bonn 1983, S. 25

8 Gesamtstudie über die Möglichkeiten der Fernwärmeversorgung aus Heizkraftwerken in der Bundesrepublik Deutschland, hrsg. vom Bundesminister für Forschung und Technologie, Kurzfassung, Bonn 1977

9 AG Fernwärme (Hg.), Bau von Fernwärmenetzen – Technische Richtlinien, Frankfurt 1984, S. 13

10 Gesamtstudie, a. a. O., S. 337

11 Ebenda, S. 32

12 Ebenda, S. 274

13 Ebenda, S. 280

14 Aufgrund des spezifischen Gewichts von Heizöl (el) von 0,83 kg/l ergeben sich 14,9 Mrd. Liter. Laut Auskunft des Statistischen Bundesamts betrug der durchschnittliche Verbraucherpreis 79,32 Pf/l. Nach Abzug vo 14 v. H. Mehrwertsteuer und 1,66 Pf. Heizölsteuer pro Liter ergibt sich ein Literpreis von 0,68 DM. Mit 14,9 Mrd. Liter multipliziert ergeben sich 10,132 Mrd. DM.

15 Verband Industrieller Kraftwirtschaft, Statistik der Energiewirtschaft 1984/85, Essen 1985, S. 93. Die Kosten von Entschwefelung und Entstickung unserer Kraftwerke schätzt Wicke auf 25 Mrd. DM

16 Vgl. dazu H. Hatzfeld, Der Beitrag der Wirbelschichtfeuerung, in: Kohle – Konzepte einer umweltfreundlichen Nutzung, Frankfurt a. M. 1982

17 Bonner Energie-Report, 2/83, S. 17

18 E. Dähne (Hg.), Gemeindeleute – Handbuch für eine alternative kommunalpolitische Praxis, Frankfurt a. M. 1985, S. 457 ff.

19 Bonner Energie-Report, 18/82

20 W. Prinz, Das Flensburger Modell, in: Kohle – Konzepte einer umweltfreundlichen Nutzung, Frankfurt a. M. 1982, S. 155 ff.

Luftverschmutzung

1 Internationales Institut für Umwelt und Gesellschaft (Hg.), Ökologische und soziale Folgekosten der Produktion (verfaßt von Ch. Leipert), Westberlin 1984, S. 26

2 Handelsblatt, 20. 2. 1985

3 Büro für Publizistik, Aktiver Umweltschutz in der Bundesrepublik Deutschland, Neckarzimmern 1985, S. 5

4 E. Gärtner, Waldsterben und Umweltpolitik in der Bundesrepublik, Informationsbericht des IMSF, Nr. 39, Frankfurt a. M. 1984, S. 109

5 E. A. Marburger, Ein monetärer Bewertungsfaktor für die Beurteilung von Luftverunreinigungen des Straßenverkehrs in den RAS-W, in: Zeitschrift für Verkehrswissenschaft, 50 Jg. 1979, S. 234 ff.

6 Umweltbundesamt, Berichte 7/86, Kosten der Umweltverschmutzung – Tagungsband zum Symposium im Bundesministerium des Innern am 12. und 13. September 1985, Westberlin 1986, S. 57

7 T. Ebermann/R. Trampert, Die Zukunft der Grünen – Ein realistisches Konzept für eine radikale Partei, Hamburg 1984, S. 34

8 Umweltbundesamt, a. a. O., S. 124

9 Bundesministerium für Ernährung, Landwirtschaft und Forsten, Waldschadenserhebung 1985, Bonn 1985, S. 10

10 Umweltbundesamt, a. a. O., S. 121 ff.

11 Ebenda, S. 143

12 Umweltbundesamt (Hg.), Luftverschmutzung durch Schwefeldioxid – Ursachen, Wirkungen, Minderung, Westberlin 1980, S. 139

13 Ebenda, S. 39

14 Frankfurter Rundschau, 24. 4. 1985

15 Presse- und Informationsamt der Bundesregierung, Was ist los mit unserem Wald?, Bonn 1985, S. 53

Die Frontstadt

1 Die Tabak Zeitung 1986, S. III
2 Wirtschaftswoche, 9/85, S. 91
3 Ebenda, S. 98
4 konsequent, 4/84, S. 101
5 R. Katzenstein, Investitionsprozesse und Krise in Westberlin, in: konsequent, Heft 30, 1979, S. 49
6 IPW-Forschungsheft 4/78, S. 59
7 IPW-Forschungsheft 4/78, S. 97 ff.
8 AG Wirtschaftsberichte, »Neue Tendenzen der novellierten ›Berlinförderung‹; Keine«, in: konsequent, 3/85, S. 113
9 Ebenda, S. 118
10 R. Schulze/M. Lucke, Das Berlin-Förderungsgesetz, in: Demokratie und Recht, 2/75, S. 192
11 IPW-Forschungsheft 4/78, S. 93
12 Deutscher Kaffee-Verband; Jahresbericht 84/85, Hamburg 1985, S. 12
13 DIW-Wochenberichte, 27/85, S. 316
14 Wirtschaftswoche, 27/85, S. 108

Arzneimittel

1 T. Schönwälder/H. Schütz, Das Gesundheitswesen in der Bundesrepublik – Auf dem Rückweg zur Klassenmedizin?, in: U. Peretzki-Leid u. a. (Hg.), Gesundheit ist keine Ware – Arbeiten im Krankenhaus, Hamburg 1986
2 J. Scholmer, Das Geschäft mit der Krankheit – Eine Bilanz unseres Gesundheitssystems seit 1970, Köln 1984
3 K. Priester/H.-U. Deppe, Materialien zur Entwicklung der Ärzteeinkommen in der Bundesrepublik, Arbeitspapiere aus der Abteilung Medizinische Soziologie Nr. 2/86, Klinikum der J. W. G.-Universität, Frankfurt a. M. 1986
4 A. Zieger, Im Dienste der Gesundheit? – Der medizinisch-industrielle Komplex auf dem Vormarsch, in: Demokratisches Gesundheitswesen, 6/81
5 Arbeitsgruppe Alternative Wirtschaftspolitik, Memorandum 86 – Für eine beschäftigungspolitische Offensive: Sofortmaßnahmen für zwei Millionen Arbeitsplätze, Köln 1986
6 Liste Pharmaindex IV/85, hrsg. v. d. IMP-Kommunikationsgesellschaft, Neu-Isenburg 1985
7 Ebenda
8 Arzneimittelverordnungs-Report '85, hrsg. v. U. Schwabe/D. Paffrath, Stuttgart/New York 1985
9 Der Spiegel, 9/85, S. 63
10 K. Langbein/H.-P. Martin/P. Sichrovsky/H. Weiss, Bittere Pillen, Köln 1983, S. 22
11 Bundesvorstand der Pharmazeutischen Industrie, pharma daten 85, Frankfurt a. M. 1985
12 J.-P. Stössel, Wie viele Pillen braucht der Mensch?, in: Deutsche Volkszeitung, 33/78; Westphal, Arzneimittelmarkt und Verbraucherinteresse, Köln 1982, S. 78
13 Die Zeit, 17. 9. 1982
14 Westphal, a. a. O., S. 109
15 Ebenda, S. 79
16 R. Rosenbrock, Die Rolle der chemisch-pharmazeutischen Industrie im Gesundheitswesen, in: H.-U. Deppe (Hg.), Vernachlässigte Gesundheit, Köln 1980, S. 247
17 K. Langbein, u. a., a. a. O., S. 23

18 J. Scholmer, a. a. O., S. 29
19 Bundesvorstand der Pharmazeutischen Industrie, a. a. O., S. 11
20 Handelsblatt, 22. 4. 1985; Der Spiegel, 9/85, S. 61
21 Westphal, a. a. O., S. 103
22 R. Rosenbroch, a. a. O., S. 239
23 Handelsblatt, 22. 4. 1985
24 Westphal, a. a. O., S. 98
25 Ebenda, S. 81
26 Wirtschaftswoche, 30/85, S. 103
27 Bundesvorstand der Pharmazeutischen Industrie, a. a. O., S. 41

Schadensversicherung

1 Bundesaufsichtsamt für das Versicherungswesen, Geschäftsbericht 1984, Westberlin 1985, S. 115

2 Verbraucherzentrale Baden-Württemberg e. V. (Hg.), Schwarzbuch über Versicherungen, 2. Teil, Stuttgart 1980, S. 126

3 Ebenda, S. 16 ff

4 Bundesaufsichtsamt, a. a. O., S. 28, 116

5 IMSF (Hg.), Marxistische Studien – Jahrbuch des IMSF 9, Frankfurt a. M. 1985, S. 624 ff.

6 H. Bader (Hg.), Die Staatliche Versicherung in der DDR, Berlin 1980, S. 54

Der Angriffskrieg

1 W. Bartels, Pulverfaß Bundesrepublik, Frankfurt a. M. 1984

2 Vgl. K.-K. Rabe, Einzelplan 14, Bornheim-Merten 1984; A. Mechtersheimer/P. Barth, Militarisierungsatlas der Bundesrepublik – Streitkräfte, Waffen und Standorte. Kosten und Risiken, Darmstadt und Neuwied 1986

3 Alle Angaben nach W. Bartels, a. a. O., S. 156 ff.

4 Weißbuch 1985 – Zur Lage und Entwicklung der Bundeswehr, hrsg. vom Bundesministerium der Verteidigung, Bonn 1985, S. 28 ff.

5 E. Dähne, 1 000 000 000 sind kein Pappenstiel – Ausgaben für Rüstung und Militär: Beispiel NRW, hrsg. v. d. Friedensliste, Bonn 1985, S. 117 f.

6 Ebenda, S. 34

7 Die Grünen (Hg.), Euromilitarismus, Köln-Bonn 1985

8 FAZ, 11. 3. 1986

9 Weißbuch 1985, a. a. O., S. 120

10 Ebenda, S. 118

11 Ebenda, S. 120

12 Vgl. dazu: K.-K. Rabe, a. a. O.

13 *Ausgaben des Bundeshaushalts 1985 für die NATO in Mio. DM (nach Einzelplänen)* 02 01 Reisekosten zur NATO 0,4; 04 03 Zuschuß Deutsche Atlantische Gesellschaft 0,4; 05 02 Beitrag zum zivilen NATO-Haushalt 27,1; Beitrag an die WEU 4,1; NATO-Verteidigungshilfe 164; NATO-Ausstattungshilfe 54; 08 07 Renovierung von Wohnungen nach Freigabe durch Stationierungskräfte 6; 14 04 WHNS-Beschaffungen 91; Mehraufwand durch Ausbildung im Ausland 251; 14 03 Zulagen für Offiziere, die in NATO-Stäbe entsandt werden 450; 14 04 Betrieb von Schulen für Soldatenkinder im Ausland 2,6; 14 10 Mehrkosten der Verpflegung durch alliierte Streitkräfte 3; 14 12 NATO-Flugplätze u. ä. 170; NATO-Einrichtungen Garlstedt, Giebelstadt, Bergen, Geilenkirchen 34; Unterhal-

tung und Bewachung von Grundstücken und Gebäuden (NATO-Anteil) 500; Baumaßnahmen im Ausland 20; 14 15 Depots im Ausland 43; 14 22 Zuweisungen an die NATO 465; Verwaltungsausgaben 1,5; NATO-Infrastruktur 650; Beitrag zum AWACS-System 169; 35 11 Verteidigungskosten durch ausländische Streitkräfte 407; 60 04 Finanzierung neuer US-Militäranlagen 11,8.

Summe: 3525 Mio.

14 FAZ, 15. 1. 1986

15 Weißbuch 85, a. a. O., S. 202

16 L. Knorr, Nato. Geschichte – Strategie – Atomkriegsplanung, Frankfurt a. M. 1985

17 Dokumentiert in: J. Reusch, Friedensforschung in der Bundesrepublik – Entwicklung, Positionen, Perspektiven, Informationsbericht des IMSF Nr. 40, Frankfurt a. M. 1986

18 Ebenda, S. 485 ff., S. 497 f.

19 G. Bastian, Frieden schaffen – Gedanken zur Sicherheitspolitik, München 1983, S. 188

20 J. Huffschmid (Hg.), Für den Frieden produzieren – Alternativen zur Kriegsproduktion, Köln 1981

21 Wirtschaft und Statistik, 1/86, S. 6/10

22 Im Unterschied zur gängigen Wirtschaftstheorie und -statistik, welche die Differenz zwischen produktiv und unproduktiv Beschäftigten in bezug auf die Wertschöpfung ignoriert, hält die marxistische Politische Ökonomie daran fest, daß die Wertsumme in einem Land nur von einem Teil der Beschäftigten geschaffen wird, den Beschäftigten in der materiellen Warenproduktion. (MEW, Bd. 26.1, S. 385). Die in den übrigen gesellschaftlichen Bereichen arbeitenden Menschen, z. B. staatliche Verwaltungsbeamte oder Soldaten, werden aus den Werten bezahlt, die von den Warenproduzenten erzeugt wurden, und sind insofern »unproduktiv«.

Es ist demnach nicht gleichgültig für die nationale Wertsumme, auf welche Bereiche die Arbeitskräfte verteilt sind. Nicht alle können in unproduktiven Sektoren arbeiten, wo Werte nicht geschaffen, sondern nur konsumiert werden – Werte, die von produktiver Arbeit in der Warenproduktion stammen.

Wenn wir, ähnlich wie die sogenannte volkswirtschaftliche Gesamtrechnung der Bundesrepublik, unterstellen, daß grundsätzlich jede Arbeitskraft zur Erzeugung des gleichen Betrags von 63 000 Mark pro Jahr befähigt ist, so ist das strenggenommen falsch. Die 63 000 DM pro Kopf ergaben sich daraus, daß das – von produktiver Arbeit geschaffene – nationale Wertprodukt von 1606 Mrd. (Nettosozialprodukt zu Marktpreisen) unterschiedslos durch die Zahl sämtlicher Erwerbstätiger (25,5 Mio.) des Jahres 1985 dividiert wurde. In Wahrheit hätten die 1606 Mrd. bestenfalls durch die Zahl der produktiv Beschäftigten geteilt werden dürfen, wodurch eine viel höhere Pro-Kopf-Leistung herausgekommen wäre. Andererseits wäre die Leistung der »unproduktiv Tätigen« dann mit Null anzusetzen.

Für unsere Zwecke ist der Unterschied in der Wertschöpfungsfähigkeit ohne Belang, da es nicht darum geht, alle freiwerdenden Arbeitskräfte produktiv einzusetzen, sondern »nützlich«. Die »Nützlichkeit« einer Arbeit hat aber nichts mit der Unterscheidung in produktiv und unproduktiv, in wertschaffend oder wertverzehrend zu tun. So sind Lehrer und Soldaten beide unproduktiv und leben von Werten, die anderswo entstehen. Die Unterrichtstätigkeit eines Lehrers ist allerdings (in der Regel) gesellschaftlich nützlich, was wir von den 400 000 oben genannten militärisch Bediensteten absolut nicht behaupten können.

Wenn wir die bisher unnütz Beschäftigten, ob bisher wertschaffend oder nicht (Arbeiter in der Rüstungsindustrie sind z. B. wertschaffend und produktiv, leisten aber keine nützliche Arbeit in unserem Sinne), ungefähr in den gleichen Proportionen auf produktive und unproduktive Arbeit verteilen, welche gegenwärtig in der Bundesrepublik bestehen, dann ist es vertretbar, die Wertschöpfung pro Kopf unverändert zu lassen. Wir bleiben daher in diesem Buch bei 63 000 DM – mit den Einschränkungen, die wir in dieser Bemerkung angeführt haben.

Innere Feinde

1 A. Bühl, Der Staat in der Bundesrepublik – Staat und Staatsapparate der Bundesrepublik Deutschland in den achtziger Jahren, Frankfurt a. M. 1984

2 Der Spiegel, 50/78, S. 19 ff.

3 IMSF (Hg.), Der Staat im staatsmonopolistischen Kapitalismus der Bundesrepublik – Empirische Analysen, Fakten. Beiträge des IMSF 6/II, Frankfurt a. M. 1982, S. 194

4 *Sachausgaben zentralstaatlicher Repressionsapparate 1985*

Bundesnachrichtendienst (EP 04 04):	222,4 Mio.
Verfassungsschutz, Bund (EP 06 09):	210,3 Mio.
Verfassungsschutz, Länder (geschätzt):	20,0 Mio.
Bundeskriminalamt (EP 06 10):	115,3 Mio.
Generalbundesanwalt (EP 07 04 – Gesamtausg.):	45,8 Mio.
Bundesgrenzschutz (EP 06 25):	274,0 Mio.
Bereitschaftspolizei, Bundesanteil (EP 06 24):	30,8 Mio.
Bereitschaftspolizei, Länder (geschätzt):	50,0 Mio.
Summe:	968,6 Mio.

Die Personalausgaben werden mit Ausnahme für den BGS (853,4 Mio.) nicht veröffentlicht.

5 J. Roth, Ist die Bundesrepublik ein Polizeistaat?, Darmstadt 1972, S. 55 f.

6 A. Bühl, a. a. O., S. 121

7 J. Blau, Zum Ausbau des staatlichen Repressionsapparates seit Ende der sechziger Jahre, IMSF-Forschungsbericht Nr. 29, Frankfurt a. M. 1977, S. 53 ff.

8 Zitiert nach: J. Blau, a. a. O., S. 66

9 J. Blau, a. a. O., S. 66

10 H. Busch/A. Funk/A. Kauß/W.-D. Narr/F. Werkentin, Die Polizei in der Bundesrepublik, Frankfurt a. M./New York 1985, S. 351 f.

11 FAZ, 15. 11. 1973

12 Frankfurter Rundschau, 16. 2. 1985

13 Der Spiegel, 30/85, S. 100

14 Bundeshaushaltsplan 06; vgl. R. Gössner, Polizei, in: Handbuch für eine alternative Kommunalpolitik, Bielefeld 1985

15 J. Blau, a. a. O., S. 21

16 H. Holzer (Hg.), Orwell & Bundesrepublik, Erfassen – Überwachen – Manipulieren, Frankfurt a. M., 1984, S. 196

17 H.-J. Schneider, Im Überwachungsstaat, in: Jugendpolitische Blätter, 11/84

18 Der Spiegel, 2/83, S. 60

Der große Schutz

1 H. Busch/A. Funk/U. Kauß/W.-D. Narr/F. Werkentin, Die Polizei in der Bundesrepublik, Frankfurt a. M./New York 1985, S. 291 f.

2 Statistisches Bundesamt Wiesbaden (Hg.), Statistisches Jahrbuch für die Bundesrepublik Deutschland 1986, S. 331/340

3 Ebenda, S. 341

4 Ebenda, S. 342

5 Ebenda

6 Polizeiliche Kriminalstatistik für das Jahr 1985, in: Bulletin des Presse- und Informationsamts der Bundesregierung, Nr. 44, Bonn 1986, S. 359

7 Ebenda, S. 350

8 FAZ, 10. 9. 1979

9 Innere Sicherheit, 4/85, S. 22

10 Blätter für deutsche und internationale Politik, 11/76, S. 1202

11 Ebenda

12 IMSF (Hg.), Politische Disziplinierung und Behinderung gewerkschaftlicher Arbeit im Betrieb, Informationsbericht des IMSF, Nr. 26, Frankfurt a. M. 1976, S. 84 ff.

13 Ebenda, S. 91

Im Steuerdschungel

1 Handelsblatt, 2. 12. 1985

2 WSI-Mitteilungen, 1/86, S. 44

3 *Personal der öffentlichen Finanzverwaltung:*

Bundesfinanzbehörden:	35 790
– darunter Zollverwaltung	32 126
Landesfinanzbehörden:	115 000
– darunter Finanzämter	85 000
– andere Dienststellen (Oberfinanzdirektionen usw.)	30 000
Gemeindefinanzbehörden: (Kämmereien, Steuerämter, Kassen)	33 800
Summe:	184 590

Die Zahlen gelten für 1984. Das Bundespersonal nach dem Haushaltsplan des Bundes für 1985. Das Personal der Landesfinanzbehörden und der Gemeindefinanzbehörden wurde aufgrund einer Hochrechnung der Zahlen aus Hessen bzw. der Stadt Frankfurt am Main ermittelt. Die Zahlen entsprechen mit nur geringen Abweichungen der Personalstrukturerhebung des Öffentlichen Dienstes durch das Statistische Bundesamt. Sie sind allerdings weitaus geringer, als W. Thieme in seiner Verwaltungslehre (4. Aufl., Köln, Berlin, Bonn, München 1984, S. 362/363) angibt. Er gibt für die Finanzverwaltung beim Bund 43 973, bei den Ländern 129 940 und bei den Gemeinden 48 430 – zusammen 222 343 Personen an, ohne allerdings das Bezugsjahr zu nennen. In der Abweichung dürfte sich der Personalabbau im Öffentlichen Dienst niederschlagen.

4 Monatsberichte der Deutschen Bundesbank, 3/86, S. 61

5 Eigenberechnung aufgrund von Angaben des Deutschen Steuerberaterverbandes in Bonn

6 IMSF (Hg.), Marxistische Studien – Jahrbuch des IMSF 9, Frankfurt a. M., 1985, S. 632

7 IMSF (Hg.), Der Staat im staatsmonopolistischen Kapitalismus der Bundesrepublik – Empirische Analysen, Fakten. Beiträge des IMSF 6/II, Frankfurt a. M. 1982, S. 43

8 Monatsberichte . . ., 1/86, S. 63

9 M. Jungblut, Die Reichen und die Superreichen in Deutschland, überarbeitete und aktualisierte Ausgabe, Reinbek 1973, S. 165

10 Der Spiegel, 26/76, S. 70

11 Ebenda, S. 60

12 Eildienst Emissionen steuerbegünstigter Kapitalanlagen – Marktübersicht für Anlage-Praktiker für 1980 und 1981, verf. von H. Gerlach, Oberursel 1985

13 Schimmelpfeng-Untersuchungsberichte, Nr. 6, Der freie (»graue«) Kapitalmarkt – Eine Dokumentation über die Arbeit der Abteilung Kapitalschutz der Schimmelpfeng GmbH, Frankfurt 1979 – 1985, Frankfurt a. M. 1985, S. 2

14 Ebenda

15 Ebenda, S. 12

16 Eildienst . . ., a. a. O.
17 Alle Zahlen aus: Monatsberichte . . ., 3/86, S. 62
18 Bundesminister der Finanzen (Hg.), Unsere Steuern von A – Z, Bonn 1984
19 Staatliche Zentralverwaltung für Statistik, Statistisches Jahrbuch 1985 der Deutschen Demokratischen Republik, Berlin 1985, S. 260
20 Personalbedarfsberechnung 1982/85 und 1985/88 für die Steuerverwaltung des Landes NRW. Zusammenstellung der Ergebnisse und 2 geheftete Anlagen, erarbeitet im Auftrag des Finanzministers des Landes NRW, Aktenzeichen 0 1510-1-II C 2, S. 1 ff.

Auf Zinsjagd

1 Der Spiegel, 26/86, S. 43
2 G. Gebhardt u. a. Finanzen und Finanzsysteme im Sozialismus, Berlin 1981, S. 67 ff.
3 Monatsberichte der Deutschen Bundesbank, 5/86, S. 45*
4 Ebenda, S. 12*
5 E. Rohde, Banken, Börsen, Währungen im gegenwärtigen Kapitalismus, Berlin 1984
6 IMSF (Hg.), Marxistische Studien – Jahrbuch des IMSF 9, Frankfurt a. M. 1985, S. 630
7 Wertpapierstatistik Juni 1986, Statistische Beihefte zu den Monatsberichten der Deutschen Bundesbank, Reihe 2, S. 47
8 MEW, Bd. 25, S. 484
9 Siemens AG, Geschäftsbericht 1985
10 Stern, 14/86, S. 88
11 Süddeutsche Zeitung, 2. 2. 1984
12 Monatsberichte . . ., 3/86, S. 23
13 Informationen zur Wirtschaftsentwicklung und Lage der Arbeiterklasse, hrsg. v. IMSF, in: Zeitschrift »Nachrichten«, Frankfurt a. M., 1/86, S. 6
14 Die 50 Mrd. Mark reiner Geldanlage dürfen wir nicht der Gesamtsumme jährlicher Vergeudung zuschlagen. Die nichtproduktive Verwendung dieses Betrags ist die Hauptursache für die Massenarbeitslosigkeit, dafür, daß 15 Prozent der Arbeitskräfte und Produktionskapazitäten ungenutzt bleiben, wodurch ein Produktionsausfall von 227 Mrd. (siehe Kapitel Arbeitslosigkeit) zustandekommt. Da die 227 Mrd. Produktionsausfall die Folge der unproduktiven Verwendung jener 50 Mrd. sind, sind die 50 Mrd. Geldanlage als die Ursache des Produktionsausfalls bereits in diesem mitenthalten und bei ihm mitberechnet. Eine zusätzliche Vergeudung stellt allerdings der personelle Apparat (50 000 Pers. geschätzt) im Geldanlagegeschäft dar, weil er, gemessen an einer nach gesamtwirtschaftlicher Vernunft handelnden Wirtschaftsordnung, rein überflüssige Tätigkeiten ausführt.
15 Handelsblatt, 22. 5. 1986
16 IMSF (Hg.), Marxistische Studien, a. a. O., S. 631
17 Statistisches Bundesamt Wiesbaden (Hg.), Statistisches Jahrbuch für die Bundesrepublik Deutschland 1986, S. 532

Arbeitsunfälle

1 IMSF (Hg.), Arbeitsbedingungen und gesellschaftlicher Kampf (verf. v. E. Dähne/K. Priester), Informationsbericht Nr. 20, Frankfurt a. M., 1978, S. 1/2
2 MEW, Bd. 23, S. 449 f.
3 MEW, Bd. 23, S. 285
4 S. Jokl, Die volkswirtschaftlichen Kosten der Arbeitsunfälle in der gesamtwirtschaftlichen Entwicklung 1980/81, Wiesbaden 1980, S. 44 f.
5 WSI-Informationsdienst Arbeit, 1/85, S. 3 f.

Arbeitslosigkeit

1 W. I. Lenin, Der Imperialismus als höchstes Stadium des Kapitalismus, in: Lenin, Werke, Bd. 22, Berlin 1960, S. 280

2 Mitteilungen aus der Arbeitsmarkt- und Berufsforschung, 1/85, S. 62

3 Vorwärts, 7. 12. 1978

4 Frankfurter Rundschau, 20. 3. 1986

5 Vgl. W. Balsen u. a. Die neue Armut – Ausgrenzung von Arbeitslosen aus der Arbeitslosenunterstützung, Köln 1984

6 Frankfurter Rundschau, 26. 3. 1986

7 WSI-Mitteilungen, 1/86, S. 46

8 Ebenda

9 Frankfurter Rundschau, 14. 3. 1986

10 DGB-Bundesvorstand, Stellungnahme zu dem Bericht der Bundesregierung über die Erfahrungen bei der Anwendung des Arbeitnehmerüberlassungsgesetzes, Düsseldorf 24. 2. 1984

11 Amtliche Nachrichten der Bundesanstalt für Arbeit (ANBA), 12/85, S. 1498

12 C. Brinkmann, Die individuellen Folgen langfristiger Arbeitslosigkeit – Ergebnisse einer repräsentativen Längsschnittuntersuchung, in: Mitteilungen aus der Arbeitsmarkt- und Berufsforschung, 4/1984, S. 461

13 K. Maase, »Leben einzeln und frei und brüderlich wie ein Wald . . .« – Wandel der Arbeiterkultur und Zukunft der Lebensweise, Köln 1987, S. 111 f.

14 C. Brinkmann, a. a. O., S. 462

15 W. Baumann, Die im Schatten leben – Armut und Lohnabhängigkeit in der Bundesrepublik, Köln 1981, S. 60 ff.

16 K.-D. Thomann, Arbeitslosigkeit macht krank, in: Marxistische Blätter, 3/82, S. 62

17 C. Brinkmann, a. a. O., S. 466

18 D. Henkel, Arbeitslosigkeit und Alkoholismus – Empirische Zusammenhänge und Analysen, in: Argument-Sonderband 110, Westberlin 1984, S. 120 ff.

19 Verband Deutscher Rentenversicherungsträger (Hg.), Statistik der deutschen gesetzlichen Rentenversicherung, Bd. 57, 61 und 67 (Rehabilitationsmaßnahmen):

Arbeitslosenanteil an den stationären Heilbehandlungen von Alkoholismus 1978 – 1984 bei Männern und Frauen – Rehabilitationsmaßnahmen der gesetzlichen Rentenversicherung

	78[1]	79[1]	80	81	82	83	84
Behandelte insgesamt	13 709	13 342	12 763	18 364	18 167	17 348	20 114
davon Arbeitslose	1 166	1 442	1 697	2 826	2 942	4 670	6 452
in v. H.	8,5	10,8	13,3	15,4	16,2	26,9	32,1

[1] Die Statistik für 1978 und 1979 umfaßt Alkoholismus und Suchtstoffabhängigkeit (Medikamente und Drogen) noch nicht getrennt.

20 Eigenberechnung

21 Mitteilungen . . ., 1/85, S. 8

22 ANBA, 2/86, S. 85

23 Quintessenzen aus der Arbeitsmarkt- und Berufsforschung 1, Faltblatt über Arbeitsmarktperspektiven bis 2000, Nürnberg 1985

24 Ebenda

Die Hausfrauen

1 MEW, Bd. 21, S. 76
2 Statistisches Bundesamt Wiesbaden (Hg.), Statistisches Jahrbuch für die Bundesrepublik Deutschland 1986, S. 97
3 Frauenarbeitskreis beim IMSF (Hg.), Patriarchat und Gesellschaft. Beiträge zur Geschichte der Frauenunterdrückung, zu Reproduktionsbereich und Hausfrauisierung, Frankfurt a. M., 1985
4 Statistisches Bundesamt Wiesbaden, a. a. O., S. 652

Die im Dunkeln sieht man nicht . . .

1 Der Spiegel, 18/86, S. 132 f.
2 Ebenda, 6/86, S. 98 ff
3 Polizeiliche Kriminalstatistik für das Jahr 1985, in: Bulletin des Presse- und Informationsamts der Bundesregierung, Nr. 44, Bonn 1986, S. 351
4 MEW, Bd. 23, S. 788
5 MEW, Bd. 16, S. 198
6 IMSF (Hg.), Klassen- und Sozialstruktur der BRD 1950 – 1970, Teil I: Klassenstruktur und Klassentheorie, Frankfurt a. M. 1973, S. 62
7 W. Baumann, Die im Schatten leben – Armut und Lohnabhängigkeit in der Bundesrepublik, Köln 1981
8 Ebenda, S. 127
9 Ebenda, S. 126 f.
10 Polizeiliche Kriminalstatistik, a. a. O., S. 372
11 Frankfurter Rundschau, 12. 5. 1986
12 H. Ziegler (Hg.), Jahrbuch zur Frage der Suchtgefahren 1986, Hamburg 1986, S. 31 f.
13 Der Spiegel, 24/80, S. 57
14 ARD, 27. 3. 1986, 20.15 Uhr
15 H. Ziegler, a. a. O., S. 37
16 H. Wiedermann, Drogenpolitik und ihre Alternativen, Köln 1984
17 Frankfurter Rundschau, 18. 5. 1983
18 A. Barth, Die Geächtete und ihr Arzt, in: Der Spiegel, 6/86, S. 180
19 R. Schnell, Die Wohnungslosigkeit bringt die Probleme, in: taz, 25. 5. 1983
20 Ebenda
21 MEW, Bd. 23, S. 673
22 R. Schnell, a. a. O.
23 MEW, Bd. 23, S. 673
24 MEW, Bd. 21, S. 77
25 O. Grüner/P. Turek, Betrachtungen zur Kostenbelastung der Gesellschaft durch Suchtkranke, Sonderdruck aus: Behandlung der Sucht und des Mißbrauchs chemischer Stoffe. 4. Wissenschaftliches Symposium der Deutschen Hauptstelle gegen die Suchtgefahren in Tutzing 1980, Stuttgart/New York 1981

Wer hat den größeren Wasserkopf?

1 Monopolkommission, Sondergutachten 4, Zusammenschluß der Deutsche Babcock AG mit der Artos-Gruppe, Baden-Baden 1977, S. 25
2 Ebenda, S. 24

3 Subventionsbericht für die Jahre 1983 bis 1986 (10), Deutscher Bundestag, Drucksache 10/3821, 12. 9. 1985, S. 287

4 IMSF (Hg.), Marxistische Studien – Jahrbuch des IMSF 9, Frankfurt a. M. 1985, S. 629

5 Ebenda

6 MEW, Bd. 25, S. 263

7 IMSF, a. a. O., S. 632

8 Ebenda

9 IMSF (Hg.), Der Staat im staatsmonopolistischen Kapitalismus der Bundesrepublik – Empirische Analysen, Fakten. Beiträge des IMSF 6/II, Frankfurt a. M. 1985

10 Der Spiegel, 47/1976, S. 89

11 IPW-Forschungsheft 2/83, Politische Rolle und Funktion der Monopolverbunde in der BRD, Berlin 1983, S. 29

12 Taschenbuch des öffentlichen Lebens 1985/86 – Bundesrepublik Deutschland, Bonn 1985, S. 368/371

13 W. Simon, Macht und Herrschaft der Unternehmerverbände BDI, BDA und DIHT, Köln 1976

Das Ende der großen Vergeudung

1 Wirtschaft und Statistik, 9/86, S. 672

Literaturhinweise

AG Fernwärme (Hrsg.), Bau von Fernwärmenetzen. Technische Richtlinien. Frankfurt 1984, 4. Aufl.

Agrarbericht 1985, hrsg. v. Bundesministerium für Ernährung, Landwirtschaft und Forsten, Bonn 1985

AG Wirtschaftsberichte, Wie versprochen – so gebrochen!, in: Konsequent 4/84, S. 101 – 114

AG Wirtschaftsberichte, »Neue Tendenzen der novellierten ›Berlinförderung‹: Keine«, in: Konsequent 3/85, S. 113 – 123

Arbeiterkonferenz des Parteivorstandes der SEW, 1. Oktober 1983 (Protokoll), Westberlin 1983

Arnold, H., Ökologische Herausforderungen der Landwirtschaft, in: WSI-Mitteilungen 12/1985, S. 746 – 754

Arzneiverordnungen 1983, hrsg. v. Wissenschaftlichen Institut der Ortskrankenkassen, Bonn 1984

Arzneiverordnungs-Report '85, hrsg. v. Schwabe, U. und Paffrath D., Stuttgart-New York 1985

Bader, H. (Hrsg.), Die staatliche Versicherung in der DDR, Berlin 1980

Balsen, W. u. a., Die neue Armut. Ausgrenzung von Arbeitslosen aus der Arbeitslosenunterstützung, Köln 1984

Bartels, W., Pulverfaß Bundesrepublik, Frankfurt 1984

Barth, A., Die Geächtete und ihr Arzt, in: Der Spiegel, 6/86, S. 176 – 195

Bastian, G., Frieden schaffen. Gedanken zur Sicherheitspolitik, München 1983

Baumann, W., Die im Schatten leben. Armut und Lohnabhängigkeit in der Bundesrepublik, Köln 1981

Behr, H.-G., Ameisenjagd, Enthüllung, in: Penthouse 2/85, S. 89 – 91

Bericht an das Abgeordnetenhaus von Berlin, Drucksache 91329, Berlin (West) 1983

Büro für Publizistik, Aktiver Umweltschutz in der Bundesrepublik Deutschland, Neckarzimmern 1985

Blau, J., Zum Ausbau des staatlichen Repressionsapparates seit Ende der sechziger Jahre, IMSF-Informationsbericht Nr. 29, Frankfurt am Main 1977

Bundesministerium der Finanzen (Hrsg.), Unsere Steuern von A – Z, Bonn 1984

Bundesminister des Innern (Hrsg.), Fahrrad und Umwelt, Umweltbrief Nr. 26, Bonn 1983 a

Bundesminister des Innern (Hrsg.), Abwärme. Kurzfassung des Berichts der Abwärmekommission 1974 – 1982. Umweltbrief Nr. 28, Bonn 1983 b

Bundesministerium für Ernährung, Landwirtschaft und Forsten (Hrsg.), Märkte ordnen – Einkommen sichern, Bonn Dezember 1984

Bundesministerium für Ernährung, Landwirtschaft und Forsten, Waldschadenserhebung 1985, Bonn 1985 (29. 10. 85)

Bundesminister für Verkehr, Verkehrsbericht, Bonn 1984

Bundesminister für Verkehr (Hrsg.), Verkehr in Zahlen 1985, Bonn 1985

Brenner, M. H., Zur Abschätzung der sozialen Kosten der Volkswirtschaftspolitik: Implikationen für psychische Gesundheit, körperliche Gesundheit und kriminelles Verhalten, abgedruckt in: Klees, B./Weyerer, S., Weg vom Fenster. Arbeitslosigkeit und ihre Folgen, Frankfurt/Main 1986

Brinkmann, Ch., Die individuellen Folgen langfristiger Arbeitslosigkeit. Ergebnisse einer repräsentativen Längsschnittuntersuchung, in: Mitteilungen aus der Arbeitsmarkt- und Berufsforschung 4/1984

Bühl, A., Der Staat in der Bundesrepublik. Staat und Staatsapparate der Bundesrepublik Deutschland in den achtziger Jahren, Frankfurt am Main 1984

Bufe, H./Grumbach, J., Konzentration und staatliche Finanzierung der Kernenergieindustrie, in: Marxistische Studien. Jahrbuch des IMSF 2/1979, S. 115 – 137

Bundesanstalt für Straßenwesen, Schätzung der gesamtwirtschaftlichen Unfallkosten 1983, Bergisch Gladbach, U4.2, 1/1985

Bundesaufsichtsamt für das Versicherungswesen, Geschäftsberichte 1979 u. 1984, Berlin (West) 1980 u. 1985

Bundesgesetzblatt, Bekanntmachung der Neufassung des Berlinförderungsgesetzes, Bonn, 3. 3. 1982

Bundeshaushaltsplan für das Haushaltsjahr 1986 (Entwurf), versch. Einzelpläne, Anlage zur Bundestags-Drucksache 10/3700

Burkhardt, M., Die gesellschaftlichen Kosten des Autoverkehrs, hrsg. v. BBU und UWI, Freiburg 1980

Busch, H., Funk, A., Kauß, U., Narr, W.-D., Werkentin, F., Die Polizei in der Bundesrepublik, Frankfurt/New York 1985

Dähne, E. (Hrsg.), Gemeindeleute. Handbuch für eine alternative kommunalpolitische Praxis, Frankfurt am Main 1985 a

Dähne, E., 1.000.000.000 sind kein Pappenstiel. Ausgaben für Rüstung und Militär: Beispiel NRW. Hrsg.: DIE FRIEDENSLISTE, Bonn 1985 b

Deutsche Bundesbahn, Geschäftsbericht für das Geschäftsjahr 1983, Frankfurt am Main 1984

Deutscher Kaffee-Verband, Jahresbericht 1984/1985, Hamburg 1985

DGB-Bundesvorstand, Stellungnahme zu dem Bericht der Bundesregierung über die Erfahrungen bei der Anwendung des Arbeitnehmerüberlassungsgesetzes . . ., Düsseldorf, 24. 2. 1984

DKP, Demokratisches Bauernprogramm der Deutschen Kommunistischen Partei, überarb. Fassung, Juni 1983, Düsseldorf 1983

Deutsches Wirtschaftsinstitut, Bericht 16: Der Umfang und Charakter der Westberliner Steuerpräferenzen, Berlin/DDR 1960, S. 6 – 10

Ebermann, Th., Trampert, R., Die Zukunft der Grünen. Ein realistisches Konzept für eine radikale Partei, Hamburg 1984

Eildienst Emissionen steuerbegünstigter Kapitalanlagen. Marktübersicht für Anlage-Praktiker für 1980 und 1981. Verf. v. H. Gerlach, Oberursel 1985

Emde, W. u. a., Kostensätze für die volkswirtschaftliche Bewertung von Straßenverkehrsunfällen – Preisstand 1985, in: Straße und Autobahn 4/85

Feltes, J., Alternativ erzeugte Nahrungsmittel – einige Aspekte zur Qualität, zu vergleichenden Untersuchungen und zum Preis, in: Grünbuch Ökologie IV, hrsg. v. J. Grumbach, Köln 1985, S. 185 – 203

Finanzbericht 1986, hrsg. v. BMF, Bonn 1985

Fischer Öko Almanach 84/85, Frankfurt 1984

Franke, J./Viefhues, D., Das Ende des billigen Atomstroms, Köln 1983

Frauenarbeitskreis beim IMSF (Hrsg.), Patriarchat & Gesellschaft. Beiträge zur Geschichte der Frauenunterdrückung, zu Reproduktionsbereich und Hausfrauisierung, Frankfurt am Main 1985

Friedrich, V., Hehn, A., Rosenbrock, R., Neunmal teurer als Gold. Die Arzneimittelversorgung in der Bundesrepublik, Reinbek 1977

Der Futtermittelblues, hrsg. v. Verein zur Förderung entwicklungspolitischer Zusammenarbeit, Hamburg 1985, Teil III

Gärtner, E., Waldsterben und Umweltpolitik in der Bundesrepublik, Informationsbericht des IMSF Nr. 39, Frankfurt am Main 1984

Gebhardt, G. u. a., Finanzen und Finanzsystem im Sozialismus, Berlin/DDR 1981

Gesamtstudie über die Möglichkeiten der Fernwärmeversorgung aus Heizkraftwerken in der Bundesrepublik Deutschland. Hrsg.: Der Bundesminister für Forschung und Technologie (Kurzfassung), Bonn 1977

Gössner, R., Polizei, in: Handbuch für eine alternative Kommunalpolitik, Bielefeld 1985

Die Grünen, Grüne Agrarpolitik – Bilanz und Perspektiven, Bonn 1985 a

Die Grünen (Hrsg.), Euromilitarismus, Köln-Bonn 1985 b

Die Grünen (Hrsg.), Umbau der Industriegesellschaft. Programm zur Überwindung von Erwerbslosigkeit, Armut und Umweltzerstörung (Entwurf) Bonn 1986

Grüner, O. und Turek, R., Betrachtungen zur Kostenbelastung der Gesellschaft durch Suchtkranke, Sonderdruck aus: Behandlung der Sucht und des Mißbrauchs chemischer Stoffe. 4. Wissenschaftliches Symposium der Deutschen Hauptstelle gegen die Suchtgefahren in Tutzing 1980, Stuttgart-New York 1981

Haar, E. u. a. (Hrsg.), Vorfahrt für Arbeitnehmer. Alternativen zur Verkehrspolitik, Köln 1983

Handbuch der Großunternehmen 1977, Verlag Hoppenstedt, Darmstadt 1977

Hatzfeld, H., Wem gehört der Wärmemarkt?, in: Kohle. Konzepte einer umweltfreundlichen Nutzung, Frankfurt 1982 a, S. 40 – 64

Hatzfeld, H., Der Beitrag der Wirbelschichtfeuerung, in: Kohle. Konzepte einer umweltfreundlichen Nutzung, Frankfurt 1982 b, S. 138 – 154

Hauptberatungsstelle für Elektrizitätsanwendung, Statistisches Faltblatt 1985 bzw. 1986, Frankfurt 1985 bzw. 1986

Henkel, D., Arbeitslosigkeit und Alkoholismus – Empirische Zusammenhänge und Analysen, in: Argument-Sonderband 119, Berlin (West), 1984

Hirsch, H., Atom- und Entsorgungspolitik in der Bundesrepublik Deutschland, in: Atomare Wiederaufbereitungsanlagen. Vom Dilemma einer Großtechnologie, Köln 1983, S. 9 – 41

Holzer, H. (Hrsg.), Orwell & Bundesrepublik. Erfassen – Überwachen – Manipulieren, Frankfurt am Main 1984

Huffschmid, H. (Hrsg.), Für den Frieden produzieren. Alternativen zur Kriegsproduktion, Köln 1981

HUK-Gesamtstatistik der Kraftfahrtversicherungen 1982/1983, Hamburg 1984

ifo-studien zur energiewirtschaft 5: Auswirkungen der öffentlichen Fernwärmeförderung auf Energie- und Gesamtwirtschaft. Autoren: Karl, H.D. und Rammner, P., München 1984

IIUG = Internationales Institut für Umwelt und Gesellschaft (Hrsg.), Ökologische und soziale Folgekosten der Produktion. Verf. Ch. Leipert, Berlin (West) 1984

IMSF (Hrsg.), Klassen- und Sozialstruktur der BRD 1950 – 1970, Teil I: Klassenstruktur und Klassentheorie, Frankfurt am Main 1973

IMSF (Hrsg.), Politische Disziplinierung und Behinderung gewerkschaftlicher Arbeit im Betrieb, Informationsbericht des IMSF Nr. 26, Frankfurt am Main 1976

IMSF (Hrsg.), Arbeitsbedingungen und gewerkschaftlicher Kampf. Verfasser: E. Dähne und K. Priester, Informationsbericht Nr. 20, Frankfurt am Main 1978

IMSF (Hrsg.), Der Staat im staatsmonopolistischen Kapitalismus der Bundesrepublik – Empirische Analysen, Fakten. Beiträge des IMSF 6/II, Frankfurt am Main 1982

IMSF (Hrsg.), Marxistische Studien. Jahrbuch des IMSF 9, Frankfurt am Main 1985

Informationen zur Wirtschaftsentwicklung und Lage der Arbeiterklasse, hrsg. v. IMSF. Erscheint vierteljährlich in der Zeitschrift »Nachrichten« in Frankfurt am Main

Informationszentale der Elektrizitätswirtschaft (IZE) (Hrsg.), Basisthema Strom, Frankfurt o. J.

IPW-Forschungsheft 4/78, Entwicklung und Probleme Westberlins in den 70er Jahren, Berlin/DDR 1978

IPW-Forschungsheft 2/83, Politische Rolle und Funktion der Monopolverbände in der BRD, Berlin/DDR 1983

Jahrbuch Bergbau, Öl und Gas, Elektrizität, Chemie 86/87, Verlag Glückauf GmbH, Essen 1986

Jahrbuch zur Frage der Suchtgefahren 1986, hrsg. v. H. Ziegler, Hamburg 1986

Jahresgutachten des Sachverständigenrates zur Begutachtung der gesamtwirtschaftlichen Entwicklung 1980/81, Wiesbaden 1980. Darin: Viertes Kapitel: Agrarpolitik in Europa

Jokl, St., Die volkswirtschaftlichen Kosten der Arbeitsunfälle 1980 – 1985, Forschungsbericht Nr. 328 der Bundesanstalt für Arbeitsschutz und Unfallforschung, Dortmund 1983

Jungblut, M., Die Reichen und die Superreichen in Deutschland, überarbeitete und aktualisierte Ausgabe, Reinbek 1973

Katzenstein, R., Investitionsprozesse und Krise und Westberlin, in: Konsequent 1977, Heft 30, S. 49 – 57

Kleinschmidt, N./Eimler, W.-M., Wer hat das Schwein zur Sau gemacht? Mafia-Methoden in der deutschen Landwirtschaft, München 1984

Knorr, L., NATO. Geschichte – Strategie – Atomkriegsplanung, Frankfurt am Main 1985

Krupp, R., Hundhausen, G., Volkswirtschaftliche Bewertung von Personenschäden im Straßenverkehr. Hrsg.: Bundesanstalt für Straßenwesen, Bergisch Gladbach 1984

Langbeuin, K./Martin, W. P./Sichrovky, P./Weiss, H., Bittere Pillen, Köln 1983

Lenin, W. I., Der Imperialismus als höchstes Stadium des Kapitalismus (1916), in: Lenin Werke, Bd. 22, Berlin 1960, S. 189 ff.

Liste Pharmindex IV/85, hrsg. v. d. IMP Kommunikationsgesellschaft, Neu-Isenburg 1985

Maase, K. »Leben einzeln und frei wie ein Baum und brüderlich wie ein Wald . . .«. Wandel der Arbeiterkultur und Zukunft der Lebensweise, Frankfurt am Main 1985

Marburger, E. A., Ein monetärer Bewertungsfaktor für die Beurteilung von Luftverunreinigungen des Straßenverkehrs in den RAS-W, in: Zeitschrift für Verkehrswissenschaft, 50. Jg. 1979, S. 234 ff.

Mechtersheimer, A./Barth P., Militarisierungsatlas der Bundesrepublik. Streitkräfte, Waffen und Standorte. Kosten und Risiken, Darmstadt und Neuwied 1986

Memorandum 86, Für eine beschäftigungspolitische Offensive: Sofortmaßnahmen für zwei Millionen Arbeitsplätze. Hrsg.: Arbeitsgruppe Alternative Wirtschaftspolitik, Köln 1986

MEW = Marx-Engels-Werke, hrsg. vom Institut für Marxismus-Leninismus beim ZK der SED, Berlin/DDR, Band 16, 21, 23, 25 und 26

Monopolkommission, Sondergutachten 4, Zusammenschluß der Deutsche Babcock AG mit der Artos-Gruppe, Baden-Baden 1977

Öko-Institut Freiburg (Hrsg.), Die Energiewende ist möglich. Verfasser: Hennicke/Johnson/Kohler/Seifried, Frankfurt 1985

Personalbedarfsberechnung 1982/85 und 1985/88 für die Steuerverwaltung des Landes NRW. Zusammenstellung der Ergebnisse und 2 geheftete Anlagen. Erarb. im Auftrag des Finanzministers des Landes NRW. Aktenzeichen 0 1510-1-II C 2

pharma daten 85, hrsg. v. Bundesverband der Pharmazeutischen Industrie, Frankfurt/Main, August 1985

Polizeiliche Kriminalstatistik für das Jahr 1985, in: Bulletin des Presse- und Informationsamts der Bundesregierung Nr. 44, Bonn, 28. April 1986

Poppinga, O./Schmidt, G., Die zwei Wege landwirtschaftlicher Reformen: umweltverträgliche Produktion in bäuerlichen Betrieben oder Ausgleichspolitik, in: Bauernblatt – Extra, 1986

Presse- und Informationsamt der Bundesregierung, Reihe: Politik-Informationen, Was ist los mit unserem Wald?, Bonn 1985

Priebe, H., Die subventionierte Unvernunft, Berlin (West), 1985

Priester, K./Deppe, H.-U., Materialien zur Entwicklung der Ärzte-Einkommen in der Bundesrepublik, Arbeitspapiere aus der Abteilung Medizinische Soziologie Nr. 2/1986, Klinikum der J. W. G.-Universität Frankfurt am Main

Prinz, W., Das Flensburger Modell, in: Kohle. Konzepte einer umweltfreundlichen Nutzung, Frankfurt 1982, S. 155 – 173

Quintessenzen aus der Arbeitsmarkt- und Berufsforschung 1, Faltblatt über die Arbeitsmarktperspektiven bis 2000, Nürnberg 1985

Rabe, K.-K., Einzelplan 14, Bornheim-Merten 1984

Rat von Sachverständigen für Umweltfragen: Kurzfassung des Sondergutachtens Umweltprobleme der Landwirtschaft, März 1985

Redlich, B., Versicherungen unter der Lupe, Bonn 1981

Reusch, J., Friedensforschung in der Bundesrepublik, Entwicklung, Positionen, Perspektiven, Informationsbericht des IMSF Nr. 40, Frankfurt am Main 1986

Rilling, R. (Red.), Stellungnahme zum Rüstungshaushalt 1986, in: Schriftenreihe Wissenschaft und Frieden Nr. 6, Marburg 1985

Rohde, E., Banken, Börsen, Währungen im gegenwärtigen Kapitalismus, Berlin/DDR 1984

Rosenbrock, R., Die Rolle der chemisch-pharmazeutischen Industrie im Gesundheitswesen, in: H.-U. Deppe (Hrsg.), Vernachlässigte Gesundheit, Köln 1980, S. 222 f.

Roth, J., Ist die Bundesrepublik ein Polizeistaat? Darmstadt 1972

Schäfer, H., Gepanscht, verbraten und verkauft, Lebensmittel-Report, München 1986

Schimmelpfeng-Untersuchungsberichte Nr. 6, Der freie (»graue«) Kapitalmarkt. Eine Dokumentation über die Arbeit der Abteilung Kapitalschutz der Schimmelpfeng GmbH, Frankfurt 1979 – 1985, Frankfurt 1985

Schneider, H.-J., Im Überwachungsstaat, in: Jugendpolitische Blätter 11/84

Schnell, R., Die Wohnungslosigkeit bringt die Probleme, in: taz, 25. 5. 83

Schönwälder, T., Schütz, H., Das Gesundheitswesen in der Bundesrepublik – auf dem Rückweg zur Klassenmedizin?, in: U. Peretzki-Leid u. a. (Hrsg.) Gesundheit ist keine Ware. Arbeiten im Krankenhaus, Hamburg 1986

Scholmer, J., Das Geschäft mit der Krankheit. Eine Bilanz unseres Gesundheitssystems seit 1970, Köln 1984

Schulze, R./Lucke, M., Das Berlin-Förderungsgesetz, in: Demokratie und Recht 2/75, S. 181 – 194

Schwarzbuch über Versicherungen, 2. Teil, hrsg. v. d. Verbraucherzentrale Baden-Württemberg e. V., Stuttgart 1980

Siemens AG, Geschäftsberichte 1984 und 1985

Simon, W., Macht und Herrschaft der Unternehmerverbände BDI, BDA und DIHT, Köln 1976

Statistisches Bundesamt (Hrsg.), Fachserie 1 – Bevölkerung und Erwerbstätigkeit, Reihe 4.1.1 – Stand und Entwicklung der Erwerbstätigkeit 1983, Stuttgart und Mainz 1984

Statistisches Bundesamt (Hrsg.), Fachserie 4, Reihe 7.1

Statistisches Jahrbuch für die Bundesrepublik Deutschland 1980, 1985, 1986. Hrsg.: Statistisches Bundesamt Wiesbaden

Statistisches Jahrbuch 1982 und 1985 der Deutschen Demokratischen Republik, Hrsg.: Staatliche Zentralverwaltung für Statistik, Berlin/DDR 1985

Stössel, J.-P., Wie viele Pillen braucht der Mensch?, in: Deutsche Volkszeitung 38/78

Subventionsbericht für die Jahre 1983 bis 1986 (Zehnter Subventionsbericht), Deutscher Bundestag, Drucksache 10/3821, 12. 9. 85

Taschenbuch des Öffentlichen Lebens 1985/86 – Bundesrepublik Deutschland, Bonn 1985

Thomann, K.-D., Arbeitslosigkeit macht krank, in: Marxistische Blätter 3/82, S. 58 – 62

Umweltbundesamt (Hrsg.), Luftverschmutzung durch Schwefeldioxid – Ursachen, Wirkungen, Minderung, Berlin (West) 1980

Umweltbundesamt Berichte 7/86, Kosten der Umweltverschmutzung. Tagungsband zum Symposium im Bundesministerium des Innern am 12. und 13. September 1985, Berlin (West) 1986

Unfallverhütungsbericht der Bundesregierung für 1984, Bundestags-Drucksache 10/4601, Bonn, 19. 12. 85

Verbraucher-Zentrale Hamburg e. V., Vorsicht im Kleinversand-Dschungel! Hamabaurg 1983

Vereinigung Deutscher Elektrizitätswerke, Die öffentliche Elektrizitätsversorgung 1984, Frankfurt 1985

Verband Deutscher Rentenversicherungsträger (Hrsg.), Statistik der deutschen gesetzlichen Rentenversicherung, Band 57, 61 und 67 (Rehabilitationsmaßnahmen)

Verband Industrieller Kraftwirtschaft, Statistik der Energiewirtschaft 1984/85, Essen 1985

Weißbuch 1985. Zur Lage und Entwicklung der Bundeswehr. Hrsg.: Bundesminister der Verteidigung, Bonn 1985

Wertpapierstatistik, Juni 1986, Statistische Beihefte zu den Monatsberichten der Deutschen Bundesbank, Reihe 2

Westphal, E., Arzneimittelmarkt und Verbraucherinteresse, Köln 1982

Wicke, L., Die ökologischen Milliarden, München 1986

Wiedermann, H., Drogenpolitik und ihre Alternativen, Köln 1984

WSI (Wirtschafts- und Sozialwissenschaftliches Institut des DGB), Informationsdienst Arbeit, 1/1985, Düsseldorf

Zentralausschuß der Werbewirtschaft, Werbung '86, Bonn 1986

Zentralverband des Kraftfahrzeuggewerbes (ZDK), Geschäftsbericht 1983/84, Bonn 1984

Zieger, A., Im Dienste der Gesundheit? Der medizinisch-industrielle Komplex auf dem Vormarsch, in: Demokratisches Gesundheitswesen 6/81